Gerhard Müller-Werthmann

Markt der offenen Herzen

Spenden –
ein kritischer Ratgeber

Hoffmann und Campe

CIP-Kurztitelaufnahme der Deutschen Bibliothek

Müller-Werthmann, Gerhard:
Markt der offenen Herzen : Spenden – e. krit.
Ratgeber / Gerhard Müller-Werthmann. – 1. Aufl. –
Hamburg : Hoffmann und Campe, 1985.
(Bücher zur Sache)
ISBN 3-455-08249-1

Umschlaggestaltung: Jan Buchholz und Reni Hinsch
Gesetzt aus der Garamond-Antiqua
Satzherstellung: Utesch Satztechnik GmbH, Hamburg
Druck- und Bindearbeiten: Ebner Ulm
Printed in Germany

Inhalt

Vorwort

Kein Wort mehr über Elend und Not, über Hunger und Krankheit in der Welt: Die grausamen, herzzerreißenden Geschichten sind bekannt, die Analysen über Ursachen von Armut und Benachteiligung in Entwicklungsländern und auch im eigenen Land sind geschrieben.

Täglich erreichen uns die Bilder von Katastrophen und Kriegen, von hungernden und verletzten Menschen, die irgendwo dahinvegetieren.

Wer mag da noch über Sinn und Unsinn von Entwicklungspolitik nachdenken?

»Hilfe« und »Nächstenliebe« sind Begriffe, denen wir uns dann nicht verschließen, wenn es darum geht, einen finanziellen Beitrag zu leisten zu der Linderung von Not. Immer wieder wird uns klar, wie gut es uns geht. Und wer kann nicht 20, 30 oder 50 Mark entbehren, wenn mildtätige Samariter um Unterstützung bitten? Ein Scheck, eine Überweisung machen uns die Hilfe ja so leicht.

Der barmherzige Samariter aber ist tot.

Allenfalls als Symbol ist er noch tauglich, im rauhen Alltag des heutigen Spendengewerbes ist er zugrunde gerichtet worden, und er dient nur noch der geschickten Verschleierung einer neuen Wirklichkeit, die besser mit »fund raising« und »social marketing« in Begriffe gefaßt wird.

In Mark und Pfennig gerechnet gehören die Deutschen zu den spendenfreudigsten Völkern der Welt, zu den Menschen, die gern geben, abgeben, um zu helfen.

Sie haben offene Herzen, die Deutschen, und sie haben offene Brieftaschen. Appelle an das Mitleid und die Gutherzigkeit verklingen nie ungehört. Im Gegenteil: Mitgefühl läßt die Kassen klingeln, auf einem Markt, der Wachstumsraten produziert, die trotz zunehmender sozialer Krisenängste mehr als nur erstaunlich sind. Seit Jahren ständig in einem scheinbar unaufhaltsamen Aufschwung befindet sich eine Branche, die als solche zu bezeichnen schon respektlos ist.

Die selbstlosen Samariter, die sich mit nach Hilfe schreienden Bildern und Schlagzeilen als Retter anpreisen, gehören mittlerweile zu einer Branche, die als Wirtschaftsfaktor nicht mehr wegzudenken ist. Der Markt ist beherrscht von Umsatz und Konkurrenz, von Kalkulation und Kommerz. Ganze Dienstleistungsbetriebe sind entstanden, Werbe- und PR-Firmen, die ihre Arbeit anpreisen. Das Produkt heißt Mitleid.

Es wäre ein Markt wie jeder andere, wenn es nicht unmittelbar um Menschen ginge, um solche, die geben, und solche, die empfangen. Mit beiden aber wird häufig Mißbrauch getrieben, die Spender werden betrogen, die anderen entwürdigt und zu Almosenempfängern degradiert.

Kein Markt ist trotz des Erfolges der nackten Zahlen so umstritten wie der Spendenmarkt.

Allein gelassen sind die Spender, denen nichts weiter bleibt als das Vertrauen in die, die auf den ersten Blick aufrichtig und stets überzeugend ihre Kontonummern nennen. Wenn es aber um Rechenschaft, Bilanzen geht und Berichte darüber gewünscht werden, wie das Geld verwendet und eingesetzt wurde, dann herrscht überwiegend Sprachlosigkeit. Die Spendensammler zielen aufs Herz und treffen die Brieftasche, sie reden viel von Humanität und Elend, aber nicht darüber, wie sorgfältig mit den Spendengeldern umgegangen wird. Die Menschen, die in gutem Glauben geben und helfen wollen, sind hilflos. Sie können nicht überblicken, wer seriös ist und wer nicht. Was ihnen bleibt, ist eine Spendenquittung für das Finanzamt und das Gefühl, etwas Gutes getan zu haben.

Ich wünsche mir, daß dieses Buch ein Ratgeber ist für die Menschen, die bei aller Vorsicht nicht aufhören wollen, ihren kleinen oder großen Beitrag zu leisten zugunsten derer, die Hilfe nötig haben. Ein Ratgeber soll es auch sein für die, die bisher große Vorbehalte hatten und voller Skepsis und Mißtrauen überhaupt nicht gespendet haben.

Es war mein Mißtrauen und meine Skepsis, und es waren meine Erfahrungen mit unzähligen Hilfsorganisationen und gemeinnützigen Vereinen, die mich veranlaßt haben, diesen Ratgeber zu schreiben, gedacht gewissermaßen als Hilfestellung für alle, die sich nur noch schwer zurechtfinden und viel zu wenig wissen über den »Markt der offenen Herzen«.

Kein Zweifel sollte darüber herrschen, daß jeder nur für sich entscheiden kann, welchem Verein er warum wieviel spendet. Ob er religiös motivierten Missionen oder eher politisch engagierten Initiativen sein Geld überläßt. Ob er Patenschaften für Kinder in der Dritten Welt übernimmt oder ob er einen Sinn nur in den entwicklungspolitisch wirksamen, langfristig orientierten Projekten zur Selbsthilfe sieht. Informationen, Argumente und Anregungen sollen den Lesern dieses Buches zu einem gesunden Mißtrauen verhelfen, vielleicht auch zu der Erkenntnis, daß Spenden diese Welt nicht verbessern und nicht heilen können. Dennoch kann auf Spenden nicht verzichtet werden, nicht nur um sich ein ruhiges, ein besseres Gewissen zu verschaffen. Spenden, richtig und verantwortungsbewußt eingesetzt, können ein Zeichen der Solidarität sein, der privaten, persönlichen und menschlichen Initiative.

Die schwarzen Schafe, die egoistischen Betrüger, die ein humanitäres Gewissen nur vorspiegeln, müssen vom Markt der offenen Herzen verschwinden. Das wiederum ist nur möglich, wenn die Spender wissen, mit welchen Tricks in diesem Gewerbe gearbeitet wird, wenn sie vor der Überweisung genau überlegen und prüfen, wem sie geben. Das notwendige Vertrauen ist nicht durch eine noch so perfekt organisierte Kontrolle zu ersetzen. Da helfen keine neuen Gesetze, sondern nur das kritische Bewußtsein der Spender, die sich von unsauberen Machenschaften nicht länger hereinlegen lassen, und da hilft nur die Bereitschaft der seriösen Vereine, ihre Bilanzen und Abrechnungen offenzulegen, sich einer Überprüfung zu stellen, die strenger ist als bisher nötig bzw. vorgeschrieben ist. Aber genau bei dieser Bereitschaft, die zunächst selbstverständlich erscheint, beginnen die Probleme.

Mit einem Fragebogen wollte ich erkunden, wie offenherzig die Hilfswerke sind, wenn es um ihre Abrechnungen geht. Von mehr als 100 Vereinen, die in breitem Umfang um Geld bitten, habe ich Auskunft darüber gewünscht, wie viele Spenden jährlich eingenommen werden und für welche Projekte und Programme das Geld ausgegeben wird. Ich wollte wissen, mit welchen Methoden und welchem Aufwand geworben wird, und nicht zuletzt, wie aufrichtig die Werbung ist. Gefragt wurde auch nach der Höhe der Verwaltungskosten und wie sie berechnet werden. Rücklagen, Festgelder, Wertpapiere, Immobilienvermögen, zu all diesen Fragen sollten Antworten gegeben werden – für dieses Buch, mit dessen Hilfe die Spender sich orientieren sollen.

Um es vorweg zu nehmen: Die Aufregung in der Szene war groß, anhand von Absprachen untereinander wurde versucht, diese Datensammlung zu verhindern. Die Konkurrenten, die ansonsten nicht gerade freundlich miteinander umgehen, probten den Boykott. Die Front aber brach rasch auseinander. Bis auf einige Geheimniskrämer konnte ich die Vereinsvorstände und Präsidenten zahlreicher Organisationen von der Notwendigkeit freiwilliger Auskünfte überzeugen. Mißtrauisch bin ich geblieben, ganz besonders bei den Vereinen, die keine Zahlen veröffentlichen, was ich verstehen kann, nachdem ich trotz aller Widerstände dennoch Bilanzen und Abrechnungen zu Gesicht bekommen habe.

Mir sind in zahllosen Gesprächen Menschen begegnet, die überaus vertrauenswürdig sind, weil ihr Verein eine Geschäftspolitik der gläsernen Taschen betreibt, und mir sind Menschen begegnet, die schlicht nur Schwindler zu nennen eine höfliche Untertreibung wäre. Von beiden Typen soll hier die Rede sein: von eiskalten Geschäftsleuten, die in die Tasche ihres Unternehmens wirtschaften, das nur aus steuerlichen Gründen als gemeinnütziger Verein firmiert, und die nach dem Motto verfahren: »Was übrig bleibt, wird in die Dritte Welt geschickt«, und von fähigen Fachleuten, die jenseits jeden humanitären Geschwafels und Samaritergetues ordentliche Arbeit leisten.

Eine Frage, die mir sicher häufig gestellt werden wird, möchte ich gern hier beantworten. Was sind die Kriterien für die Beurteilung der Spendenorganisationen?

Hier sind sie:

- Wie informativ ist die Werbung und Öffentlichkeitsarbeit der Vereine? Wird sachlich berichtet und aufgeklärt oder nur Mitleid erweckt?
- Ist eine inhaltliche Konzeption für die Arbeit erkennbar?
- Ist der Spendenverein in der Bundesrepublik auf eine demokratische Grundlage gebaut, die Mißbrauch weitgehend ausschließt, oder ist der Verein nur die Sammelfiliale eines zum

Beispiel amerikanischen Spendenkonzerns, der am erfolgreichen deutschen Markt zu partizipieren sucht?
- Wird der Verein als »Familienbetrieb« ohne jegliche Kompetenz geführt und ohne, daß auch nur minimale interne Kontrolle gewährleistet ist?
- Werden Einnahmen und Ausgaben offengelegt, oder werden diese Zahlen der Bilanz verschwiegen?

Wer etwas verschweigt, der hat etwas zu verbergen. Dieses Buch soll mithelfen, Fragen zu stellen, Fragen des Spenders an die Adresse der Hilfsorganisation, die um Geld bittet. Dieses Buch soll das Mißtrauen wachhalten, aber gleichzeitig Wege aufzeigen, wie notwendiges Vertrauen gebildet werden kann.

Die Spenden-Szene

Die Nachricht ist keine fünf Stunden alt:

Ein schweres Erdbeben hat Peru erschüttert. Die Meldung tickert über die Fernschreiber der Presseagenturen, der Hörfunk läßt seinen Korrespondenten das Ausmaß der Katastrophe schildern. Am Abend sendet die Tagesschau erste Bilder von der Katastrophe. Ganze Wohnviertel sind in sich zusammengefallen, Hunderttausende sind obdachlos, verletzt, die Zahl der Toten wird geschätzt, die Angaben widersprechen sich. Mehr als 3000 sind es auf jeden Fall.

Hilfe tut not.

In den Zentralen der Hilfsorganisationen sind Überstunden fällig. Die Maschinerie, der Apparat springt an, denn nichts ist so spendenintensiv wie eine Katastrophe. Da muß die Werbetrommel gerührt werden, auch wenn noch niemand weiß, wie die Hilfe im konkreten Fall aussehen kann. Decken und Medikamente sind bei den großen Verbänden immer am Lager. Das ist Routine, das läuft nach lange geübtem Schema.

Wichtiger ist zunächst, mit der Kontonummer so schnell wie möglich in den Medien präsent zu sein, am besten auf der Mattscheibe, im Fernsehen. Die Redaktionen werden mit Bitten bombardiert, auch Leser, Zuschauer fragen an, wie und wo geholfen werden kann.

Caritas, Rotes Kreuz und Diakonisches Werk haben einen Platzvorteil. Ihr Image, das sie auch zu nutzen verstehen, sichert ihnen eine kostenlose Werbung, die Millionen bringt.

In der ersten Woche nach der Katastrophe muß so intensiv wie möglich geworben werden. Später ist das Erdbeben kein Thema mehr, obwohl die Hilfe erst dann richtig beginnt, beginnen müßte. Ebenfalls kein Thema mehr ist, Monate danach, die Frage, wie das Geld derjenigen eingesetzt wurde, die spontan gespendet haben. Abgerechnet wird nicht. Nichts weiter bleibt als das Vertrauen in die Ehrlichkeit und das Gefühl, etwas getan zu haben – bis zur nächsten Katastrophe, einer Überschwemmung in Pakistan, einem neuen Hungerelend in Afrika oder einer erneuten Eruption von Gewalt im libanesischen Bürgerkrieg.

Als Naturkatastrophen schicksalhaft und sensationsbeladen präsentiert, bedingen die Nachrichten den Umsatz, und je länger das Thema einer »Story« ist, um so höher sind die Einnahmen.

Ein Aufruf im Fernsehen mit eingeblendeter Kontonummer bringt mindestens 3 bis 4 Millionen Mark ein, so jedenfalls rechnen nach Erfahrungen die Manager in den Hilfsorganisationen. Am nächsten Tag wird in den Zeitungen noch einmal daran erinnert, für die, die sich das Konto nicht gemerkt haben. Nach drei bis vier Tagen geht der Löwenanteil dieser Summe auf den Konten bei Banken, Sparkassen und Postscheckämtern ein...

Am großen Spendenkuchen wollen aber auch die Vereine teilhaben, die einer breiten Öffentlichkeit nicht bekannt sind. Es gibt weit mehr als 200 dieser Organisationen, die mehr oder weniger erfolgreich mitschwimmen auf der Welle der Hilfsbereitschaft. Während die Nachrichten aus dem Erdbebengebiet in Peru noch »frisch« und »heiß« sind, haben Druckereien Hochkonjunktur. In Millionenauflage werden Bittbriefe gedruckt, die schnell geschrieben, hingeschludert wurden, nach dem Motto: Dabeisein ist alles. Ein aktuelles Foto aus Peru, bei einer Agentur für 250 Mark gekauft, vermittelt einen traurigen, erbarmungswürdigen Eindruck. Ein Kind ist es meistens, das Tränen in den Augen hat. Hundertfach mißbrauchte Schlagzeilen bereiten dem Leser ein schlechtes Gewissen: »Helft helfen«, »Sie sterben wie die Fliegen« oder »Sie können, Sie müssen helfen«, »Helfen Sie uns helfen«. Und alle diese Vereine geben vor, kompetent zu sein für diese Vermittlung von Hilfe. Die Adressen der Empfänger der Bittbriefe sind das größte Kapital dieser Samariter. Überall können sie gekauft werden, aus Spendengeld selbstverständlich. Wer glaubt, daß diese Methoden der Werbung ohne Erfolg bleiben, der täuscht sich. Die Kalkulation geht auf. Auch bei diesen Vereinen bringen Katastrophen einen warmen Geldregen. Irgend etwas bleibt schon übrig als Alibi der Hilfe. Im Zweifelsfall werden ein paar tausend Mark an eine andere gemeinnützige Institution weitergegeben, die wirklich etwas tut im Notstandsgebiet.

Wie auch immer: Der Markt ist schnell aufgeteilt, jeder zählt seine Millionen. Nach dem Gerangel um die Spenden erarbeiten die Hilfswerke nicht etwa ein gemeinsames Konzept, sondern es wird heftig um die beste Selbstdarstellung gerungen. Dabei entsteht ein humanitäres Chaos, das jeder Beschreibung spottet. Jede Hilfsorganisation will möglichst kostenlos Transportflugzeuge der Bundesluftwaffe benutzen können. Ein Katastrophenstab beim Bundesinnenministerium versucht vom Grünen Tisch aus zu retten und zu koordinieren, was zu koordinieren ist, kann im konkreten Fall aber nicht helfen, weil es ja schnell gehen muß und weil Technokraten, Bürokraten, Ministerialräte und Beamte auch bei Katastrophenfällen nicht so schnell aus ihrem gewohnten Trott zu reißen sind. Also werden Flugzeuge gechartert für teures Geld, erste Medikamente, Decken und Zelte sollen nach Peru gebracht werden. Journalisten dürfen mitreisen, um zu Hause die jeweilige Organisation ins rechte, ins richtige Bild zu rücken. Peru wird von Hilfsbereitschaft überrollt. Wer fragt da noch nach Abrechnungen und danach, ob nicht auch Sachspenden der Industrie mit Barspenden der Bürger verrechnet werden. Das nämlich ist ein beliebter Trick, ein Tip, der in der Branche gern weitererzählt wird. Es funktioniert ganz einfach. Ein Beispiel:

Insbesondere im Fall von Katastrophen gelten die Spendenaufrufe nicht nur den Bürgern, die möglichst schnell Geld überweisen sollen, sondern Hilfsappelle werden auch an die Industrie gerichtet, die mit Sachspenden Unterstützung leisten soll. Ein beliebiger Fall: Die Firma X spendet an die Hilfsorganisation Y Medikamente für den Einsatz im Notstandsgebiet. Für die Medizin wird ein Wert von 100 000 Mark festgesetzt, die Firma schreibt über diesen Betrag eine Pro-forma-Rechnung und erhält im Gegenwert eine Spendenquittung fürs Finanzamt. 100 000 Mark sind so durch den Beleg des gemeinnützigen Vereins von der Steuer abzugsfähig, das ist wie bares Geld. Aber auch die Hilfsorganisation hat ihren Vorteil von diesem Trick. Die gestifteten Medikamente im Wert von 100 000 Mark werden wirklich in das Erdbebengebiet geflogen, damit ist nachweisbar für 100 000 Mark Hilfe geleistet worden. Auf diese Art und Weise beschaffte Hilfsgüter werden dann aber intern bei der Hilfsorganisation mit den eingegangenen Barspenden verrechnet, obwohl niemals Spendengeld für den Ankauf dieser Medikamente eingesetzt wurde.

Natürlich arbeiten nicht alle so: Viele Helfer nicht nur aus der Bundesrepublik, sondern aus Westeuropa und den USA, geben sich im Land der Katastrophe ein Stelldichein.

Rot-Kreuzler, Arbeiter-Samariter und andere, meist schmuck uniformierte, mit dem vereinseigenen Emblem gekennzeichnete Helfer verteilen die Spenden aus Deutschland. Nach sechs, spätestens acht Wochen ist der Spuk vorbei, der schlimmste Schutt ist abgeräumt, die Wunden sind verbunden. Die Helfer ziehen ab, nach Hause, sie haben wirklich geholfen, ihre Pflicht getan, es war ja auch nicht ihre Aufgabe, darauf zu achten, wieviel Spendengeld nun tatsächlich in konkrete Hilfe umgesetzt wurde. Es interessiert sie offenbar genauso wenig wie die Spender, auf welche Weise diese Katastrophe am Ende in den Bilanzen der Organisationen verbucht wird.

Und die anderen, die Schmarotzer, für die die Katastrophe eine nicht unwesentliche Nebeneinnahme zu den laufenden Spendengeschäften war? Auch diese Vereine können sich auf die Vergeßlichkeit der Spender verlassen und auf die Gutmütigkeit – beim nächsten Mal, wenn die Druckmaschinen auf Hochtouren laufen und die Post millionenfach die Briefe mit dem Zahlschein in die Haushalte gebracht hat und viele sich dem in Szene gesetzten Elend nicht entziehen können. Verlassen können sich diese Vertreter des Mißbrauchs der Humanität auch darauf, daß eine öffentliche Kontrolle nicht stattfindet.

Auf der Strecke bleiben bei dieser Form der Spendenorganisation zunächst jene Vereine, die einen Sinn von Hilfe ausschließlich in langfristig angelegten Entwicklungsprojekten und Programmen sehen, mit denen die Menschen in der Dritten Welt durch materielle Hilfe und Beratung in die Lage versetzt werden sollen, sich selbst zu helfen. Leider ist das Schlagwort »Hilfe zur Selbsthilfe« inflationiert worden, jeder nutzt es, um Eindruck zu schinden, die wenigsten aber haben diesen Anspruch verdient. Es sind die kirchlichen Entwicklungsdienste oder private, unabhängige und politische Initiativen, die, höchst unterschiedlich mit Geld ausgestattet übrigens, eine sehr vernünftige Arbeit leisten, die mit Spenden zu unterstützen sich im Interesse der Sache lohnt. Diese Entwicklungsorganisationen haben ihre eigene Klientel, Spender, die mehr oder weniger regelmäßig Geld überweisen für ein bestimmtes Projekt auf irgendeinem Kontinent der Erde. Sie haben sich entschieden, bei der medizinischen Grundversorgung in einem Dorf in Ghana oder bei Ausbildungsprogrammen in ländlichen Regionen von Bolivien zu helfen. Solche Arbeit ist nicht spektakulär und wird nur selten durch die Einblendung von Kontonummern im Fernsehen gefördert. Dafür nämlich reichen ein Fünf-Minuten-Elends-Schauer und die Horrorbilder nicht aus, da genügen nicht die traurigen Kinderaugen und billigen Schlagzeilen, um Geld lokker zu machen. Vielmehr ist in diesen Fällen praktischer Hilfe eine oft mühsame Überzeugungsarbeit notwendig, mit der gründliche Informationen über das Land vermittelt werden, in dem die entsprechende Organisation langfristig Entwicklungshilfe leisten will. Wenn vom Spendenmarkt die Rede ist, werden diese Verbände leicht vergessen, weil sie so wenig medienwirksame Nachrichten zu bieten haben.

Nach welchen Maßstäben soll nun der Spender über die Seriosität von Spendenorganisationen urteilen? Ein Prinzip kann sicher nicht gelten: Die großen Vereine sind sauber, die kleineren umstritten, unfähig, unseriös. Auch wer am lautesten und mit schrillen Bildern schnell in den Medien präsent ist, garantiert nicht zwangsläufig, daß er Vertrauen verdient hat. Und nicht zuletzt bürgt auch das Etikett »christlich« im Vereinsnamen nicht für die wie selbstverständlich vorauszusetzende Ehrlichkeit, denn »christlich« nennen sich in ihrer Werbung viele Organisationen, allein der sicheren Wirkung wegen. »Christlich« ist kein geschütztes »Warenzeichen« oder gar ein Gütesiegel. Jeder Verein kann sich so nennen, auch ohne den Segen einer Kirche.

Auf dem Spendenmarkt tummeln sich aber nicht nur Hilfswerke, die Geld für den Einsatz in Entwicklungsländern oder bei Katastrophenfällen sammeln.

Immer häufiger werden in der Bundesrepublik Vereine aus der Taufe gehoben, die Spenden werben für eine Hilfe im eigenen Land. Hier geht es in aller Regel um Initiativen, die mit anfänglich privatem Engagement Lücken im angeblich so dichten sozialen Netz des Sozialstaates ausmachen und die nun ihre Arbeit weitgehend mit Spenden finanzieren. Meist nur regional organisiert, sind solche Initiativen Lückenbüßer, die in dem Maße an

Bedeutung gewinnen, wie der Wohlfahrtsstaat seine selbsterzeugten Randgruppen in der Versorgung und in der Fürsorge mehr und mehr vernachlässigt, weil an den Sozialetats deutliche Kürzungen vorgenommen werden. Neben diesen Gruppierungen bauen sich machtvoll werbend andere »Lückenfüller« auf. Sie sind erfolgreich auf der Suche nach »Marktlücken«, und sie finden Zielgruppen, mit deren Mitleid und mit deren Sorgen und Nöten sich Millionenumsätze erzielen lassen. Krebs, multiple Sklerose, Herzkrankheiten, Opfer von Kriminalität, Reizworte, die zur Hilfe auffordern, Spenden in Millionenhöhe fließen lassen. Die objektive Notwendigkeit solcher Initiativen soll hier nicht bestritten werden. In vielen Fällen machen sie erfolgreich auf Defizite im Sozialstaat aufmerksam und mobilisieren menschliche Anteilnahme, die allerdings häufig genug mit dem Einsatz von Angst vor Krankheit erzielt wird. Trotz aller Einwände: Diese Vereine, die für die Hilfe im eigenen Land Geld sammeln, wollen sich nicht ausschließlich auf die Totalversorgung der deutschen Sozialbürokratie verlassen, bei der häufig genug vor der praktischen Hilfe der Papierkrieg der Behörden steht. Sie haben es schwer, diese Vereine, und die großen Summen fließen nur, weil die Spendenwerbung durch die »Schirmherrschaft« prominenter Persönlichkeiten massiv unterstützt wird. Viele aber haben eine zusätzliche Geldquelle entdeckt, sie forcieren ihre Mitgliederwerbung. Feste monatliche oder jährliche Beiträge sichern regelmäßige Einnahmen, ohne daß die Mitgliedschaft etwa nach demokratischem Verständnis ein Mitspracherecht oder gar eine Kontrolle ermöglichen würde. Das Vereinsrecht läßt die »fördernde« Mitgliedschaft zu, im Unterschied zur »aktiven«, die eine Mitbestimmung, etwa bei der Wahl des Vorstandes, garantiert.

Um Mitglieder, die nicht mitbestimmen, sondern nur zahlen dürfen, werben sie heute fast alle. Das ist im Grunde nichts anderes als eine Methode, sich regelmäßiger Dauerspender zu versichern.

Mitgliederwerbung ist zu einem professionell organisierten Geschäft geworden, bei dem Vorsicht angeraten ist.

Selbst die angeblich makellosen, von einem in des Wortes doppelter Bedeutung blendenden Image verwöhnten Hilfsorganisationen, wie beispielsweise das Deutsche Rote Kreuz, die

Johanniter-Unfallhilfe oder auch der Malteser-Hilfsdienst, bedienen sich bei der Mitgliederwerbung äußerst fragwürdiger kommerzieller Dienstleistungsunternehmen, deren Vertreter in der jeweiligen Uniform des Vereins von Haus zu Haus gehen und mit markigen Worten die Menschen zum Eintritt in den Verein überreden, weil mit dem Geld doch soviel Gutes getan werden kann.

Die Geschäftsgrundlage dieser Firmen ist überall gleich: Zunächst einmal wird Provision kassiert, in der Regel sind das bis zu 70 Prozent des ersten Jahresbeitrages des neuen Mitglieds, die in die Kassen der Werbeprofis fließen. Die Hilfsorganisationen spielen bei diesem Täuschungsmanöver mit, die Masse macht es möglich, daß langfristig gerechnet noch genügend Mittel übrigbleiben. Gelder, deren Verwendung für wohltätige Zwecke keinesfalls garantiert werden kann. Um Mitglieder werben so vor allem auch unzählige Flugrettungs-Vereine, die versprechen, für einen kostenlosen Flugtransport von jedem Platz dieser Erde nach Hause zu sorgen, für den Fall des Falles, nur Mitglied im Verein muß man sein.

Die Leute fallen in Scharen darauf herein, und falls sie nicht selbst davon betroffen sind, weil sie eben nicht häufig ins Ausland fliegen, werden sie im Glauben gehalten, daß sie mit ihrem monatlichen oder jährlichen Beitrag anderen Menschen in Not helfen. In erster Linie aber helfen sie dem aufwendigen Vereinsbetrieb in der Bundesrepublik Deutschland und den diesem angeschlossenen Werbeunternehmen. Die Masche mit der Mitgliedschaft ist die in Mode gekommene neue Methode von »Haustür-Geschäften«. Selbst amtlich und offiziell wirkende Ausweise mit Lichtbild und sogar die ordentlichen Uniformen der Vertreter sind kein Beweis für Seriosität und Glaubwürdigkeit, denn hinter der humanitären Fassade steht immer das Geschick des Verkaufstrainings durch kommerzielle Betriebe. Werbung im Akkord heißt die Devise. Rotes Kreuz, Arbeiter-Samariter-Bund, Malteser-Hilfsdienst, Johanniter-Unfallhilfe und viele andere mehr konnten so ihre Mitgliederzahl in den letzten zehn Jahren annähernd verdoppeln. Es ist ein unlauterer Wettbewerb, der da getrieben wird. Denn die Mitglieder werden unter falschen Voraussetzungen und mit falschen Versprechungen zum Vereinseintritt überredet. Die großen Rettungsdienste

z. B. erzählen immer noch eindringlich davon, daß für die Finanzierung von Krankentransporten die Spendenbereitschaft der Bürger unerläßlich ist. Daß die Krankenkassen aus den Mitteln ihrer Beitragszahler und daß der Staat mit üppigen Zuschüssen hilft, dieses Geschäft für die Samariter lukrativ zu machen, wird verschwiegen.

Der unlautere Wettbewerb ist legal, kein Gesetz kann vor Lügnern und Betrügern an der Haustür schützen, nur die Abwehr der »Konsumenten«, die über die Hintergründe informiert sind, kann diesen falschen Vertretern das Handwerk legen.

Von der Vermarktung einer Katastrophe in einem Entwicklungsland bis zur cleveren Mitgliederwerbung für angeblich soziale Zwecke – den Spendenmachern sind in der Bundesrepublik Deutschland keine Grenzen gesetzt, und nur deswegen ist der »Markt der offenen Herzen« in Verruf geraten.

Der Spendenmarkt

»Wie Barmherzigkeit mißbraucht wird«
»Das Geschäft mit dem Mitleid«
»Skandal um Sozialwerk«
»Spendengelder veruntreut«
»Geschäfte mit der Nächstenliebe«
»Wie ein Spendenmulti seine Netze auswirft«
»Vorsicht vor Spendenbetrügern«
»Nur wenig Geld kommt zu den Armen«
»Schwerer Kampf um milde Gaben«
»Spesen-Ritter auf Spenden-Kosten«

Dies ist eine kleine, nur zufällige Auswahl von Schlagzeilen der letzten Jahre. Immer wieder wird die Glaubwürdigkeit von Spendenorganisationen in Zweifel gezogen, gibt es Berichte über Skandale und Betrüger. Auf die Bereitschaft der Bürger, mit Spenden zu helfen, hat sich dies allerdings nicht negativ ausgewirkt. Im Gegenteil: Rund 40 000 gemeinnützige Vereine in der Bundesrepublik Deutschland und West-Berlin dürfen Spenden sammeln, weil sie in ihren Statuten die notwendigen Floskeln stehen haben, denen zufolge sie wohltätige Zwecke verfolgen. Wie viele solcher Vereine es tatsächlich gibt, ist nicht feststellbar, es gibt weder auf Bundes- noch auf Landesebene eine Meldepflicht, täglich aber werden es mehr. Nur ein Bruchteil dieser Vereine, eine Schätzung von etwa 300 dürfte realistisch sein, versucht allerdings, in breitem Umfang, den großen Spendentopf unter sich aufzuteilen.

Es geht immerhin, nach jüngsten Schätzungen, um rund 3,5 Milliarden Mark jährlich. So viel nämlich spenden die Bundesbürger mindestens für gute Taten. Etwa 75 Prozent dieser Summe sind von den Spendern für die Armen in der Dritten Welt gedacht. Eine genaue Übersicht und Statistik existiert auch hier nicht, weil kein Verein gezwungen werden kann, seine Bilanzen öffentlich zu machen. Die Bundesbürger spenden gern, auf

Kosten des Fiskus, gegen einen Beleg für das Finanzamt, denn jede Spende kann von der Steuer abgesetzt werden. Wer aber spendet, und vor allem wohin fließen die Spenden?

Mehrere voneinander unabhängig durchgeführte Umfragen haben ergeben, daß zwischen 70 und 75 Prozent der Bevölkerung regelmäßig oder gelegentlich spenden. Im Durchschnitt war jedem Geldgeber die Hilfe für andere jährlich mindestens 60 bis 70 Mark wert.

Wollte man den »typischen« Spender beschreiben, so beschriebe man ein Klischee. Es gilt als erwiesen, daß eher ältere Menschen zu einem finanziellen Opfer bereit sind, ebenso scheint belegt zu sein, daß mehr Frauen als Männer spenden, daß weniger die Reichen in unserem Land etwas abgeben, sondern meistens die Normalverdiener. Katholiken spenden wesentlich mehr als Protestanten, es überwiegen in jedem Fall die religiösen Motive für die caritative Tat, und selbst Menschen, die keiner Kirche angehören und sich selbst als ungläubig bezeichnen, vertrauen ihr Geld am liebsten kirchlichen und christlichen Hilfswerken an, weil sie zumindest an die Vertrauenswürdigkeit dieser Institutionen glauben. Als erwiesen gilt auch, daß Menschen, die auf dem Lande wohnen, spendenfreudiger sind als solche, die in der Großstadt leben.

Der »typische« Spender also ist weiblich und katholisch, ist älter als 50 Jahre und wohnt in der Kleinstadt oder auf dem Lande.

Um das »Spender-Profil« exakter zu erfassen, bedarf es psychologischer Raffinesse. Mit gezielten Appellen soll Mitleid geweckt, das Bedürfnis, Hilfe zu leisten, in eine Spende umgesetzt werden. Tätige Nächstenliebe bedarf eines Motivs. Die Bereitschaft Almosen zu spenden muß kanalisiert werden. Das zentrale Motiv für die Spendenwilligkeit ist die Fähigkeit fast aller Menschen, mit anderen zu leiden, mit anderen zu fühlen. Mitleid und Mitgefühl als Ziel der Spendenwerbung verlangen eine emotionalisierte Ansprache. Der Spender, um den es zu werben gilt, muß sehr persönlich betroffen gemacht werden. Erste Widersprüche werden sichtbar. Die Appelle gelten der individuell geprägten, verinnerlichten Moral und den ethischen Ansprüchen der Menschen. Es ist die Forderung, daß jeder von seinem Einkommen einen bestimmten Prozentsatz für wohltätige Zwecke bereitzustellen hat, es ist der Druck auf das schlechte Gewissen, es sind Begriffe wie Mitverantwortung und Verpflichtung, die zum Spenden nötigen, ohne daß derjenige, der Geld sammelt, über seine Moral und seine ethischen Vorstellungen Rechenschaft abzulegen gezwungen ist. Die von den Spendern Moral als Leitmotiv ihres humanitären, sprich finanziellen Handelns verlangen setzen darauf, daß die meisten Leute Geld spenden, um sich von persönlicher Verantwortung zu entlasten. Moral spielt leider nur dann eine Rolle, wenn es um die Spender geht, nicht aber wenn es um die Ehrenhaftigkeit der sammelnden Institutionen geht. Weil es ein 3,5-Milliarden-Markt ist, um den sehr viele Organisationen kämpfen, bieten die Werbemethoden dem kritischen Betrachter ein Schauspiel, das in geradezu obszöner Weise die Menschen entwürdigt, um die es geht, denen Hilfe zuteil werden soll. Bilder von verhungernden und verhungerten Menschen, von Skeletten, von ausgemergelten Mutterbrüsten, von Leichen am Straßenrand, von offenen und blutenden Wunden, verletzen die Menschen, die sich nicht wehren können, die nichts wissen von den Bildern, die das Herz des Betrachters aufwühlen sollen, um möglichst viel Geld zu spenden. Der Widerspruch scheint schwer auflösbar. Schließlich ist die Not von Millionen Menschen, die tatsächlich in unvorstellbarem Elend vegetieren oder gar sterben, nicht wegzudiskutieren, nicht wegzuschminken. Diese Not ist stets unmittelbarer Anlaß für die geforderte Hilfe, aber der Mensch, dem geholfen werden soll, wird zum werbewirksamen Objekt degradiert. Die Verrohung der Sitten im Bereich der Spendenwerbung hat ihre Ursache in der Erkenntnis der Vermarktungsstrategen, daß der Spendentopf mit seinen derzeit mindestens 3,5 Milliarden Mark jährlich noch längst nicht ausgeschöpft ist. Was liegt dann näher, als auf Spendenmaximierung zu setzen, und das heißt, die Konkurrenz unter den Vereinen zu verstärken, professionelle Marketingstrategien entwickeln zu lassen. Imagepflege, teuer aus Spendenmitteln bezahlt, gehört international zu den Gepflogenheiten im »fund-raising-Gewerbe«. Logisch ist, daß ein solch interessanter Markt wie der deutsche auf das Interesse ausländischer, vor allem amerikanischer Spendenkonzerne stößt, die ihrerseits einen Expansionskurs steuern, der in den USA selbstverständlich und unumstritten ist. Denn hier, im Land der unbegrenzten Möglichkeiten, sind die Grenzen zwischen kommerziellen Zielen und gemeinnützigen Motiven längst verwischt. Hier wird investiert, nicht mehr informiert, hier werden mit den klassischen Methoden der Konsumgüterwerbung für Waschmittel oder Zahnpasta Markttests durchgeführt, ökonomische Nischen gesucht und gefunden. Fernsehspots mit hungernden Kindern zwischen Cola- und Miederwerbung sind ebenso selbstverständlich wie die Tatsache, daß ein ganzer Berufsstand von der Spendenwerbung lebt. In über 300 000 Organisationen arbeiten etwa 2,5 Millionen Amerikaner. Allein 20 Millionen Menschen sind mit der Spendenwerbung beschäftigt, ein Großteil davon ehrenamtlich. Die Spendenbranche, so steht es nüchtern in der Statistik, erwirtschaftet eine Kaufkraft nach Gütern und Dienstleistungen in einer Höhe von rund 45 Milliarden Dollar. Die gemeinnützigen Institutionen in den USA setzen für ihre gemeinnützigen Zwecke alles in allem fast 130 Milliarden Dollar um, das sind fast fünf Prozent des inländischen Bruttosozialprodukts. Motivation und Spendenbereitschaft werden in den USA produziert, sie sind abhängig von der jeweils neu ausgefeilten Technik des Marketings, und das kann nur funktionieren, wenn professionelle Mitarbeiter sich der Sache annehmen, Werbeexperten, die sich immer neue Tricks einfallen lassen, um an das Geld hilfsbereiter Leute zu kommen. In Amerika erregt offenbar kaum jemanden der hohe finanzielle Aufwand, der bei der Spendenwerbung getrieben wird. Die Vermischung von Kommerz und Humanität scheint unangreifbar selbstverständlich zu sein. Die rüden Methoden in Amerika haben in der Bundesrepublik längst Schule gemacht. Nicht mehr die Bedürfnisse der Menschen gelten, denen, wenn man dem idealistisch tönenden Passus in den Vereinssatzungen glauben will, geholfen werden soll, sondern das organisationsegoistische Interesse, der beste, der größte, der erfolgreichste zu sein. Und der Erfolg mißt sich dann nicht an der Qualität der geleisteten Arbeit, die in aller Regel nicht nachprüfbar ist, sondern am Umsatz, der nicht nach Tausendern, sondern nach Millionen gerechnet wird. Das Problem dieser internationalen Filialbetriebe amerikanischer Herkunft auf der deutschen Spendenweide ist deshalb so bedeutend, weil sie wesentlichen Anteil haben am Wildwuchs in der Branche, am Verfall der humanitären Prinzipien, an denen das äußerst sensible Spendenwesen ausgerichtet sein sollte, aber längst nicht mehr ist. Denn die deutschen Vereine müssen konkurrenzfähig bleiben, und da die Marktgesetze von Angebot und Nachfrage das Geschäft regeln, ist die Versuchung groß, sich derselben Mittel zu bedienen. Viele tun es.

Es kommt hinzu, daß bei der öffentlichen Werbung um Spenden das Blaue vom Himmel gelogen werden darf, jedes Versprechen – und sei es noch so frei erfunden – ist erlaubt. Denn anders als etwa in der gewerblichen Wirtschaft gilt für den Spendenmarkt kein Gesetz über unlauteren Wettbewerb. Während in Amerika offen über den Markt und seine Gesetze, über Umsatz und Gewinnbeteiligung der Werbebranche gesprochen wird, haben sich die deutschen Hilfsorganisationen in einem Netz voll Tabus und Heuchelei verfangen, aus dem sie nur schwer einen Ausweg finden. Sie wagen nicht, offen darüber zu reden, daß auch ihre Apparate längst von professionellen Managern geleitet werden, daß massive Werbung, aus Spendenmitteln finanziert, notwendig ist, um weitere, um vor allem mehr Spenden zu sammeln.

Wer sammelt wieviel?

Die großen christlichen Kirchen können, auf den ersten Blick, am leichtesten Spenden sammeln, ohne allzu großen Aufwand zu betreiben. Die Werbung ihrer Hilfswerke kann sich noch immer auf Umsätze aus Kollekten und anderen Sammlungen stützen. Nicht zuletzt hilft auch der aus Kirchensteuern finanzierte Apparat bei der Entlastung der Spendenetats von allzu viel bürokratischem Ballast. Allein die der katholischen Kirche nahestehenden Hilfsorganisationen wie unter anderen ADVENIAT, MISEREOR, MISSIO sind am bundesdeutschen Spendenkuchen mit rund einer Milliarde Mark pro Jahr beteiligt. Die Einrichtungen der evangelischen Kirche, wie beispielsweise »Brot für die Welt« und jene Organisationen, die dem Diakonischen Werk nahestehen, schaffen einen Umsatz von etwa 500 Millionen Mark im Jahr. Im Bereich der zahlreichen freikirchlichen, evangelischen und evangelikalen Gruppierungen kommen noch einmal 250 Millionen Mark zusammen. Diese Größenordnungen sind relativ fest verteilt, was nicht heißt, daß die Hilfswerke der großen christlichen Kirchen nicht darauf achten müssen, daß sie keine Marktanteile verlieren, denn längst sind die Zeiten vorbei, als christliche und andere wohltätige Hilfswerke sich bei ihrer Spendenwerbung allein auf die Kollekte in Gottesdiensten oder auf prall gefüllte Spendenbüchsen bei Haus- und Straßensammlungen verlassen konnten.

Die zweite Hälfte des 3,5-Milliarden-Spendentopfes teilt sich unter den anderen Hilfsorganisationen auf, Vereine wie das SOS-Kinderdorf, das Deutsche Aussätzigen Hilfswerk, amnesty international, das Müttergenesungswerk, die Deutsche Krebshilfe, die Gesellschaft zur Rettung Schiffbrüchiger und viele andere.

Der Kampf um den Milliardenetat hat Ausmaße angenommen, die mehr und mehr professionelles Management nach amerikanischem Vorbild zu erfordern scheinen. Werbung allerdings verschlingt, das Beispiel USA zeigt es, Unsummen. Da Kosten hierfür, die zusammen mit den Verwaltungsausgaben über 10 Prozent der Einnahmen hinausgehen, allgemein als unschicklich gelten, werden die Zahlen in den Bilanzen retuschiert, und es wird so lange gefeilt, bis das Verhältnis wieder stimmt. Insbesondere die mittleren und kleineren Organisationen, die sich nicht auf regelmäßige Einnahmen aus Sammlungen in Kirchengemeinden verlassen können, sehen sich gezwungen, ihre Präsenz im Bewußtsein der Öffentlichkeit mit anderen Methoden durchzusetzen.

Anzeigen in der Tagespresse, in Wochen- und Monatszeitschriften sind dazu weniger tauglich. Zu flüchtig werden diese Blätter meist gelesen, als daß der Betrachter sich eine Kontonummer abschriebe und sofort zur Bank oder Post ginge, um Geld zu überweisen. Als »Merkmal« aber, das eine Assoziation von Vereinsnamen und humanitärem Zweck hervorruft, ist die Anzeigenwerbung nicht zu unterschätzen.

In den Zeitungsverlagen treffen täglich die Bitten der Vereine ein, kostenlos Anzeigen abzudrucken – wenn Platz vorhanden ist. Als »Füller« bedienen sich die Anzeigenabteilungen gern dieser Angebote. Für jedes nur denkbare Format liegen die Vorlagen unzähliger Verbände parat. Caritas, Brot für die Welt, Krebshilfe und Rotes Kreuz können sich auf das Entgegenkommen fast aller Verlage verlassen. So ganz selbstlos ist dieser Service nicht, denn schließlich erhalten die Blätter von den gemeinnützigen Vereinen eine Spendenquittung über den Wert der Anzeige, und dieser Betrag ist steuerlich absetzbar. Andere, meist unbekanntere Vereine leisten sich durchaus den Luxus, teuren Anzeigenplatz zu kaufen. World Vision, einem amerikanischen Patenschaftsunternehmen, ist es auf diese Weise gelungen, sich binnen kurzer Zeit in die Schlagzeilen zu boxen, weil die Werbung provozierte und zu heftigem Streit unter den Hilfswerken führte. Eine Agentur war mit dem Werbefeldzug beauftragt worden. Die Firma GGK-Frankfurt, die sich ansonsten kreativ für den Kräuterschnaps »Jägermeister« einsetzt, sollte nun Kinderpatenschaften fördern. Ein bis dahin in der Bundesrepublik einmaliges Experiment begann: Hartmut Grün, einer der Kreativen in der GGK-Agentur, erzählt die Geschichte so:

»Eines Tages flattert uns ein Brief ins Haus von einer Organisation, die keiner von uns bisher je gesehen hat, die da World Vision heißt. Ich dachte erst, es wäre eine TV-Organisation aus USA, die haben auch so ein Fernsehturm-Signet. Daß ein Kreuz darauf ist, habe ich erst ein bißchen später gesehen. Und sie fragten, ob man so etwas überhaupt machen würde, und man fragt sich dann auch selber, macht man so was überhaupt? Und fragt sich, wieso kommt eigentlich so eine Organisation dazu, zu einer Werbeagentur zu gehen. Wollen die jetzt eine Spende von uns haben oder was sonst? Na gut, reden kann man ja. Das haben wir getan und haben dann dabei etwas gelernt. Was uns fasziniert hat, war eigentlich die Grundeinstellung der Organisation, daß sie einfach gesagt haben, es gibt allerlei Business in der Welt, und genauso gibt es das Business HELFEN. Da haben wir gesagt, das ist eigentlich ein Thema, das uns interessieren würde. Dies eben genauso ernst zu nehmen wie jedes andere und dafür dieselben Methoden anzuwenden, die wir für alles andere auch anwenden.

Die Aufgabe, die sich uns stellte, war, eine in Deutschland unbekannte Hilfsorganisation bekannt zu machen, und soviel Geld wie möglich zu sammeln. Mehr Bewußtsein ganz allgemein für die Probleme der Dritten Welt zu schaffen. Denn es ging ja darum, den Spendenkuchen größer zu machen und nicht irgend jemandem etwas abzujagen. Der nächste Punkt: Wenn schon, dann gibt es ja schon einige bekannte Organisationen, wozu also etwas für World Vision tun? Das ist eine Frage, die sich auch für uns selbst gestellt hat. Es geht um die größte Aufgabe der Welt. Die größte Aufgabe der Welt, die Not, den Hunger und die Ungleichheit zu bekämpfen, braucht eben auch die größten Anstrengungen. Nicht Sentimentalität, sondern Professionalität, das heißt, irgendwo muß man anders anfangen zu denken in allem. Und das war's, was uns fasziniert hat. Denn das ist das Credo von World Vision, und das muß dann auch die Werbung sagen. Man muß es laut machen, wenn man nur wenig Gelegenheit hat, gehört zu werden, weil man nicht viel Geld hat. Deshalb muß man eben um so lauter schreien, damit man überhaupt mit den Leuten ins Gespräch kommt.

The medium is the message – ein großes Thema kann man nicht klein angehen –, also muß jede Botschaft mindestens eine Seite haben – Konzentration, statt zu kleckern. Und darum ging es ja. Noch mal laut und deutlich. Wir müssen die Leute provozieren, um überhaupt mit ihnen reden zu können.«

Und provoziert haben sie, die World-Vision-Werbestrategen. Jede zweite Anzeige wurde voll bezahlt, so schätzen Experten auf dem Markt. Alles in allem dürfte der Start von World Vision etwa fünf Millionen Mark gekostet haben. Heute gehört der deutsche Ableger des amerikanischen Spendenmultis mit rund 25 Millionen Mark jährlichen Einnahmen zu den Großen auf dem Markt. Weltweit werden etwa 300 Millionen Mark gesammelt. Die Investitionen dreier Jahre haben sich gelohnt, gelohnt hat sich auch, daß die Werber alles andere als zimperlich vorgingen. Hier einige Beispiele:

»Der tiefe Griff in Ihr Portemonnaie ist uns der liebste.« »Zehn kleine Negerlein, die hatten kein Korn zum Streu'n, das eine ist gleich verhungert, da waren's nur noch neun.« »Ein kleines Negerlein mag nicht mehr lange leben, und wenn es keinen Paten kriegt, wird's keine Zukunft geben.« »Die sich ein gutes Gewissen kaufen, helfen mehr als die, die gar nichts tun.«

Die schlichte und einfache Konzeption der Werbeagentur hatte Erfolg. Hartmut Grün:

»Es gibt also eine ganz klare Abgrenzung von Projekten oder Produkten. Es gibt klare Marketing-Pläne pro Jahr. Da gibt es ganz klare Ziele, welche Investments eingesetzt werden für die verschiedenen Dinge, und es gibt eben auch in der Struktur von

World Vision ganz klar abgegrenzte Programme. Da gibt es das Kinderpatenschaftsprogramm, das ist hier ein Beispiel, was wir dafür gemacht haben. Wir haben einfach 100 Kinder rausgenommen aus der Kartei und haben gesagt, diese Kinder müssen gefälligst, und das sage ich jetzt einfach so salopp, müssen gefälligst jemanden bekommen, der ihnen hilft. Der Mechanismus ist bekannt, und es wird viel über diesen Mechanismus geredet. Er ist aber eben einer der erfolgreichsten. Erfolgreich im Sinne des Geldes, und darum geht es hier letzten Endes. Denn sonst passiert gar nichts. Wir können lange über alles mögliche diskutieren, aber das ist eben das wichtigste. Das ist ein Kind von diesen 100, ein Brief, den dieses Kind an seine Patin geschickt hat, das heißt ein bißchen etwas erzählen, was passiert da eigentlich?

Erst muß man das Problem bewußt machen, dann muß man persönliche Betroffenheit erzeugen und muß persönlichen Druck herstellen, oder man kann es auch schlechtes Gewissen nennen, um dann eine Lösung für diesen Druck zu bieten. Die Lösung ist dann die entsprechende Organisation oder, besser gesagt, das Geld, das man auf das Konto überweisen kann.«

Die Rechnung ging auf. Nachdem die provokativen Anzeigentexte in allen großen Publikumsblättern erschienen waren, meldeten sich in der Zentrale von World Vision in Oberursel im Taunus täglich bis zu 300 Menschen, die helfen wollten. Wenig später war die Antwort da, ein Brief, ein Kinderfoto, ein paar Daten über Namen, Alter, dazu folgender Text:

»Dieses Kind wurde für Sie ausgesucht. Sollte es Ihre Zustimmung finden, senden wir Ihnen die Originalkarte mit der genauen Anschrift des Kindes. Wenn nicht, bitte schreiben Sie uns Ihre Wünsche, damit wir sie bei eventuellem Umtausch berücksichtigen können. Herzlichen Dank.«

Kinder zum Umtausch, Angebote per Anzeige, wie aus einem Katalog, aus einem Ersatzteillager in der Dritten Welt, beliebig abrufbar, bestellbar.

Die Werbung mit Anzeigen hatte in diesem Fall durchschlagenden Erfolg, weil Millionen-Investitionen ein offensichtliches Bedürfnis vieler Menschen getroffen hatten. Der Handel mit Menschen aus der Dritten Welt gegen eine monatliche Gebühr wurde nicht zuletzt dank cleverer Werbestrategien salonfähig gemacht.

Sehr viel diskreter und leiser funktioniert auf den ersten Blick ein anderer Markt, der in der Spendenwerbung heute nicht mehr wegzudenken ist: der Adressenhandel. Für die gemeinnützigen Vereine, die sich in dem freien, nicht kirchlich gebundenen Markt abstrampeln müssen, ist ein möglichst großer Bestand von Anschriften das wichtigste Kapital. Spendenwerbung per Postdrucksache ist erfolgreich. Adressenhandel ist in der Bundesrepublik ein legales Geschäft. Wo ein Bürger wohnt, in welcher Stadt, in welcher Straße, diese Daten sind nicht geschützt. Jeder kann Anschriften kaufen und verkaufen. Etwa 35 Direkt-Werbe-Unternehmen haben sich auf den groß angelegten Handel spezialisiert, mit dabei ist die Deutsche Postreklame, ein Zweigunternehmen der Deutschen Bundespost mit einem Jahresumsatz von sechs Millionen Mark nur im Adressengeschäft. Die Postler haben es einfach: Sie verkaufen die Anschriften der Kunden, die ein Telefon angemeldet haben, und das sind heute über 80 Prozent aller Haushalte in der Bundesrepublik. Die Datenverarbeiter filtern die von den Bürgern ordentlich gemachten Angaben und sortieren per Computer grob nach Postleitzahlgebieten und genauer schon nach Berufsgruppen. Von der Krankenschwester bis zum Klinikchef, vom Lehrer bis zum Lehrling, vom Sanitäter bis zum Soldaten oder vom Arzt bis zum Apotheker, von jedem Beruf können Adressen erworben werden. Die Preise werden pro Tausend berechnet, von DM 25,– bis DM 200,–, geliefert wird auf selbstklebenden Etiketten, fertig ausgedruckt oder auf Magnetbändern für die Computerzentralen der Hilfsorganisationen.

Adressenkäufer bei der Postreklame sind zunächst einmal die großen und kleinen Versandhäuser, die mit bunten Werbedrucksachen ihre Produkte an Mann und Frau bringen wollen. Aber auch Spezialanbieter mischen mit. Kaffee und Tee, Wurst- und Fleischwaren, Schmuck, Lotterielose, Torten, Verhütungsmittel, Kräuter und alles, was der Gartenfreund begehrt, es gibt kaum etwas, das nicht über den Versandhandel zu verkaufen wäre. Da sind längst nicht mehr nur die großen Warenhäuser wie Quelle, Otto oder Neckermann im Geschäft. Kleine mittelständische Unternehmen partizipieren gleichermaßen am erfolgreichen, aber kostenintensiven Direkt-Marketing, geliefert wird direkt ins Haus. Etwa 350 Millionen Adressen werden so jährlich gegen Rechnung vermittelt, also annähernd sechsmal soviel, wie es Bürger in der Bundesrepublik Deutschland gibt.

Die privaten Adressenhändler haben die Methoden verfeinert. Sie hören es übrigens nicht gern, wenn von »Adressenverkauf« gesprochen wird. Vornehmer nennen sie es »Miete«, und dies trifft auch eher zu. Denn die Preise, die von den Kunden gezahlt werden müssen, gelten nur für die einmalige Benutzung der Anschriften. Erst wenn ein umworbener Bürger Kunde des Versandhauses wird, geht seine Anschrift in den Besitz der Firma über. Der Adressenhändler, oder der Makler, wie er besser heißen sollte, darf Namen und Anschrift weiter so oft verkaufen, wie er möchte. Als Dienstleistungsunternehmer bietet er seinen Kunden in aller Regel gleich die werbliche Strategie, die graphische Gestaltung und die Werbetexte mit an, gegen Aufpreis versteht sich. Ein kompletter Service. Die Makler selbst kaufen allerdings auch wieder Anschriften von Versandhauskunden zurück, denn diese »Sorte Mensch« hat einmal bewiesen, daß sie auf Postdrucksachenwerbung reagiert. Und die Versandhäuser machen die Namen ihres Kundenkreises oft und gern zu Geld. Sperrvermerke werden berücksichtigt, so daß es nicht so schnell vorkommt, daß Neckermann-Kunden auf direktem Wege in die Kartei des Otto-Versands kommen. Alles andere ist dem freien Markt überlassen. Längst geht es nicht mehr nur um die Adressen, das »kalte« Anschriftenpotential, wie es in der Branche heißt. Weil in den Rechenzentren der Versandhändler auch pedantisch genau registriert wird, welche Produkte welcher Kunde wie häufig ordert, sind mit komplizierten Computerprogrammen Analysen und Rückschlüsse möglich, die den Typus jedes Kunden genau eingrenzen, Alter zum Beispiel oder Hobbys. Zahlt der Kunde auf Raten seine Rechnungen oder bar per Nachnahme, das alles sind Hinweise auf Einkommen und Kaufkraft, die eine Adresse geben kann. Ab sofort wird der Name gehandelt, in den Prospekten der Adressen-Branche anonym und unpersönlich natürlich, aber für jeden Käufer mit einem genauen Konsumentenprofil abrufbar.

Bestellt werden können 50 000 Lehrer mit Immobilienbesitz, 20 000 selbständige Handwerker mit bis zu zwölf festangestellten Mitarbeitern etc.

Berufsständisch übergreifend können die Anschriften von

Menschen erworben werden, die offensichtlich einen Garten zu Hause haben, weil sie Blumenzwiebeln, Sträucher, Heckenscheren und Rasenmäher mit der Post bestellt haben. Was aber hat dies alles mit dem Thema Spenden zu tun? Wenn es eines Belegs dafür bedarf, daß der Spendenmarkt ein ganz normales Gewerbe ist, dann beweist sich diese zunächst erschreckend nüchterne These an der wachsenden Bedeutung des Adressenhandels für die spendensammelnden Vereine. So gab es bis etwa 1965 kein einziges Hilfswerk, das sich zum Zwecke der Spendenwerbung fremde Anschriften besorgte. Die Adressen des meist eingegrenzten Freundeskreises wurden treu und brav auf Karteikarten verwaltet, Bittbriefe jeweils neu adressiert und nicht per Maschinenausdruck massenhaft verbreitet.

Mit Computer-Euphorie und der aus den USA zu uns gelangten Werbemethode des »mailings« allerdings griffen die Profis zu und eroberten sich in Windeseile Marktanteile, die mehr als nur respektvolles Erstaunen abverlangen.

»Jeder Mensch hat ein Herz.« Mit diesem Grundsatz allein sind noch keine Spenden gewonnen. Für die Werbemanager in den Humanitas-Gesellschaften mit beschränkter Hilfe aber gilt es, ein exaktes Spenderprofil herauszuarbeiten, das auf dauerhaften Erfolg und Steigerungsraten von jährlich mindestens 10 Prozent spekuliert. Die Rechnung geht auf. Vereine, die sich auf diesen Adressenmarkt eingelassen haben, konnten in den letzten zehn Jahren ihren Spendenumsatz mindestens verdoppeln. Andere, eher konventionell-konservativ werbende Hilfswerke dagegen mußten sich mit vier- bis fünfprozentigen Steigerungsraten jährlich begnügen. Allein die so fast zwangsweise entstandenen Marktverschiebungen machten den Reiz für viele aus, sich ebenfalls am Geschäft mit den Adressen zu beteiligen.

Das Hilfswerk aus dem Computer

Wie das System funktioniert, soll an einem konkreten Beispiel erzählt werden. Es ist die Geschichte von Korean Relief.

Die schwarz-blau-weißen Bettelbriefe sind von Pater Aloysius Schwartz unterschrieben. Der Mann, der sich den Lesern als Retter von 4000 Waisenkindern in Südkorea vorstellt, ist Amerikaner, schlank, immer lächelnd, etwa 47 Jahre alt. In den USA heißt er Al Schwartz (Aloysius klingt in Deutschland einfach besser).

Nach dem Krieg in Korea will er in dem zerstörten, von Elend gezeichneten Land helfen und gewinnt in Amerika die öffentliche Unterstützung von »Mamy« Eisenhower und Rose Kennedy, Damen der amerikanischen High-Society also, die sich gern der »Charity« annehmen und einem gemeinnützigen wohltätigen Zweck dienen. Und weil in den Vereinigten Staaten solche Vereine nur dann längerfristig überleben können, wenn sie über die Landesgrenzen hinaus expandieren, engagierte Pater Schwartz zur rechten Zeit die richtigen Werbeberater. Er selbst gehört keinem Orden an, nennt sich Weltpriester, und er soll sogar im Vatikan in Rom bei den leitenden Herrschaften der katholischen Geistlichkeit schon Verblüffung und Erstaunen hervorgerufen haben, als seine sehr weltlichen Werbepraktiken bekannt wurden. Auf Gott allein, so sagen sich Pater Schwartz und sein kreatives Team, kann kein noch so religiöses und frommes Hilfswerk vertrauen und bauen.

Wohl nicht nur der Zufall wollte es, daß sich in der Bundesrepublik in den siebziger Jahren ein deutsch-amerikanischer Adressenhändler an die Spitze dieses neuen Marktes setzte. Donnelly & Gerardi heißt die GmbH & Co. KG mit Sitz in Ettlingen, und der Geschäftsführer, Klaus Prochazka, ein gar nicht typischer Werbemanager, sondern ein eher dezent-zurückhaltender Mittvierziger, übernahm es, in der Bundesrepublik Deutschland einen Verein mit dem Namen »Korean Relief, Hilfsorganisation für koreanische Waisenkinder«, zu gründen. Prochazka selbst blieb als einfaches Mitglied im Hintergrund. Pater Schwartz wurde zum Vorsitzenden gewählt, mehr als zwölf Mitglieder zählt der Verein bis heute nicht, mehr sollen es auch nicht werden, um die Effizienz nicht einzuschränken.

In einem Sechsfamilienhaus wurde eine kleine Zweizimmerwohnung gemietet, in Sichtweite des Verwaltungssitzes der Donnelly-&-Gerardi-Direkt-Werbeagentur. In dem mit einer modernen EDV-Anlage ausgerüsteten Büro arbeiten zwei Angestellte, mehr sind es nicht, mehr braucht der Verein auch nicht. Denn bei Korean Relief geht es nicht darum, Projekte zu studieren, über Entwicklungshilfe zu diskutieren, Experten zu beschäftigen. Probleme der Entwicklungspolitik sind kein Thema. Einige Aktenordner mit dem Vermerk »Zahlungsverkehr« genügen, und die beiden Damen sind voll und ganz damit beschäftigt, die Spenden und nicht zuletzt die Adressen der Spender computergerecht zu bearbeiten. Die Datenanlage ist unmittelbar mit dem Terminal im Rechenzentrum bei Donelly & Gerardi verbunden. Der Entwurf von Bittbriefen, die graphische Gestaltung, der Druck und die Frankierung werden von der Agentur erledigt. Und jedesmal, wenn Pater Schwartz (den es tatsächlich gibt, sein *ghost writer* aber ist Klaus Prochazka), seine herzzerreißenden Briefe mit persönlicher Namensanrede angeblich aus Seoul schreibt (Poststempel ist Ettlingen), herrscht Hochbetrieb im bescheidenen Büro von Korean Relief. Wieder einmal, und das geschieht sechsmal jährlich, zeigt der Druck auf die Tränendrüsen Erfolg. Fast elf Millionen Mark genau sind es zuletzt bei Korean Relief gewesen. In der Werbung tauchen solche Umsatzzahlen nicht auf. Hier müssen bescheidenere Wünsche das Gefühl geben, daß jeder etwas tun kann, auch der Rentner, der nicht viel Geld im Monat zur Verfügung hat. »DM 12,50 reichen, um einen Patienten einen Tag lang medizinisch zu versorgen.« »DM 80,– kostet in Korea ein dreistöckiges Bett.« »DM 100,– kostet es, ein obdachloses Kind in Korea einen Monat lang durchzubringen.«

Für jede Preislage ist etwas dabei, jeder Spender bekommt das Gefühl, konkret und persönlich etwas tun zu können in einem Rahmen, den er sich leisten kann. Dem Hilferuf mit den praktischen Beispielen liegt eine Zahlkarte bei, selbst der Name des Spenders ist schon eingedruckt. Ebenfalls fertig auf der Rückseite, auf dem Abschnitt, den der Einzahler behält, ist die Spendenquittung fürs Finanzamt. Rationeller geht es kaum, nur noch die Kontonummer muß eingetragen werden und der Geldbetrag, der gespendet werden soll. Dieses Verfahren hat den Vorteil, daß der Spender nicht anonym bleibt, im Gegensatz etwa zu Straßensammlungen, und deshalb automatisch einen höheren Betrag gibt. Die Kalkulation geht auf: Der Spender fühlt sich wohl.

In einer nur branchenintern bekannten Marktstudie hat Klaus Prochazka von Donnelly & Gerardi und Korean Relief seinen Werbekollegen in einer sehr nüchternen Sprache erläutert, wie sein Erfolg und sein System funktioniert:

»Auch Spendenwerber haben etwas zu verkaufen: Keine Ware, aber einen höchst realen Gegenwert: das gute Gewissen. Im Versandhaus ist der Kunde König – in der Spendenwerbung ist es der *Spender.* Keine Organisation kann überleben, wenn sie das ignoriert. Spendenwerbung setzt immer ein erhebliches Maß an Bemühen um den Spender, um seine Information, sein Teilnehmenlassen, voraus.

Im allgemeinen rechnet man damit, daß die Gewinnung neuer Spender in etwa soviel kostet, wie sie einbringt.

Wen das erschreckt, denn natürlich haben die Spender nicht zur Finanzierung dieser Aktion beitragen, sondern unmittelbar helfen wollen, der frage einmal bei namhaften Versendern an, was dort die Gewinnung eines neuen Kunden kostet. In der Abonnentenwerbung jedenfalls sind es im Schnitt 70 bis 90 Mark – und das ist zumeist der Betrag für das Jahresabonnement einer Zeitschrift. Der Aufwand lohnt also nur, wenn das Abonnement länger als ein Jahr läuft. Genauso ist es in der Spendenwerbung – nur daß Spender meistens wesentlich länger diesen Status zu behalten wünschen als die Abonnenten.

Was die Spendenwerbung für die Texter und Gestalter von Werbemitteln so besonders reizvoll macht, ist die *Ökonomie der Mittel.* Man darf in der Spendenwerbung niemals den Eindruck erwecken, sie sei besonders aufwendig. Während etwa Time Life seine Bücher in Großaufnahme und vier Farben anbietet, oder der Ambassador-Versand seine Taschen mit sechsseitigen, farbig illustrierten Briefen an den Mann zu bringen versucht, ist der Aufwand in der Spendenwerbung wesentlich sparsamer. Und das ist gut so.«

Der erste große Weihnachtsappell von Korean Relief war ein mutiges Unternehmen, schließlich war die Organisation in der Bundesrepublik überhaupt noch nicht bekannt. Daß er »Herzklopfen« dabei hatte, gibt Klaus Prochazka zu:

»Das *Werbemittel* bestand aus einem unscheinbaren Fill-in-Brief, einem Werbebrief also, der in der gleichen verwischten Schrift gedruckt war, wie man sie sonst auf dem Schnelldrucker eines Computers produziert. Die Adresse war vom Computer eingesetzt; auf eine persönliche Anrede und personalisierende Einfügung in den Text hatte man bewußt verzichtet, damit die Sendung als Massendrucksache zum niedrigsten Kostentarif ausgeliefert werden konnte. Es ging im Brief um den Bau einer neuen Boystown in Seoul. Auf der Rückseite des Briefes sah man den Pater mit einem seiner kleinen Schützlinge vor dem halbfertigen Rohbau.

Der Sendung waren drei bunte Postkarten beigefügt – gemalt von den Kindern von Korean Relief. Auf der Rückseite wurde das Motiv kurz erklärt und der kleine Künstler abgebildet. Dazu eine Zahlkarte mit Spendenbescheinigung – und schon waren die zulässigen 20 Gramm pro Sendung erreicht. Der neutrale Umschlag wurde per Freistempler frankiert – mit der Ankündigung: ›*Dieser Brief stellt Ihr Herz auf die Probe.*‹ Das haben übrigens einige Spender übelgenommen; dieser Ausdruck wird deshalb künftig nicht mehr verwendet.«

Über 1,3 Millionen Briefe wurden so verschickt. Diese Aktion verlangte Investitionen in Höhe von rund 730 000 Mark, allein die Deutsche Bundespost kassierte mehr als 375 000 Mark Porto.

»Die Sendung ging am 21. November zur Post – und dann verbuchten die Koreaner Tag für Tag zwischen 80 000 und 120 000 DM Spendeneingang – wobei es durchaus keine Seltenheit war, daß 500-Mark-Scheine anonym im Umschlag gefunden wurden. Insgesamt gingen mehr als 1,5 Millionen Mark ein, gespendet von rund 70 000 Menschen in der Bundesrepublik, die zum ersten Mal etwas über die koreanischen Waisenkinder lasen.«

So waren 70 000 neue Spender gefunden, die zu Ostern im darauffolgenden Jahr erneut angeschrieben wurden, mit einem teuren Computer-Brief, wie Klaus Prochazka berichtet: »Es ist eine Technik, die jedes Mailing von vornherein mit einer halben Mark Porto belastet – aber die eben auch unübersehbare Vorteile für die *persönliche Ansprache* des Spenders hat. Die Osterwerbung kostete alles in allem rund 73 000 Mark – und sie erbrachte allein bis Ende August immerhin 452 718 Mark. Und es wurde weiter gespendet.«

Es gibt nichts, was von den Adressenhändlern vorher nicht genau überprüft wurde. Die Werbeprofis kümmerten sich fast liebevoll um das Produkt, das es zu verkaufen galt, und um das Profil des begehrten Spenders. Keine Berufsgruppe zum Beispiel, die nicht getestet wurde auf ihre Bereitschaft zu spenden, kein Kundenkreis irgendeines Versandhandels, der nicht kontrolliert wurde, ob sein humanitäres Gewissen für einen Spendenverein nutzbar gemacht werden könnte. Leute, die beim Beate-Uhse-Versand in Flensburg bestellen, scheiden nach einhelliger Überzeugung aller Adressenhändler aus dem Kreis derjenigen aus, die den Armen in der Dritten Welt etwas Gutes tun. Hohe Erfolgsquoten dagegen garantiert menschelnde Werbung für Hungernde beim Kundenkreis des »Ateliers Goldener Schnitt«. Dieses Versandhaus verkauft eine Produktpalette von Kleidung hauptsächlich an Damen mit Figurproblemen, mit Übergewicht. Übergrößen können hier diskret per Post bestellt werden.

Von der Spendenbereitschaft seiner Kunden ist auch der Veranstalter sogenannter Kaffeefahrten überzeugt, der kürzlich mehreren Spendenvereinen 200000 Teilnehmeradressen anbot. Seine Kunden, so versprach er, seien meist ältere, gutsituierte Rentner, die ganz sicher auch für einen guten Zweck etwas übrig hätten.

Bei Hilfswerken besonders beliebt sind auch die Anschriften der Versandhauskunden für den Gartenbedarf. Menschen, die sich liebevoll um ihr Kräuterbeet kümmern, so heißt die These der Werbeleute, haben auch eine Ader für die Probleme in den Entwicklungsländern.

Eine derart zielgerichtete Werbung macht die Sache lohnend, denn Postwerbung ist ein teures Unternehmen, erst recht dann, wenn den Adressaten das Gefühl vermittelt werden soll, nur sie persönlich würden um eine Spende gebeten. Daß ein anonymer Computer dies millionenfach ausdruckt, ist vielen so Umworbenen nicht klar, und die meisten Hilfsorganisationen haben eine fast irrationale Angst davor, ihre Förderer sachlich darüber aufzuklären, wie das Geschäft nun einmal läuft. Dabei ist nicht bewiesen, daß die Menschen weniger spenden würden, wenn sie wüßten, wie unwichtig sie eigentlich sind. Denn nachdem das Spenderprofil erst einmal erfaßt ist, spielt die Person, die dahintersteht, keine Rolle mehr. Sie ist nicht mehr von Interesse, sondern nur noch der Betrag, der ebenfalls automatisch vom Rechner registriert wird. Wie oft und wieviel spendet die Nummer 374697 im gespeicherten Spendensystem? Lohnt es sich, einen »Großspender« zu einem Dauerauftrag, zu einer Einzugsermächtigung zu überreden?

Ganz schlecht in der kaufmännisch überprüften Spenderhierarchie schneiden zum Beispiel Apotheker ab; auch Schuldirektoren und Schulleiter leiden offensichtlich nicht unter einem allzu großen, für humanitäre Zwecke zu mobilisierenden schlechten Gewissen. An der Spitze der »Zahlungsmoral« stehen Ingenieure mit akademischem Grad, mittelständische Unternehmer und Selbständige mit einem kleinen Betrieb. Schämen müssen sich nach Auffassung der Kreativen im Werbejob (deren Spendenbereitschaft übrigens noch nie geprüft wurde), auch die gutverdienenden Architekten und Professoren. Ingenieure spenden im Durchschnitt DM 28,04, Apotheker nur DM 11,27, Schulleiter und Architekten liegen mit etwa DM 14 im Mittelfeld. Egal wie und mit welchen Methoden: Wenn ein Mensch erst einmal als »Spender« erkannt und erfaßt ist, dann ist er vor Bittbriefen nicht mehr sicher. Vier- bis sechsmal im Jahr oder auch häufiger kommt Post ins Haus. Not und Elend, per Drucksache bekannt gemacht, ist stets dann gewinnbringend, wenn ein Spender den sammelnden Verein bereits kennt, sich aufgrund einer ehemaligen Überweisung irgendwie verpflichtet fühlt. Bis es soweit ist, muß allerdings viel Geld investiert werden.

Ein Beispiel soll dies verdeutlichen.

100 000 Werbedrucksachen, adressiert an Telefoninhaber oder bestimmte Berufsgruppen, kosten alles in allem, inklusive Porto und beigelegter Zahlkarte DM 100 000, jeder Brief also eine Mark. Im günstigsten Fall reagieren aber nur drei Prozent der Empfänger. 97 Prozent reagieren gar nicht, der Gegenwert von 97 000 Mark landet im Papierkorb.

Reagieren heißt, drei Prozent überweisen eine Geldspende. Für 3000 Adressen also ein Riesenaufwand, der niemals die Kosten ausgleicht. Maximal 20 bis 30 Mark zahlt im Durchschnitt der Spender ein, das bringt 60 000 bis 90 000 Mark. Für Hilfeleistung bleibt kein Pfennig übrig. Diejenigen, die sich von Elendsbildern und Hungerpropaganda haben ködern lassen, finanzieren die Werbeaktion, verhelfen dem Adressenmakler, der Druckerei und nicht zuletzt der Bundespost zu guten Umsätzen. Lukrativ für die gemeinnützigen Vereine wird die Akquisition erst, wenn die auf diese Weise gewonnenen Bürger an die Hilfsorganisation gebunden werden können und regelmäßig spenden. Ein Spenderstamm, der Millionen bringen soll, kostet erst einmal Millionen, bezahlt aus Mitteln, die ausschließlich und direkt für den guten Zweck gedacht waren, für den geworben wurde.

Für Klaus Prochazka von Korean Relief und der Firma Donnelly & Gerardi ist das ein ganz normales Geschäft. Er hat ein reines Gewissen, weil er cleverer als andere wirtschaftlichen Ertrag für seinen Verein erzielen kann, indem er eben geschickter um Spender wirbt. Es bleibt ein normales Geschäft für ihn, auch wenn seine Zahlen immer noch erstaunliche Investitionen offenlegen. Er nennt ein Beispiel: Eine Direct-Mail-Action für Korean Relief kostet 90 000 DM. Auf Anhieb wurden 130 000 DM gespendet. Übrig blieben also 40 000 DM. In Prochazkas Augen ist das besser als gar nichts, besser jedenfalls als überhaupt nicht zu helfen. So nüchtern kann man es sehen, wenn der professionelle Blickwinkel alles bestimmt.

Eines ist an dem Ettlinger Unternehmen verblüffend: Klaus Prochazka macht kein Hehl aus den notwendigen wirtschaftlichen Erfordernissen, die nun mal in diesem Gewerbe gelten. Er gehört heute, obwohl er mit Korean Relief »seinen eigenen Verein« hat, zu den begehrtesten Beratern in der Branche. Schon oft, sagt er im Gespräch, war er »Geburtshelfer« bei der Gründung von Vereinen, meist ebenfalls amerikanischen Ablegern, die in der Bundesrepublik eine Marktbeteiligung anstrebten. Das aber ist auch ein Grund dafür, daß er von anderen Organisationen heftig angegriffen wird. Niemand allerdings bestreitet ihm, daß ein Teil des Geldes auch wirklich in Korea ankommt. Aber daß er so offen über den Markt redet, in dem er sich bewegt, daß er unkonventionell und nach marktwirtschaftlichen Grundsätzen Werbung betreibt und das auch noch zugibt, nehmen die Kontrahenten übel. Prochazka nennt das Heuchelei, denn er weiß, daß die anderen, meist sehr viel größeren Hilfswerke es genauso machen, aber eben nicht darüber reden. Sie verstecken sich hinter humanitärem Blabla und hinter ihrer Kirche, und sie lügen – sagt Prochazka.

Ganz ohne Rechtfertigungszwang legt auch Korean Relief seine Bilanzen nicht offen. Aber immerhin: So offen, wie dieser Verein es tut, ist kaum ein anderer, auch wenn damit immer wieder kritische Fragen nach dem effektiven Nutzen, nach dem »was bleibt übrig« gestellt werden.

Korean Relief schwindelt nur ein wenig.

Einen großen Teil der Werbekosten für Adressen und Versand zahlt die amerikanische Muttergesellschaft von Korean Relief direkt an das deutsch-amerikanische Werbeunternehmen in Ettlingen. Klaus Prochazka gibt zu, daß dies »Augenwischerei ist, denn auch in Amerika finanziert sich der Verein aus Spenden«.

Recht hat er, der Spendenmanager, mit dem es ganz einfach Spaß macht, sich zu unterhalten, weil er so ehrlich ist. Von den elf Millionen Mark Spenden, die sein Verein jährlich einnimmt, werden nachweislich über acht Millionen DM nach Korea überwiesen.

»Was ich in die Werbung stecke«, sagt Prochazka, »das ist eine Menge Geld.« Andere geben »Unsummen aus für einen aufgeblähten bürokratischen Verwaltungsapparat, für fürstliche Spesen, für Reisekosten, für entwicklungspolitisch-intellektuelles Gerede«.

Hilfe, ausschließlich per Computer gemanagt, ist das die Zukunft der Spendenwerbung in der Bundesrepublik? Korean Relief ist Vorreiter einer Entwicklung, die erschreckende Visionen aufzeigt. Nicht nur der hohe Aufwand der Direkt-Mail-Aktionen, der sich immer bei einem Kosten-Nutzen-Verhältnis von 60 zu 40 Prozent einpendelt, läßt nach dem Sinn solcher Propaganda fragen. Der inhaltliche Leerlauf, verbunden mit schlichter Konzeptionslosigkeit bei gleichzeitigem Riesenerfolg provoziert langfristig Nachahmer und damit eine Verschiebung auf dem Spendenmarkt, der nicht zugunsten der anspruchsvoll und konventionell arbeitenden Hilfswerke ausgehen kann.

Die Statistiker in den Werbezentralen haben errechnet, was auf uns zukommen kann, wenn die Entwicklung so weitergeht. Vier bis fünf Bittbriefe in der Woche für jeden Haushalt, das könnte schon bald Realität sein. Diese Überflutung muß irgendwann die Spender verunsichern und kann sehr rasch zu einer Verweigerungshaltung führen. Die Zahl der Spendenaufrufe per Post wird steigen, dagegen wird das Niveau der Inhalte weiter sinken. Ein Beispiel für eine äußerst fragwürdige Spielart von Spendenmaximierung hat es in einem Testlauf in der Bundesrepublik bereits gegeben. Der Verein nennt sich »Krebsforschung international e. V.«. Auf Briefen an viele tausend Bürger prangt schon auf dem Umschlag folgender Text:

»Ein völlig neues Gewinnspiel als Waffe im Kampf gegen den Krebs!

- Sie können schon jetzt gewonnen haben!
- Der Hauptgewinn steigt mit der Zahl der Teilnehmer!
- Machen Sie mit bei dem ersten Gewinnspiel, bei dem alle gewinnen und nur einer verliert – der Krebs.«

Der Brief selbst enthält ein Teilnahmezertifikat für die Verlosung von 50 000 DM und mehr und eine persönliche »Glücksnummer« für den Empfänger.

Der Teilnehmer an dem Gewinnspiel soll einige Fragen beantworten. Zum Beispiel: »Ist jemand in Ihrer Familie oder unter Ihren Freunden jemals an Krebs erkrankt?« Oder: »Sind Sie der Ansicht, daß der Krebs eine weltweite Bedrohung der Menschheit darstellt, die uns alle angeht?« »Werden auch Sie uns mit Ihrer Spende helfen, den Kampf gegen den Krebs zu beschleunigen?«

In einem beigefügten Brief können die erstaunten Empfänger lesen, worauf das alles hinauslaufen soll: »Sicher fragen Sie sich jetzt: ›Was hat dieses Gewinnspiel mit dem Kampf gegen Krebs zu tun?‹ Die Antwort ist ganz einfach: Wir veranstalten dieses Gewinnspiel, um die Aufmerksamkeit aller für diese vielleicht wichtigste Aufgabe unserer Zeit zu erregen.

Hand aufs Herz, hätten Sie diesen Brief bis hierher gelesen, wenn wir Sie schlicht und einfach um eine Spende gebeten hätten? ... Wir werden den Krebs besiegen! Der Zeitpunkt, zu dem dieses Versprechen gemeinsam eingelöst werden kann, hängt auch von Ihrer Unterstützung ab.« Und im Nachsatz erläutert der Unterzeichner des Briefes: »Die Teilnahme an dem Gewinnspiel ist selbstverständlich von einer Spende unabhängig. Eine Spende und die Höhe des gespendeten Betrages haben keinen Einfluß auf Ihre Gewinnchance. Für den Fall, daß Sie gewinnen, können Sie Ihren Bargewinn schon jetzt der Krebsforschung wieder zur Verfügung stellen – wie es vielfach in anderen Ländern bei ähnlichen Veranstaltungen getan wurde. Sie erhalten trotzdem in voller Höhe eine Spendenbescheinigung für den Steuerabzug.«

Alle Teilnehmer an dem makaberen Spiel sollten ihr »Gewinnzertifikat« an folgende Adresse zurückschicken: »Krebsforschung international e. V., Postfach 1243 in 7250 Leonberg«.

Erst die Nachfrage nach dem Inhaber dieses Postfaches machte deutlich, wer bei diesem Spiel wirklich gewinnt. Das Postfach gehört der Firma Schober im schwäbischen Ditzingen. Das Unternehmen gehört zu den großen im Adressen- und Direktwerbe-Geschäft.

Hinter dem Verein »Krebsforschung international e. V.« verstecken sich fast ausschließlich Amerikaner, die mit ihrer Unterschrift beim Vereinsregister des Amtsgerichts in Frankfurt ihre Satzung ordnungsgemäß eingereicht haben. Ein gewisser Ward W. Dworshak unterzeichnete mit seinem Namen gleich dreimal, nicht nur für sich, sondern unter anderem auch für Franklin C. Salisbury. Und seine Ehefrau Margaret N. Dworshak unterschrieb für sich und für Tamara P. Salisbury.

Wieviel Geld dieser Verein bis heute in der Bundesrepublik Deutschland gesammelt hat, ist nicht zu erfahren. Die gemeinnützigen vorgeblichen Krebsforscher geben keine Auskunft darüber, welche Summen tatsächlich für den guten Zweck ausgegeben wurden oder ob in Wirklichkeit nicht nur der schlaue Adressenhändler aus dem Schwabenland seinen Gewinn mit dem Spiel um den Krebs gemacht hat. Die Erklärung scheint einfach: Mit dem neuen Verein und mit neuen Werbemethoden sollte der hierzulande gute Ruf der »Deutschen Krebshilfe« von Mildred Scheel genutzt werden, um sich so zur rechten Zeit Marktanteile im Spendengewerbe zu sichern.

Spätestens an diesem Beispiel wird deutlich, wie dringend auch für diesen Markt eine »Zentrale zur Bekämpfung des unlauteren Wettbewerbs« erforderlich geworden ist.

Die »amerikanischen Verhältnisse« haben sich längst auch in der Bundesrepublik durchgesetzt. Da hilft auch kein moralischer Aufschrei. So angreifbar diese Art von Spendenwerbung auch sein mag, sie ist ein legales Unternehmen in einer marktwirtschaftlich geprägten Gesellschaft, in der auch die »Humanität« nach den Prinzipien von Angebot und Nachfrage geregelt wird.

Unmoralisch und verwerflich ist vielmehr die Tatsache, daß viele Hilfswerke ihren Spendern nicht von sich aus erklären, wie es um den Konkurrenzkampf auf dem Markt bestellt ist, daß sie Sichtblenden herunterlassen und die Auskunft verweigern, wenn Fragen nach dem Aufwand für die Spendenwerbung gestellt werden.

Mit ihrer konzertierten Aktion des Schweigens geben also selbst die seriös wirtschaftenden Organisationen all denen einen Freibrief, die sich als schwarze Schafe auf den interessanten bundesdeutschen Markt gedrängt haben und die sich ebenso darauf verlassen können, daß es bis heute keine Pflicht für gemeinnützige Institutionen gibt, ihre Bilanzen schonungslos offenzulegen und sich einer unabhängigen Kontrolle zu stellen.

Selbst die seriösen Hilfswerke haben kein Interesse daran, daß allzu ausführlich über diese schwarzen Schafe berichtet wird, weil sie befürchten, daß damit auch ihre Spender verunsichert werden. Es ist die große Koalition der Verhinderer und Boykotteure, die mit allen Kräften zu verhindern suchen, daß es zu einer solchen Kontrolle kommt.

Geschichten aus dem Spendenalltag

Von den schwarzen Schafen auf dem Spendenmarkt zu erzählen bedeutet vor allem, einen Einblick zu geben in die Trickkiste von Betrügern, die das humanitäre Engagement vieler hunderttausend Spender ausnutzen und damit eine Art Selbstbedienungsladen betreiben.

Die Geschichten aus dem Spendensumpf sollen warnen; sie sollen anregen, erst nachzudenken und dann zu spenden. Hier soll nur von einigen Beispielen berichtet werden. Auffällig ist, daß viele der unseriösen Organisationen religiöse Motive schamlos ausnutzen.

Wieviel Geld von zweifelhaften Spendenunternehmen gesammelt wird, ist nur schwer zu schätzen. Es dürften aber über 200 Millionen Mark sein, die in dunkle Kanäle fließen, ohne daß dies jemals bewiesen werden könnte.

Auf der Suche nach neuen Spendern beschreiten manche Vereine nicht nur legale Wege, die zwar teuer, aber gesetzlich zulässig sind. In der Bundesrepublik Deutschland hat sich neben dem offiziellen Handel mit Adressen ein grauer, manchmal auch ein schwarzer Markt etabliert. Gemeint ist damit der Verkauf von Adressen, deren Inhaber schon irgendwann einmal irgendwo gespendet und damit grundsätzlich ihre Bereitschaft zu helfen signalisiert haben. Auf diesem schwarzen Markt wird die Anschrift eines besonders großzügigen Spenders oder einer Spenderin, daß heißt eines Menschen, der mehr als 200 Mark jährlich für wohltätige Zwecke ausgibt, zu Preisen zwischen drei und vier Mark gehandelt.

Weil das Sammeln zu einer Konkurrenz ausgeartet ist, in der jeder Verein seinen Platzvorteil sucht, gibt es im kommerziellen Adressengewerbe auch ein paar Vertreter, die sich an Datenschutzbestimmungen nicht halten und die beweisen, daß die Behauptung der Branche, Spenderadressen würden nicht verkauft, falsch ist.

»Wir erlauben uns, Ihnen den Bezug unserer sehr erfolgreichen Spenderadressen zu empfehlen. Nachstehend geben wir Ihnen die Preise für eine Auswahl der begehrtesten Kollektionen bekannt.«

Mit diesen freundlichen Zeilen hat zum Beispiel die Firma V. Schöttner-Direktwerbung in Bremen versucht, mit gemeinnützigen Vereinen ins Geschäft zu kommen. Von DM 200 bis DM 500 pro tausend Anschriften bei einem Angebot von 250 000 Stück gingen die Preiskalkulationen aus. Ganz sicher sind sie mehrfach verkauft worden, und 250 000 Menschen haben sich gewundert, daß sie plötzlich soviel Post von so vielen mildtätigen Organisationen erhielten. Einmal Spender, immer Spender, einmal angezapft, immer angezapft. Den möglichen Druck auf Zeitgenossen, die sich auf das Spiel eingelassen haben, nutzen die Hilfsorganisationen weidlich aus. Sie orientieren sich ausschließlich an den Gesetzen der Expansion; sie müssen sich daran orientieren, weil sie entweder keine Lobby hinter sich haben, wie etwa die Kirchen oder weil sie schlicht nach dem Motto arbeiten, daß der Zweck die Mittel heiligt, und der Zweck ist nicht selten die Unterhaltung eines lukrativen Familienbetriebes. Diese Spendenhaie bedienen sich häufig fauler Sprüche.

Der Tesch-Clan

Mit dem Bibelwort »Vergeßt nicht, Gutes zu tun und mit anderen zu teilen«, nähert sich ein besonders dubioser Sammelclub den Menschen. Die gutgläubigen Spender, die auf die Konten des »Internationalen Missions-Hilfsdienstes« mit Sitz in Hamburg Geld überweisen, teilen im wesentlichen mit der Familie des Günter Tesch. Gemeinsam mit seinem Vater, Günter Tesch senior und seiner Ehefrau Gertrud E. Tesch, leitet er diesen Verein, der für alles Geld sammelt, was gerade Schlagzeilen macht. Hunger in Uganda, Hunger in Äthiopien. Aber nicht nur Katastrophen werden zu Geld gemacht. Auch im fragwürdigen Adressengeschäft hat die Familie Tesch schon immer mitgemischt.

Der jüngste Coup: Als »vertraulich« waren Briefe des Internationalen Missions-Hilfsdienstes gekennzeichnet, die an rund 60 andere Hilfsorganisationen gerichtet waren. Das Angebot: Rund eine Million Adressen von Spendern und solchen Menschen, die es werden könnten, in der Bundesrepublik, in der Schweiz und in den USA.

In den letzten Jahren firmierte sein Betrieb unter einer bunten Palette stets wechselnder Namen. »ABC-Soforthilfeprogramm«, »dmD-diakonisch-missionarische-Dienste«, »MHD-Missionshilfsdienst« und jetzt als »Internationaler Missions-Hilfsdienst«. Niemals war auch nur eines dieser Unternehmen als eigenständiger, als gemeinnütziger Verein anerkannt. Wer genauer auf die Briefe schaut, der erkennt dort, daß es exakt heißt »Internationaler Missionshilfsdienst des Evangelistic Team e. V.«, und dieses Team, die Tesch-Familie, hat in der Tat, wie auch immer, die Berechtigung, Spenden zu sammeln. Auch heute noch, obwohl Günter Tesch junior 1982 vom Amtsgericht Tostedt wegen Betrugs zu einer Geldstrafe verurteilt wurde. Einige Jahre hatte dann die Spendenszene Ruhe vor ihm.

Günter Tesch ging in die USA, sammelte dort mit seinem Verein »Christian Care International« Dollarmillionen und kam dann, nachdem seine Vorstrafe vergessen war, wieder zurück – mit einem Doktortitel made in USA. Als Doktor der Theologie wirbt er nun um Spenden und verkauft Adressen, erfolgreich wie es scheint. Ein ehemaliger Mitarbeiter Teschs, der Journalist Dieter Kraeter, der sich rasch von diesem Verein distanzierte, berichtet, wie das System Tesch funktioniert:

»Ich habe den Eindruck gewonnen, daß der missionarische Anspruch, den Tesch vertrat, lediglich eine Maske war, hinter der er sehr lukrative Geldgeschäfte betrieb. Wobei er der Mann war, bei dem sich, wie bei keinem anderen, überhaupt nicht mehr trennen läßt zwischen Finanzen und Eigentumsverhältnissen des Missionswerks und privaten Finanzen und Eigentumsverhältnissen Teschs ... In seinen Spendenaufrufen und sonstigen Veröffentlichungen aber – das ist Satz für Satz nachzuweisen – hat er den Eindruck erweckt, als unterhalte er etwa ein weltweites Netz von Behindertenheimen. Er hat Fotos von behinderten eingeborenen Kindern veröffentlicht – meistens Kinder, denen man sehr viel Not ansah, Hunger, Krankheit – und hat daruntergeschrieben: ›Dieses Kind zum Beispiel wird – wenn Sie Geld spenden – in eines unserer zahlreichen Behindertenheime aufgenommen werden können.‹ Er hat Fotos verwendet, die er – wie ich selbst auch erlebt habe – aus Illustrierten ausgeschnitten hat oder die er gekauft hat, mit Lastwagen und Flüchtlingslagern, mit großen Zelten usw. – und er hat das alles als eigene Unternehmungen ausgegeben. Er hat immer mit großen provokativen Parolen gearbeitet. Er hat also den Leuten suggeriert: Wenn sie nicht sofort nach dem Lesen seines Spendenbriefes zur nächsten Post eilen und einen möglichst großen Betrag an ihn schicken, dann werden die auf dem Spendenbrief abgebildeten Kinder oder auch Erwachsene verhungern, und zwar noch am nächsten Tag wahrscheinlich.

In der Praxis und auch zugegebenerweise gingen die von Tesch abgerechneten Prozentanteile, die er nicht weitergab für die bestimmten Notstandsgebiete, für die er sammelte, bis rauf zu 90 Prozent. Ich kann mich noch fest an ein Gespräch erinnern, als er mir dann sagte, es stimme wohl, und es käme wohl auf 80 bis 90 Prozent bei einzelnen Aktionen, aber wenn er diese Aktionen nicht unter diesen Umständen unternähme, dann würden die armen Leute, die das Geld von ihm weiterbekämen, nicht mal an die zehn Prozent kommen, die dann noch für sie übrigblieben.«

Günter Teschs Hilfswerk war überwiegend ein florierender Versandhandel mit Spendenaufrufen. Eine vollautomatische Maschinenstraße erledigte alles: vom Aufdruck der Adressen bis zum Eintüten der Prospekte. Dieter Kraeter berichtet:

»Es kam vor, daß er für eine bestimmte Gebühr von einem anderen Missionswerk Adressenbestände auslieh, diese Adressen dann widerrechtlich seiner eigenen Adressenkartei einfügte. Er verkaufte Adressen, die er von anderen Missionswerken zur Benutzung überlassen bekommen hatte, weiter. Auf diese Weise kauften dann schon manche Missionen ihre eigenen Adressen wieder zurück, ohne es zu wissen ... Weil man davon ausging, Enthüllungen könnten die gesamte kirchlich-caritative Tätigkeit in der Öffentlichkeit schädigen, ging es dann so zu, daß man über alles den Mantel der Barmherzigkeit breitete, in sehr seltenen Fällen Schadensersatz von Tesch forderte. Dazu kam auch eine sehr enge Zusammenarbeit Teschs mit kommerziellen Adressenhändlern, in diesem Graufeld um die Missionswerke und sonstigen caritativen Einrichtungen herum, da hatte Tesch seine eigene zynische Arbeitsweise.«

Der Trick ist faszinierend einfach. Tesch weiß, daß kein Mensch, kein Spender sich für die Satzung des Vereins interessiert und auch nicht dafür, welche Personen dahinterstehen. Das zahlende Volk liest nur die aufrüttelnden Hilferufe und erfährt nichts von den juristisch relevanten Paragraphen und Fakten, die in der Vereinssatzung festgeschrieben sein müssen. Im Fall Tesch und des »Evangelistic-Team e. V.« sieht dies so aus: Als Ziel des Vereins wird die »bibeltreue Verbreitung des Evangeliums unseres Herrn Jesus Christus im In- und Ausland, durch diakonische Dienste in der Dritten Welt, Missionen in Hallen und Zelten, Verkündigung in aller Öffentlichkeit unter freiem Himmel, auf den Straßen und in Teestuben...« genannt. Am Rande eher heißt es unter weiteren Aufgaben »Soforthilfe bei Katastrophen«, »Vermittlung von Patenschaften«.

Wieviel Geld für bibeltreue Mission beziehungsweise pseudoreligiöse Propaganda zur Unterstützung des Personenkults um den selbsternannten Pastor Günter Tesch ausgegeben wird, darüber erhalten die Spender keine Auskunft. 1981 wurden knapp 2,5 Millionen Mark kassiert, nur in der Bundesrepublik. Wieviel die Tesch-Filiale zum Beispiel in der Schweiz eingenommen hat, ist nicht bekannt. Heute dürften, nach Schätzungen auf der Basis des gewaltigen Werbeaufwandes, insgesamt etwa vier Millionen Mark zusammenkommen.

Wie die Mittel verteilt werden und welches Mißverhältnis sich auftut, zeigen die Beschlüsse der Mitgliederversammlung zur Verwendung im Jahre 1985. Auszüge:

Dr. Higgins in Kenia:	DM 300,– monatlich
Pastor Lipton in Kenia:	DM 300,– monatlich
Prof. Lyxell in Schweden:	DM 400,– monatlich
Rev. Cuthbert:	DM 300,– monatlich

Beschlüsse oder Berichte über Millionenausgaben für wirkliche Hilfeleistungen in Uganda, in Äthiopien oder wo immer auch das Tesch-Team vorgibt zu arbeiten, tauchen in den vorliegenden Protokollen nicht auf.

Der Verein ist ein Selbstbedienungsladen des Tesch-Clans. Rev. Cuthbert ist zufällig auch Mitglied des Evangelistic-Teams e. V. Mit 600 Mark monatlich wird auch ein Projekt unterstützt, das dubios zu nennen sich nicht nur die evangelische Kirche in Deutschland erlauben darf.

Die »Freie Universität Norddeutschland« wird mit diesem Betrag aus Spendengeldern subventioniert, die gedacht waren für die Dritte Welt. Diese »Universität«, die ebenfalls als eingetragener Verein angemeldet ist, soll der rechten theologischen Ausbildung dienen. Hinter diesem frommen Wunsch steht Helmut Saake, der, wen wundert es, ebenfalls bei Günter Tesch und dessen Vereinen in den USA und in Deutschland profitabel mitmischt. Aus den Vorständen dieser Vereine hat er sich zunächst zurückgezogen, weil die Staatsanwaltschaft auf seiner Spur ist. Helmut Saake selbst ist seit vielen Jahren auf der Spur des Bösen, auf Schritt und Tritt sieht er sich vom Satan verfolgt – und von Journalisten. Als ich vor einem Jahr anfing, mich für diesen so engagierten Mann zu interessieren und Fragen nach der Finanzierung seiner Privat-Uni stellte, blockte er wütend ab und schrieb mir: »Immer wieder wird von Journalisten die Maxime vertreten, nur schlechte Nachrichten seien gute Nachrichten. Diesem Kanon liegt offenbar jenes Prinzip zugrunde, nur das Böse sei das Gute. Bekanntlich basiert auf dieser Regel der Satanismus. Mithin mögen sich gewisse rufmörderische Journalisten nicht wundern, daß in ihrem Modus berufsmäßigen Arbeitens eine Form des säkularisierten Satanismus gesehen wird.«

Helmut Saake kann die Ernennungsurkunde zum Professor vorlegen. Ausgestellt ist diese Urkunde von der »Freien Universität Norddeutschland«, seiner privaten Hobby-Hochschule, die laut Auskunft des niedersächsischen Wissenschaftsministers nicht staatlich anerkannt ist.

Ein Fall für den Psychiater? Damit wäre die Frage zu oberflächlich beantwortet.

Der Schritt vom Adressenhandel zur Spendenkriminalität scheint nicht weit zu sein. Denn Tesch und Saake haben ihr Netz umsatzträchtiger Aktivitäten weit gespannt. Neben seiner Mitgliedschaft im Evangelistic-Team e. V. und seiner »Universität«, hat Saake noch zwei weitere Vereine gegründet:

– die Carl Friedrich Gauß Gesellschaft e. V.
– die Leopold von Ranke Gesellschaft e. V.

Sein wichtigster Geldgeber allerdings ist die Siloah-Blinden- und Aussätzigen-Mission mit Sitz in Siegen. Bis Ende 1984 war er bei diesem Verein im Vorstand mitverantwortlich für allerlei Fragwürdiges. Der Spenden-Professor im Zwielicht.

Der Siloah-Schwindel

Kaum jemand kennt ihn, diesen Sammelverein, der von Siegen aus jährlich etwa 15 Millionen Mark Spenden kassiert. Siloah verspricht, mit diesem Geld Menschen aus der Armut zu retten. In den bunten Broschüren für die Spender, die ebenfalls ausschließlich mit gekauften Adressen (auch Günter Tesch hat hier kräftig abgesahnt) geködert wurden, gibt es erstaunliche Discount-Preise für die Hilfe. Marktschreierisch verkündet Siloah, daß für nur 40 Mark in Indien zehn Kinder einen Monat lang ernährt werden können.

10 DM kosten Blindheit verhütende Medikamente. 30 DM kostet eine Operation, die das Augenlicht rettet. Patenschaften für Kinder in allen möglichen Winkeln dieser Erde bietet Siloah nebenbei auch noch an, für 50 DM im Monat.

Über 300 000 Mark hat die Siloah-Mission für Adressen an Günter Tesch gezahlt. Verantwortliches Mitglied in beiden Vereinen: Helmut Saake, der auch persönlich von Siloah finanzielle Hilfe erhielt und weitere erhält.*

»Missionsleiter« bei Siloah ist Karl Becker, der sich in jedem seiner Prospekte mehrmals mit Kindern abbilden läßt. Stets hat er ein Gebet oder ein Bibelwort parat, um damit rasch zum Thema zu kommen: »Bitte helfen Sie uns noch heute mit Ihrer Spende. Jeder Betrag, ob DM 30, DM 50, DM 100, was Gott Ihnen gerade ans Herz legt, wird es uns ermöglichen, den Kampf gegen die Lepra ... fortzusetzen.«

»Sie brauchen unsere Hilfe – sonst werden sie alle sterben.« »Helfen Sie bitte mit, auf daß es noch mehr fröhliche Gesichter und glückliche Kinder gibt. Lassen Sie Ihr Herz sprechen, seien Sie barmherzig im Sinne der Nächstenliebe. Viele unbekannte, kleine Herzen werden Ihnen dankbar sein. Möge Sie der Herr

* Erst nachdem der Staatsanwalt nach den Informationen des Fernsehfilms »Markt der offenen Herzen« sich zu einer großangelegten Durchsuchungsaktion auch bei Helmut Saake entschloß und fündig wurde, hat sich der »Professor« formell aus den Vorständen zurückgezogen. Nachträglich wurden die regelmäßigen Zahlungen aus Spendenmitteln an ihn in einem Darlehensvertrag zusammengefaßt. Er will damit beweisen, daß er alles zurückzahlen möchte.

und Vater für jedes Opfer, das Sie uns zuwenden, reichlich belohnen.«

Der gelernte Kaufmann Karl Becker macht seine Millionen ausschließlich mit einer solchen Mixtur aus Mitleid und religiöser Gefühlsduselei. Auch er betreibt Etikettenschwindel, weil er keine Abrechnungen offenlegt, seinen Spendern aber permanent vorgaukelt, das Geld käme in die richtigen Hände. Die Siloah-Mission ist wegen Förderung der Religion und Verbreitung des Evangeliums als gemeinnützig anerkannt. Mit den Namen Tesch und Saake verbindet sich aber nur die Förderung dubioser Figuren. Karl Becker und seine Kompagnons nutzen auf clevere Weise die Religionsfreiheit aus. Und da der heute fast 70jährige von der Evangelischen Kirche in Deutschland schon bald als schwarzes Schaf entlarvt war, hat er kurzerhand seine eigene Kirche gegründet, in Indien und andernorts auf der Welt, die »Siloam Evangelical Church«. Er selbst tritt auf als Kirchenpräsident oder Präses und schreckt auch nicht davor zurück, den Täufer zu spielen, der aus armen Heiden- und Hindukindern gute Christen macht. Die Siloah-Spender erfahren nichts von dem sektiererischen Zauber, der von Karl Becker in Entwicklungsländern im Namen Jesu Christi veranstaltet wird. Die Spender wissen auch nicht, daß Siloah in Indien beispielsweise eine Zusammenarbeit mit den ordentlichen christlichen Kirchen ablehnt und sogar gegen sie arbeitet.

Der Bischof der südindischen Kirche mit Sitz in Madras, Sunder Clarke, kommentierte das Treiben der Siloah-Fanatiker so: »Unsere Erfahrungen mit diesen Leuten sind nicht sehr angenehm gewesen. In der Diözese Madras haben sie versucht, Gläubige von unserer Kirche abzuwerben. Ich weiß nicht, welche Bedeutung sie in Deutschland haben, hier arbeiten sie nicht mit den wichtigen Kirchen zusammen. Und ich weiß auch nicht, ob wir solche privaten Vereinigungen ermutigen sollten, die oft im Wettbewerb zur Kirche stehen und die glauben, daß sie die einzigen sind, die gute Arbeit machen.«

Mit Spendengeldern wird nicht nur in Indien Mission auf eine Art betrieben, die an schlimmste Kolonialzeiten erinnert und die sicher nicht dem entspricht, was die einzelnen Hilfswilligen aus der Bundesrepublik wollen. Nicht nur der hohe Aufwand, der in der Bundesrepublik für Verwaltung und Werbung getrieben wird, ist erschreckend. Nach Schätzungen eines ehemaligen Mitarbeiters verschlingen diese Kosten mehr als 40 Prozent der Einnahmen. Doch auch die Gelder, die nach Indien gelangen, werden nicht in jedem Fall sachgerecht verwendet. Der leichtfertige Umgang mit den Millionen hat ein System der Korruption genährt, das selbst in Indien ohne Beispiel ist. Karl Becker, der zusammen mit seiner Ehefrau Else den Vorstand des »Missionswerks« leitet und nur eine Handvoll Mitglieder aus dem engsten Klüngel um seine Familie im Verein duldet, hat sich in Indien mit geschäftstüchtigen »Missionaren« verbündet, die offenbar rasch begriffen hatten, daß Christen aus Europa nicht nur mit der Bibel in der einen Hand ins Land kommen, sondern vor allem mit viel Bargeld in der anderen Hand.

Es war die indische Zeitung *Sunday Magazine*, die bereits im Jahre 1982 mit einer ausführlichen Reportage für Schlagzeilen und Aufregung sorgte. Bis zu 50 Millionen Rupien, das sind rund 13 Millionen Mark, sollen nach Berichten dieser Zeitung in die Hände von zwei indischen Missionaren geflossen sein, die damit für sich und ihre Familien wertvollen Grundbesitz erworben hatten. Beide »Missionare«, der eine ursprünglich Lokomotivführer und der andere – sein Schwiegersohn – ein Lehrer, waren seit den frühen 70er Jahren Beauftragte der Siloah-Mission für die Arbeit in Indien.

Die indische Kriminalpolizei schaltete sich ein und ermittelte, die beiden Beschuldigten stellten ihrerseits Strafanzeige, das Verfahren blieb aber spätestens in dem Moment hängen, als die indische Polizei auch in der Bundesrepublik Nachforschungen anstellen wollte. Denn hier war ja nicht nur eine der Ursachen des Übels, nämlich die Siloah-Mission zu finden, sondern auch ein Sohn des indischen Lokomotivführers beziehungsweise Missionars, der inzwischen in der Bundesrepublik lebte und ebenfalls ins Zwielicht geraten war.

Die Ermittlungen jedenfalls liefen ins Leere, weil die indische Kripo nicht in der Bundesrepublik arbeiten konnte, weil es an bilateralen Regelungen zwischen Indien und der Bundesrepublik für solche Fälle fehlt.

Dem internationalen Missionsleiter Karl Becker ist all dies natürlich nicht verborgen geblieben, aber er übte sich mehr oder weniger geschickt in der Kunst des Dementierens und konnte darauf spekulieren, daß ihm am Ende doch nichts nachzuweisen war. Lug und Trug sei das alles, nichts Wahres sei da zu lesen, sondern nur Verleumdung, so lauteten die stereotypen Entgegnungen des »Kirchenpräsidenten« Becker. Peinlich war nur, daß ein Protokoll der Siloah-Mitgliederversammlung aus dem heiligen Elfenbeinturm der Mission in Siegen an die Öffentlichkeit gelangte. Am 10. Dezember 1982 war der engste Familien- und Freundeskreis um das Ehepaar Becker wieder einmal zusammengekommen, um seine jährliche Mitgliederversammlung abzuhalten. Wenn Wahlen zum Vorstand auf der Tagesordnung standen, wählten sich die Angehörigen des Clans stets gegenseitig in die in Frage stehenden Positionen. Karl Becker eröffnet jede dieser »Versammlungen« mit einer Andacht, und er schließt sie mit einem Gebet. Am 10. 12. 1982 aber war dazwischen laut Protokoll unter Punkt 7 zu lesen, daß der Missionsleiter über die »Veruntreuung von Spendengeldern« in Indien berichtet hat. Die Beschuldigten, die beiden indischen »Missionare«, werden im Protokoll namentlich erwähnt. Auch ein Beschluß, den die Mitgliederversammlung gefaßt hat, wird zitiert:

»Die Mitgliederversammlung beschließt einstimmig, daß die von den oben erwähnten ehemaligen Mitarbeitern der Siloah-Mission veruntreuten Gelder sowie der bewegliche und unbewegliche Besitz, der mit diesen veruntreuten Geldern erworben worden ist, zum frühestmöglichen Zeitpunkt ... zurückgegeben werden müssen ...«

Gegenüber dem Chefredakteur der *Siegener Zeitung*, Eberhard Winterhager, der in Sachen Siloah-Mission beharrlich auf Spurensuche war, wollte Karl Becker von all dem nichts mehr wissen. Die Frage, ob denn von den beiden Missionaren Geld zurückgezahlt worden sei, beantwortete er so:

»Was sollen die für Geld zurückzahlen? Es war doch kein Geld zurückzuzahlen.«

Um auch die indische Öffentlichkeit und vor allem die Polizei in Indien ruhigzustellen, wurden auch dort Ablenkungsmanöver eingeleitet.

Im *Indian Express* vom 22. Juli 1984 erschien in großer Aufmachung eine Anzeige der Siloah-Mission, mit der folgendes verkündet wurde:

»Die Unterzeichnenden sind froh zu berichten und anzuerkennen, daß die Differenzen und Streitigkeiten ... zur beiderseitigen Zufriedenheit friedlich beigelegt worden sind. Soweit die Anwälte mit der Angelegenheit befaßt waren, wurden sie dahingehend instruiert, die gegenseitig eingeleiteten Strafverfahren zurückzuziehen. Es ist ein Grund zur Freude und zum Ruhme des Herrn Jesus Christus, daß die christliche Verbundenheit, die früher zwischen den Unterzeichnenden existierte, wieder hergestellt worden ist. Wir versichern, daß wir mit der Wiederherstellung der christlichen Verbundenheit die Kooperation miteinander in der Zukunft fortsetzen können.« Unterzeichnet war dieser Text von Karl Becker und den beiden Missionars-Millionären.

Wie das Selbstbedienungs-Modell der Siloah-Mission funktioniert, berichtet eine Krankenschwester, die für diesen Verein in Indien gearbeitet hat. Auszüge:

»Im Laufe mehrerer Jahre haben Herr Becker und seine Mitarbeiter in ganz Indien rund 400 Stationen ..., die dort schon bestanden, übernommen. Das bedeutete praktisch, die jeweilige Station nahm dankbar die finanzielle Unterstützung des deutschen Missisonswerkes an und erhielt dafür den Namen ›Siloah‹ ... Mir fiel an diesen Stationen vor allem auf, daß sie sich baulich und hygienisch in nicht gutem Zustand befanden. Mir ist bekannt, daß Mitarbeiter Herrn Becker auf die vielfältigen Mißstände aufmerksam gemacht haben. Zwei oder drei Inder, die in Madras und Tiruchy eine Bibelschule, ein Leprazentrum, eine Kinderpflegestation sowie eine Druckerei unterhalten, bezogen seit mehreren Jahren viel Geld von ›Siloah‹. Die überwiesenen Beträge richteten sich in ihrer Höhe nach den von Indien aus gemachten Angaben. Und eine von diesen Indern aufgestellte Behauptung lautete, man betreue rund 4000 Leprakranke. Mir wurde berichtet, daß für Herrn Becker ... rund 4000 Leprakranke aus der gesamten Umgebung zusammengeholt wurden und zur Belohnung je eine Rupie erhielten ... Die Realität im Siloah-Camp soll jedoch bei nur etwa 400 bis 500 Leprakranken gelegen haben.«

Karl Becker will selbstverständlich von solchen Manipulationen nichts gewußt haben, ebensowenig wie er angeblich etwas von den Praktiken seiner Missionare wußte, die zu Großgrundbesitzern wurden.

In der Bundesrepublik liegen also Abrechnungsbelege aus Indien über 4000 Kranke, die jede mögliche Prüfung anstandslos passieren würden, denn das Geld dafür ist nach Übersee geschickt worden. In Indien bereicherten sich Menschen, denen die leichtfertige Praxis ihrer westlichen Geldgeber den Mißbrauch geradezu nahelegte.

Der missionarische Eifer und die arrogante Selbstüberschätzung bei gleichzeitigem Unvermögen, mit Spendenmillionen vernünftig umzugehen, haben den Chef der Blindenmission selbst blind gemacht – und taub. Alle Warnungen überhörte er, kritische Fragen sind »Verleumdungen«. Und die Menschen, denen er helfen soll, sind nur Objekte seiner übersteigerten Begierde, mit wachsendem Spendenumsatz auch der größte aller Heilsbringer zu werden.

Diesen Menschen will ich kennenlernen, ihm gegenübersitzen und ihn nach seinen Geschäften und seinen Motiven fragen. Monatelang ist dies unmöglich. Mal ist er auf Rundreise in Indien, mal macht er eine Frischzellenkur in Amerika, um sich auf diese sehr weltliche Art für ein langes Leben zu regenerieren.

Er ist nicht bereit zu einem Gespräch, schaltet allein wegen meiner Anfragen Anwälte ein, läßt mir drohen. Ein von mir angekündigter Termin platzt. Ich stehe vor dem Verwaltungsgebäude der Mission in Siegen. Die Rolläden sind heruntergelassen, die Mitarbeiter wurden, wie ich später erfahre, nach Hause geschickt, Zwangsurlaub. Ein Brief an der Haustür verkündet Hausverbot für mich und gerichtliche Schritte, falls ich das Gebäude fotografiere. Erst nach weiteren Verhandlungen, die über Rechtsanwälte geführt werden, sitze ich dem Kirchenpräsidenten Becker gegenüber, im Beisein seines Juristen. Wieviel Angst muß dieser Mann haben, obwohl er doch weiß, was ich weiß, denn – das war eine der Bedingungen für den Gesprächstermin – ich mußte meine Fragen vorher schriftlich einreichen. »Sie sind schuld am Tod von vielen indischen Kindern, wenn Sie etwas Negatives über ›Siloah‹ berichten«, sagt er und meint das ernst.

Schuldbewußt, das merke ich sehr rasch, ist er nicht, aber selbstbewußt auch nicht. Fehler wirft er sich nicht vor, nur anderen, die ihm »Böses« wollen, und die anderen, das sind die Spenden-Konkurrenten, die ihm die Millionen neiden, und das sind die Journalisten, die sein Glaubenswerk vernichten wollen. Mit ihm über die Mission in Indien zu reden und über praktische Entwicklungshilfe, ist nicht möglich. Verbale Fertigteile, abgerufen aus den Prospekten seines Vereins, mehr hat er nicht zu sagen. Eine traurige Gestalt, die selbst Mitleid provozieren würde, wenn es nicht um Spender ginge, deren Millionenbeträge in nicht unwesentlichem Maße in die Hände »indischer Beutegeier« fließen, mit denen Becker zusammenarbeitet. So jedenfalls steht es in vertraulichen Berichten vom 23. Januar 1984 und vom 10. Februar 1984, die der deutsche Generalkonsul in Madras, Nikolaus Merten, an das Auswärtige Amt in Bonn schickte. Seine Informationen über »Unterschlagungen« und »Betrügereien« und seine Charakterisierung, Becker sei ein »altersstarrsinniger Mann«, werden vom Außenministerium bis heute nicht veröffentlicht. Als Grund nennt der Informations- und Pressestab, daß der Generalkonsul keine offizielle Ermittlungsinstanz sei. Obwohl Generalkonsul Merten auch darüber informierte, daß die Machenschaften von Siloah in Indien die Arbeit und das Ansehen von seriösen deutschen Organisationen allmählich in Verruf bringen, blieben die Diplomaten in Bonn untätig. Erst jetzt versucht die Staatsanwaltschaft in Koblenz mit ihren Ermittlungen dem Finanzgebaren auf die Spur zu kommen. Für den Fall aber, daß die erstaunlichen Funde der Staatsanwälte bei Durchsuchungsaktionen im Missionsgebäude und in den Wohnungen Karl Beckers und Helmut Saakes zu rechtlichen Konsequenzen führen und möglicherweise auch zum Entzug des Status der Gemeinnützigkeit, hat Karl Becker bereits vorgesorgt: Ein neuer Verein ist schon gegründet, als Auffanggesellschaft gewissermaßen, mit denselben Mitgliedern. Nur der Name des neuen Vereins wurde leicht variiert. Die »Siloah-Missionsgesellschaft« soll dann genauso weiterarbeiten: als Familienbetrieb.

Bei der Staatsanwaltschaft in Koblenz liegen jetzt auch die Akten eines »alten« Siloah-Geschäfts, das juristisch längst durch einen windelweichen Vergleich beendet wurde, das aber auch heute noch ein aktuelles Schlaglicht auf die Praktiken des Gewerbes wirft.

Der Missionssumpf bei Siloah in Siegen ist nicht nur durch religiöse Irrungen und Wirrungen entstanden, auch kriminelle

Energie und eiskalter Geschäftssinn spielen dabei eine wichtige Rolle. Nur so konnte es dazu kommen, daß vor ein paar Jahren, die Geschichte spielt 1977/78, rund 370 000 Adressen von Spendern der ebenfalls christlich orientierten Christoffel-Blindenmission in Bensheim von der Siloah-Mission für die eigene Werbung eingesetzt wurden. Nicht christliche Nächstenliebe zweier Missions-Vereine war es, die diesen Austausch möglich machte.

Die Adressen waren schlicht geklaut.

Eine pikante Notiz am Rande: Karl Becker war lange Mitarbeiter der Christoffel-Mission, bis er, von wahnhaft anmutendem religiösen Eifer gepackt, sich mit seinem Siloah-Verein selbständig machte, die Werbung kopierte und mit einem kleinkarierten Spendenkrieg versuchte, seinen früheren Arbeitgeber lahmzulegen. Karl Becker, der allein von Gott berufene Heilsbringer und Missionar, bediente sich eines Geschäftsmannes aus dem Taunus. Die Firma Althoff betreibt dort Unternehmensberatung und ein Rechenzentrum, verkauft Computer und – Adressen, mit Vorliebe auf dem Spendenmarkt.

Für genau 392 288,82 DM machte Heinz Althoff den Adressenhandel mit Karl Becker perfekt. Unter die 370 000 Christoffel-Anschriften mischte er 40 000 »freie« Adressen, um, wie das Frankfurter Landgericht feststellte, die Herkunft der anderen, der »heißen« Ware zu verschleiern.

Althoff wiederum bediente sich bei diesem unsauberen Handel eines Mannes, der – Pech für den Initiator – auspackte und für das Gericht glaubhaft, in einer eidesstattlichen Versicherung den Hergang der Tat schilderte. Mit Wissen und Wollen habe Althoff die Christoffel-Daten an den Siloah-Missionar verkauft: für 95 Pfennig pro Stück. Der EDV-Kaufmann Heinz Karmann gestand, wie er den Diebstahl bewerkstelligte, ohne sich die Hände schmutzig zu machen. Der langjährige Mitarbeiter eines großen Rechenzentrums in Wetzlar, der Firma Schulte GmbH, die die Adressenbestände von etwa 15 Hilfsorganisationen pflegt und betreut, wie es im freundlichen Fachjargon der Branche heißt, hat im Auftrag von Althoff die Christoffel-Adressen von einem Magnetband auf ein zweites kopiert und die Daten dabei in bestimmten Teilen verändert. Aus den Buchstaben oe wurde ein ö, aus Str. wurde Straße, aus Pf wurde Postfach. Ein beliebter Manipulations-Trick auf dem schwarzen Adressenmarkt.

Der Schwindel flog nicht zuletzt deswegen auf, weil vielen Spendern, die schon fast traditonell der Christoffel-Mission die Treue hielten, die täuschend ähnlich aufgemachte Siloah-Werbung auffiel und sie skeptisch nachfragten, was es auf sich habe mit dem Bettel-Verein, der auch Blinden zu helfen vorgab.

Karl Becker will auch davon nichts gewußt haben. Bis heute weist er den Verdacht von sich, diesen Handel selbst initiiert zu haben. Bewiesen ist der Vorgang. Bewiesen ist auch, wieviel Becker bezahlt hat aus Spendengeldern und wieviel Althoff kassiert hat. Der bei Gericht aktenkundige Vergleich, der die Adressenunternehmen zu einer Schadensersatzzahlung von rund 100 000 Mark verpflichtete, kam nur zustande, weil die Affäre in die Schlagzeilen zu geraten drohte.

Ein Gewerbe lief Gefahr, öffentlich und gründlich durchleuchtet zu werden. Obwohl die Spendenvereine ihr Adressenmaterial hüten wie einen Schatz, weil es in der Tat das größte Kapital darstellt, kann Betrug niemals ausgeschlossen werden. Aber zu einer Bereinigung des Marktes sind die Organisationen nicht bereit. Offiziell gilt die Devise, derartiger Handel sei ja nicht illegal. Den professionellen Spendenakquisiteuren kommt es auch nicht für einen Moment in den Sinn, den ethisch-moralischen und den religiösen Anspruch, den sie hartnäckig von ihren Spendern verlangen, zum Maßstab ihres eigenen Geschäftsalltags zu machen. Im Gegenteil: Auf Kosten der Glaubwürdigkeit und des Vertrauens treiben sie ein Spiel, das Nebeneinnahmen garantiert. Weil die Werbung neuer Spender auf der Basis sogenannter »kalter« Adressen sehr aufwendig ist und zudem Mühe bereitet, sind einige dieser Organisationen auch bereit, Adressen aus dem Vereinsbestand zu verkaufen oder im Rahmen eines Geschäfts auf Gegenseitigkeit zu tauschen. Die Erfahrung hat gezeigt, daß ein bestimmter Prozentsatz von Spendern nach einigen Jahren Lust und Motivation verliert und seine Spenden einstellt. Dieser Personenkreis, der per Computerprogramm jederzeit abgerufen werden kann, verursacht hohe Kosten, wenn er über längere Zeit erfolglos mit Bittbriefen eingedeckt wird. Aber immerhin: Diese Menschen haben irgendwann ihr monetär mobilisierbares, schlechtes Gewissen unter Beweis gestellt und können möglicherweise von einem anderen Verein mit einer neuen Werbung gewonnen werden. So nimmt der Kreislauf kein

Ende und auch die Heuchelei nicht. Die Spendenhaie haben stets eine stereotype Antwort parat, wenn es um Fragen nach dem Finanzgebaren geht: Aus Gründen des Datenschutzes und der Konkurrenzsituation auf dem Markt können Auskünfte nicht gegeben werden, sagen jene, die auf den Datenschutz ihrer Geldgeber so wenig Rücksicht nehmen.

So halten denn auch bei nachgewiesenen Betrügereien die Betrogenen ihren Mund und sorgen mit dafür, daß solche leidigen Vorkommnisse unter den Teppich gekehrt werden. Die Christoffel-Blindenmission in Bensheim, die zu den Branchenführern im Spendenwesen gehört, konnte kein Interesse daran haben, daß aus dem Fall Althoff-Siloah ein Fall Christoffel würde, daß der Adressendiebstahl Anlaß für einen genaueren Blick hinter die Kulissen des größten privaten Spendenunternehmens in der Bundesrepublik wird.

Christlich und clever: die Christoffel-Mission

In der Nibelungenstraße 124 in Bensheim-Schönberg, abgelegen in einen Hang hineingebaut, hat die Verwaltung der Mission ihren Sitz, die sich selbst gern »Dienstgemeinschaft« nennt. 175 Mitarbeiter koordinieren von hier aus den Einsatz von 200 Entwicklungshelfern in 93 Ländern. Das alles geschieht ohne spektakuläre Medienpropaganda, ohne die Schirmherrschaft eines Prominenten, der die Spendentrommel rührt. Diskretion heißt für die Christoffel-Menschen: Nicht auffallen, damit niemand merkt, wie »groß« sie sind. Es ist wahr: Selbst das Rote Kreuz könnte sich an diesem perfekt eingespielten Apparat ein Beispiel nehmen. Nicht zuletzt die seit vielen Jahren sorgsam betreute Datenbank, die von einer Computerzentrale mit den Ausmaßen eines Großbetriebes gesteuert wird, hat den unaufhaltsamen Aufstieg des Hilfswerks ermöglicht, das sich der Arbeit für Blinde und Aussätzige und der Verkündigung des Evangeliums verschrieben hat. Spenderpflege, das heißt bei Christoffel die exakte und pedantisch genaue Beobachtung des Spenderverhaltens. Mit der reinen Speicherung von Anschriften gibt man sich nicht zufrieden. Der Computer rationalisiert eine Spielart von Seelsorge, die in der Bundesrepublik wohl bislang einmalig ist.

Pastor nennt sich der Prediger Siegfried Wiesinger, der als Missionsdirektor fungiert, seit 25 Jahren. Und als solcher ist er, der sich wie kein anderer darauf versteht, Mitleid bei denen auszulösen, die seine Bettelbriefe lesen, sehr häufig auch als Seelsorger gefragt. Die Spender der Christoffel-Mission nämlich sind in überdurchschnittlichem Umfang ältere Menschen, einsame Menschen, Bewohner von Seniorenheimen, die mit der Post aus Bensheim eine persönliche Ansprache erleben, die offensichtlich nicht alltäglich ist für sie. Die Korrespondenz beweist es: Diese Menschen freuen sich über die Briefe mit beigefügter Zahlkarte, und sie spenden nicht nur, sondern sie folgen auch der freundlichen Aufforderung des Pastors, wenn er schreibt: »Danke, daß Sie mir soviel Zeit gewidmet haben. Bitte lassen Sie mal wieder von sich hören. Bis dahin alles Gute und viele herzliche Grüße von Ihrem Siegfried Wiesinger, Pastor.«

Es ist die einfache Sprache, die überzeugt und die Eindruck macht. Das alles klingt äußerst menschlich, und ein Zyniker wäre derjenige, der eine solche Nähe kritisieren würde. Aber sind solche Sprüche nicht einfach nur Masche, um die Brieftasche zu öffnen? Denn die angebliche Nähe wird vom Rechenzentrum, vom Computer gesteuert. Bis ins Detail werden Daten erfaßt, die sich irgendwann einmal spendenrelevant auswirken könnten. Die Briefe hilfesuchender Menschen werden ausgewertet, besonders großzügige Spender bekommen Glückwünsche zum Geburtstag, oder die Witwe aus Bruchsal erhält mitfühlende Zeilen zum Todestag ihres Mannes, der den Christoffel-Managern beziehungsweise dem Computer selbstverständlich bekannt ist. Mehrere Reiseprediger sind täglich in der Bundesrepublik unterwegs, um Spender zu besuchen, die geistlichen Beistand brauchen, oder um Vorträge zu halten. Missionssekretäre heißen die Vertreter, deren Erfolgsquoten in einer vereinsinternen Statistik festgehalten sind: Auszüge:

»1708 Einsätze (plus 19,6 Prozent)
1288 Adressen (plus 24 Prozent)«

Eine vertrauliche Marktstudie der Christoffel-Mission enthält die Strategie:

»Intensivierung noch individuellerer Dank- und Seelsorge-Korrespondenz (Markenfrankierung, Privatkuvert Wiesinger, persönliche Adressierung).«

Die strikt geheimgehaltenen Papiere enthüllen Zahlen, von denen die Spender nie etwas erfahren. So hat jeder Spender im Durchschnitt fast 130 Mark pro Jahr gespendet. Von über 900 000 gespeicherten Adressaten waren 538 000 spendenbereit: mehr als 77 Millionen Mark Einnahmen in der Bundesrepublik. Der Erfolg der Missionare wird noch auf einem anderen Gebiet deutlich. Die Christoffel-Mission gehört zu den Groß- und Vielfacherben. Allein 1984 brachte das einen Betrag von über vier Millionen Mark. Und noch eine Geldquelle sprudelt: Einnahmen aus Zinsen – 2,3 Millionen und fast 34 Millionen Vermögen an Wertpapieren und Festgeldanlagen nur in der Bundesrepublik, denn die weltweit verstreuten Konten von Singapur bis zu den Grand-Cayman-Inseln, von Bensheim bis Zürich, sind nirgendwo komplett addiert. Zwischen Einnahmen und projektbezogenen Ausgaben klaffte im Durchschnitt der letzten Jahre jeweils eine sichtbare Lücke in Höhe von mindestens zehn Millionen Mark, denn nicht nur die Wege Gottes, sondern auch die des Spendengeldes sind unerfindlich. Erst langwierige Vergleiche und stundenlange Rechenkontrollen beweisen eine erschreckende Differenz zwischen Anspruch und Wirklichkeit. Da findet sich ein »Rücklagenstau«, wie es intern heißt, der 1983 bei rund »61 Millionen Mark« lag.

Angesichts solch überhöhter Spendenpolster verlieren sämtliche herzzerreißenden Bettelbriefe des Pastors Wiesinger ihre Glaubwürdigkeit, aber die zählt schon lange nicht mehr in der Bensheimer Missionszentrale. Der Chef heuert und feuert, Respekt wird beinhart durchgesetzt.

Wie die Spender betrogen werden, läßt sich in einem konkreten Fall genau nachvollziehen. Im Herbst 1983 erschüttern Unruhen zwischen Singhalesen und Tamilen das Land Sri Lanka. Täglich berichtet das Fernsehen und zeigt schlimme Bilder. Es ist die Zeit der Spendenaufrufe vor dem Weihnachtsfest. In allen Hilfsorganisationen wird nach dem Thema gesucht, das die Menschen aufrüttelt. Siegfried Wiesinger hat eine Idee. Am 21. November schreibt er einen rührenden Dankesbrief an seine Spender:

»Weihnachten ist nicht mehr fern, und noch viel mehr Helfer werden gebraucht. Gleichgesinnte Nothelfer wie Sie, die entdeckt haben, daß es keineswegs ärmer macht, mit den Darbenden zu teilen. Danke, vielen herzlichen Dank, daß Sie unserer Missionsdiakonie während des ganzen Jahres so unbeirrt die Treue gehalten haben. Gott vergelte Ihnen alle gute Hilfe, mit der Sie den Allerbedürftigsten auf der Welt das Evangelium von der Liebe Gottes persönlich erfahrbar und glaubhaft machten!

Ich grüße Sie mit allen guten Wünschen als

Ihr auch für Sie betender
Siegfried Wiesinger
von der Christoffel-Blindenmission

P. S. Gerade will ich meine Zeilen an Sie abschicken, da klingelt der Eilpostbriefträger und übergibt mir einen Expreßbrief von unserer Blindenheimschule in Mount Lavinia/Sri Lanka (ehemals Ceylon). – Was ist geschehen? Gespannt öffne ich den Umschlag und lasse mir den Inhalt sogleich von einem indischen Gast, der gerade im Hause weilt, übersetzen. Je weiter er vorliest, desto schwerer wird mir das Herz. Wieder einmal sind es *blinde* Kinder, die am schlimmsten leiden müssen: 56 lichtlose Niemandskinder – unschuldige Opfer der jüngsten Unruhen in Sri Lanka – umlagern unsere Blindenheimschule und flehen um Einlaß. Nur allzu gern möchte unsere Hausmutter sie alle hereinlassen. Ich kenne Frau Fernando und weiß, daß sie eher verhungern würde, als für sich selbst um einen Bissen Brot zu betteln. Wenn es aber darum geht, hilflose, lichthungrige Kinder zu retten, scheut sie keine Erniedrigung. Der Brief sagt alles. Lesen Sie ihn deshalb bitte am besten selbst in der deutschen Übersetzung.

Eigentlich wollte ich Ihnen heute ja nur für all Ihre tatkräftige Mithilfe ein herzliches Dankeschön sagen und nicht gleich wieder um ein neues Notopfer bitten. Nun muß es halt doch sein, weil es wirklich dringend ist. Danke für Ihr Verständnis!«

Der beigefügte Brief in tamilischer Handschrift mit amtlichem Briefkopf der »School For The Blind, Mt. Lavinia, Sri Lanka«, der in einer Auflage von fast einer Million an Spender in der Bundesrepublik und der Schweiz verschickt wurde, trägt den Vermerk: »Übersetzung für Sie auf der Rückseite«. Der Text:

14. November 1983

»Liebe Freunde im fernen Europa,

ich bitte inständig um Verzeihung, doch in dieser vorweihnachtlichen Zeit, in der wir Christen in aller Welt uns ganz besonders als Kinder unseres gütigen Vaters im Himmel verbunden fühlen, wage ich es, Ihnen meine große Not mit ans Herz zu legen.

Als Hausmutter der christlichen Blindenheimschule in Mount Lavinia, Sri Lanka – vielen von Ihnen ist sicherlich der alte Name Ceylon vertrauter – schenke ich seit Jahren 236 lichtlosen Niemandskindern all meine Liebe. Ihnen ein Zuhause, Geborgenheit und eine solide Schulausbildung geben zu dürfen, erfüllt mich tagtäglich neu mit großer Dankbarkeit und Freude.

Und doch – mein Herz blutet, und meine Augen sind rotgeweint. Wie viele Tränen habe ich schon vergossen und wie sehr habe ich schon zum Herrn gefleht, der erbarmungswürdigen blinden Not vor meiner Tür ein Ende zu machen! Was ist geschehen? Gewiß haben Sie vor ein paar Wochen von den schrecklichen Auseinandersetzungen zwischen Tamilen und Singhalesen in meinem Lande gehört. Gottlob ist ihnen nun Einhalt geboten. Doch zu welchem Preis?!

Über 100 000 Menschen wurden obdachlos, Tausende Menschenleben, meist christlicher Tamilen, sind zu beklagen, unzählige Kinder verloren ihre Eltern. Doch die Ärmsten der Armen unter den bedauernswerten Opfern sind die nichtsehenden Waisen- und Niemandskinder. Seit Wochen klopfen Scharen von ihnen hilfesuchend an die Tür unseres Heimes, das für sie die letzte Rettung und Hoffnung bedeutet.

Wie gerne möchte ich auch all diese unglücklichen Geschöpfe als ihre neue ›Mami‹ liebevoll an mein Herz drücken. Statt dessen muß ich sie mir vom Hals reißen und sie erneut in ihr Elend zurückstoßen. Verstehen Sie nun, warum mir schier das Herz bricht? Denn trotz allergrößter Einschränkungen und Einsparungen reichen unsere Mittel nicht, ihnen die Tür zu öffnen. Deshalb flehe ich Sie um dieser unschuldigen Kinder willen an: Bitte, erbarmen Sie sich! Lassen Sie die lichtberaubten, in tiefer Finsternis umhertastenden, obdachlosen Bettelkinder den Segen und die Liebe unserer Blindenheimschule erfahren! Gott der Vater hat uns aus Liebe zu uns seinen Sohn geschenkt. Bitte, schenken Sie den unglücklichen Geschöpfen vor meiner Tür Ihre Liebe. Ich bin gern bereit, mein Herz und meine Liebe auch mit den 56 mit wehen Fingern und bangem Herzen an die Tür klopfenden Mädchen und Jungen zu teilen.

Gott segne Sie für Ihre Liebestat an den Ärmsten der Armen.

Ein segensreiches Weihnachtsfest wünscht Ihnen von ganzem Herzen

Ihre auf Ihre Liebe hoffende
›Bettelmutter‹
Mercy Fernando«

Eine rührende Geschichte, auf die Hunderttausende von Christoffel-Spendern hereingefallen sind, denn die Geschichte entstammte der Phantasie des Predigers und Spendendirektors Siegfried Wiesinger. Und da die Wahrheit in diesem Fall so unglaublich ist und weil niemand dem so selbstbewußten christlich und ehrlich auftretenden Missionschef Lügen und Schwindeleien unterstellen möchte, lasse ich mir den Vorgang von zwei Mitarbeitern der Mission, unabhängig voneinander, bestätigen.

Siegfried Wiesinger textete in deutscher Sprache den Hilferuf der Bettelmutter Mercy Fernando. Er konnte sich darauf verlassen, daß keinem seiner treuen Freunde und Geldgeber die verblüffende Ähnlichkeit zu seiner eigenen gewohnten Herzblutsprache auffällt.

Der indische Regionalbeauftragte der Mission, Mr. Michael, der gerade der Bensheimer Missionszentrale einen Besuch abstattete, mußte mit seiner Handschrift und in tamilischer Sprache (Mr. Michael ist Tamile) den Brief übersetzen. Es gibt noch einen Beweis für die Fälschung.

Siegfried Wiesinger und sein untergebener indischer Mitarbeiter hatten nicht berücksichtigt, beziehungsweise es war ihnen nicht aufgefallen, daß sie für ihre Fälschung einen veralteten Briefbogen der Blindenschule in Sri Lanka benutzten. Als verantwortlicher Schulleiter, als »Principal«, zeichnete auf dem Briefkopf mit Datum vom 14. November 1983 ein gewisser C. H. Gunawardena verantwortlich. Der aber war nachweislich seit dem 1. Juni 1983 nicht mehr der Leiter des Blindenheims. Die Briefbögen wurden entsprechend geändert, als »Principal« stand da nun der Name des neuen Chefs, G. C. Mendis zu lesen.

Das alles hätte den Fälschern bekannt sein müssen. Nicht nur, daß der ehemalige Schulleiter Gunawardena sich mit Datum vom 26. Mai 1983 in einem Brief an die Christoffel-Mission in Bensheim freundlich verabschiedete, auch der neue »Principal« Mendis korrespondierte schon im August 1983 auf den neuen, veränderten Briefbogen mit der Missionszentrale in der Bundesrepublik. Die Figur der »Hausmutter« Mercy Fernando bleibt bis heute im dunkeln. Die Mitarbeiter der Mission, die mir diese Geschichten mit Dokumenten belegt erzählen, sind auch der Überzeugung, daß Mercy Fernando im Herbst 1983 längst nicht mehr am Leben war. Seit fünf Jahren soll sie schon tot gewesen sein. Als völlig unüblich bewerten die Insider auch, daß eine »Hausmutter« direkt und auf dem Briefbogen des Schulleiters mit den fernen Geldgebern korrespondiert haben soll.

Das Schwindelunternehmen per Massendrucksache hatte Erfolg. Rechtzeitig zum Fest der Liebe füllten sich die Konten, Hochkonjunktur in der Missionszentrale. Doch die Freude über den geschätzten »Ertrag« in Höhe von 10 bis 14 Millionen Mark wurde jäh unterbrochen. Am 8. Dezember 1983 überbringt ein leibhaftiger und echter Briefträger wirklich Post ins Haus der Christoffel-Blindenmission. Nicht aus Sri Lanka, sondern aus Würzburg. Eine Spenderin schreibt:

»Sehr geehrter Herr Wiesinger,

seit Jahren unterstütze ich Ihr Hilfswerk mit Spenden. Dieser Tage sandten Sie erneut einen Bittbrief, in welchem Sie besonders um Spenden für ein Blindenheim in Mount Lavinia/Sri Lanka nachsuchen.

Da ich in Kürze für einige Wochen nach Sri Lanka reise, möchte ich gerne dieses Blindenheim in Mount Lavinia besuchen und bitte Sie deshalb, mir die genaue Anschrift mitzuteilen und mir evtl. ein kleines Schreiben zukommen zu lassen, mit welchem ich mich bei der Heimleitung legitimieren kann.

Ich bin von Beruf Sozialpädagogin und bin in leitender Funktion tätig. Mich interessiert deshalb eine solche Einrichtung auf Sri Lanka besonders.

Ich erwarte Ihre baldige Antwort und bedanke mich bereits im voraus.

Mit freundlichen Grüßen
U. H.«

Damit hatte Siegfried Wiesinger nicht gerechnet. Auf dem Umschlag des Briefes der Christoffel-Freundin und Sri Lanka-Urlauberin findet sich die aufgeregte handschriftliche Notiz: »Ist Mrs. Fernando vorgewarnt, das heißt, weiß sie um Inhalt unseres Aufrufes?«

Mr. Michael, der Fälscher des Fernando-Briefes war mittlerweile wieder in Südindien. An ihn wird sofort folgendes Fernschreiben geschickt:

»Bitte schnellstmöglich auf geeignete Weise Mercy Fernando und andere Staff-Mitglieder der Blindenheimschule Mount Lavinia/Sri Lanka informieren, daß die Weihnachtswerbung in Deutschland und Schweiz als Hilfsprojekt Ihre Schule zugrunde gelegt hat und dazu aufgerufen wurde, 56 blinde, obdachlose Waisenkinder aufzunehmen – Opfer der Unruhen zwischen Tamilen und Singhalesen. Grund: mögliche Anfragen oder Besuche.

Danke und herzlichen Gruß
Rüdiger Bieber, Informationsabteilung«

Niemals gab es im Herbst 1983 oder vorher einen Antrag oder eine Bitte aus Sri Lanka, 56 Waisenkinder zu unterstützen. Das Blindenheim auf der Ferieninsel gehört zwar seit Jahren zu den Empfängern kleinerer finanzieller Unterstützungen aus Bensheim, von den Millionen aus der fragwürdigen und erlogenen Spendenaktion hat die Schule garantiert nicht mal eine Million erhalten.

Im Januar 1984 reist der Chef des Überseeressorts nach Sri Lanka und besucht auch das Blindenheim, das so erfolgreich für die Spendenwerbung ausgenutzt wurde. In seinem internen Protokoll zum Aktenzeichen HK 1/84-5 ist von den 56 lichtlosen Niemandskindern, die noch im November 1983 mit angeblich wehen Fingern und bangem Herzen um Einlaß in das Heim flehten, keine Rede mehr. Auch über Mercy Fernando findet sich kein Wort in dem Reisebericht.

Auch im Januar 1984, so steht da zu lesen, sind in dem Heim, für das der Bischof von Colombo die Schirmherrschaft übernommen hat, nur 236 Kinder gezählt worden, 56 blinde Waisen, für die ein solcher Rummel veranstaltet wurde, wären wohl aufgefallen.

Selbst wenn der Hilferuf aus Sri Lanka echt und wirklich so

dringend und erbarmungsvoll gewesen wäre: die Christoffel-Missionare hätten nur binnen weniger Stunden ihr Festgeld-Depot etwas abspecken müssen.

Aber in diesem Fall zählte nur die Masche. Ein Objekt für das weihnachtliche Mitleid mußte gefunden werden, ein Objekt, das der aktuellen Nachrichtensituation entsprach und das den Eindruck suggerierte, die CBM-Organisation sei überall dort im Einsatz, wo es brennt.

Es ist keine Frage, daß das Christoffel-Hilfswerk eine Menge Hilfe leistet in Entwicklungsländern. Auch wenn die stolzen Zahlen über betreute und geheilte Menschen für niemanden nachprüfbar sind, Tatsache ist, daß Hilfe ankommt und daß diese Hilfe von zum größten Teil bestens ausgebildeten Experten und Fachleuten organisiert und betreut wird. Tatsache ist aber auch, daß es genau diese Experten sind, die sich oft sehr enttäuscht und angeekelt von ihrem Arbeitgeber abwenden, sobald sie die Lücke zwischen Anspruch und Wirklichkeit erfahren, sobald sie merken, daß diese Lücke mit Heuchelei ausgefüllt wird.

Die Einwände gegen die praktische Arbeit der Christoffel-Blinden- und Aussätzigenmission können sich nicht auch in erster Linie gegen die Verknüpfung von streng christlichem Verkündigungsauftrag und materieller Hilfe richten, weil die Organisation durchaus konfessionsübergreifend den Menschen aller Glaubensprägungen hilft und die Schüssel Reis oder die augenmedizinische Behandlung nicht erst nach der christlichen Taufe gewährt wird.

Die Christoffel-Mission ist eines der Beispiele für die Entwicklung einer Hilfsorganisation, die Spendenmaximierung zum obersten Prinzip erhebt und das vereinsegoistische Interesse zum Maßstab ihres Handelns macht. Denn wie bei kaum einem anderen Werk dieser Größe bricht hier der Widerspruch zwischen Schein und Wirklichkeit durch. Weil mit modernsten Methoden der Spendenwerbung über Jahre hinweg immer mehr Geld eingenommen wurde als vernünftig ausgegeben werden konnte und weil die üppig fließende Spendenschwemme offenbar einen Sog ausgeübt hat, dem sich die Spendenjäger nicht entziehen konnten, wurde der humanitär-christliche Anspruch oft zugunsten eines ehrgeizigen Geschäftssinns vernachlässigt. Die weitgehend unkontrollierten Organisationsstrukturen dienen oft durchaus fragwürdigen Zielen. Das Geld, jährlich viele Millionen Mark, die nicht sinnvoll, dem Spenderauftrag entsprechend in der Dritten Welt eingesetzt werden können, wird auf die hohe Kante gelegt. Rücklagen für Notzeiten nennt sich das Finanzpolster stets dann, wenn der Verein Angst vor einem nachlassenden Spendenfluß hat, und diese Angst wird in dem Maße größer, in dem der Geldstrom steigt und die jährlichen Zinserträge einen satten Überfluß sicherstellen.

Die Beziehung zwischen wirklich notwendigen finanziellen Rücklagen für langfristig geplante Projekte und den tatsächlich angehäuften Reichtümern ist bei Christoffel schon lange aus dem Gleichgewicht geraten. Die Konsequenz daraus war nicht etwa, die Spendenwerbung zu drosseln und die Hilferufe etwas leiser und dezenter werden zu lassen. Expansion auf dem internationalen Markt wurde statt dessen als Parole ausgegeben. Spendengeld in beträchtlicher Höhe fließt seitdem in den Ausbau der Sammelbetriebe in Amerika, in Kanada, in der Schweiz, in Australien. Auf diesem fernen Kontinent wurde einer heimischen Hilfsorganisation sogar der Wohltätigkeitsstatus abgekauft, um dort mit der Spendenwerbung beginnen zu können. Auch in Potsdam existiert eine CBM-Filiale, bei der über 12 000 Spender registriert sind, die rund 2,5 Millionen Mark jährlich locker machen.

»Wegen der möglichen Hinterfragungen des Finanzamtes im Blick auf die Versteuerung unseres Vermögenszuwachses bzw. der Zinserträge, was unsere Gemeinnützigkeit generell berührt«, so steht es in einer internen Studie der Christoffel-Blindenmission, und »wegen einer möglicherweise drohenden Devisenbewirtschaftung« sowie »wegen der Fragestellungen des Deutschen Zentralinstituts für Soziale Fragen in Berlin mit der Tendenz hin zur gesetzlichen Einführung einer Vermögens-Veröffentlichungspflicht nun auch für gemeinnützige Organisationen«, müßten dringend strukturelle Veränderungen vollzogen werden, die einer Kontrolle durch deutsche Behörden die Grundlage entziehen.

Ein cleveres Modell wurde entworfen und verabschiedet: In Zürich wurde eine internationale Holding-Gesellschaft gegründet, die selbstverständlich gemeinnützig funktioniert und über die das Spendengeld weltweit verteilt und unbeanstandet auch in die aufwendige PR-Arbeit investiert werden kann. Die Leitung der »Christlichen Blinden-Mission-International (CBMI)« obliegt Marianne Wiesinger, der Ehefrau des Missionsdirektors in Bensheim. Die Zahl der Mitglieder in der »Holding« ist auf höchstens 20 beschränkt. Es sind die bekannten Funktionäre der großen CBM-Familie, und an der Spitze steht weltweit der Wiesinger-Clan.

In den USA ist Wiesinger Vorsitzender und seine Frau Präsidentin. In Kanada ist das Ehepaar ebenfalls im Vorstand, auch Tochter Wiesinger ist im internationalen Schachtelsystem gut verdienend untergebracht. Vater Wiesinger hat Generalvollmacht. Aufgrund seiner Ämterhäufung im Familienklüngel ist nicht einmal dem Vorstand des Vereins in Bensheim ein exakter Durchblick möglich. Auch der Bruder Siegfried Wiesingers steht nicht abseits, wenn es um einen lukrativen Anteil geht. Er ist nämlich Vertreter bei der Victoria-Versicherungsgesellschaft, über die zahlreiche notwendige Versicherungsverträge für das Millionenunternehmen und seine Mitarbeiter abgeschlossen werden.

An dem unbestreitbaren, zudem mit viel Prestige verbundenen Erfolg der Mission wollen sie alle teilhaben, auch die ehrenamtlichen Funktionäre, die eigentlich die Geschäftsführung kontrollieren sollten, es aber schweigend in Kauf nehmen, wenn die Spender belogen und betrogen werden. Oder sollten sie etwa von dem Schwindel nie etwas erfahren haben?

In einer Selbstdarstellungs-Broschüre der Christoffel-Blindenmission heißt es bis heute:

»Die täglich eingehenden Spendenmittel werden meist noch am selben Tag gebraucht, um fälligen Zahlungsverpflichtungen nachzukommen. Ein Überfluß herrscht nicht.« Und noch eine Lüge:

»Daß streng auf den Datenschutz geachtet wird und von der CBM keine Spenderadressen gekauft, getauscht oder verkauft werden, versteht sich von selbst.«

Eine äußerst wichtige Persönlichkeit für die Christoffel-Blindenmission bleibt aus gutem Grund im Hintergrund. Es ist der Mann, der das geschickt verflochtene internationale Organisationsmodell konstruiert und juristisch abgesichert hat. Otto Nikolaus Friedrich Ignazius Graf Praschma, Anwalt in Frankfurt und anerkannter Kenner des internationalen Spendenrechts.

Der Joe-Bass-Konzern

Graf Praschma ist auch Chefberater eines anderen Spendenkonzerns mit Hauptsitz in Camerillo, Kalifornien, USA.

»Inter Aid« heißt eine der Gesellschaften, in der Joe Bass alleine bestimmt, wie und wo mit wieviel Geld geholfen wird oder wieviel auf dunklen Wegen für andere Zwecke verwendet wird. Denn »Inter Aid« war nicht der Anfang in der Karriere des Amerikaners, der heute zu den umstrittensten Figuren der Spenden-Szene zählt.

»Inter Aid« heißt seine Filiale in Frankreich,
»Internationaal Christelijk Steunfond« in Holland.
»International Christian Aid Relief Enterprises« ist die Bezeichnung in Österreich, in Kanada und in Südafrika,
»International Christian Aid« in Neuseeland,
»Internationella Hjalpfonden« in Schweden,
»Inter Misjon« in Norwegen,
»Christliches Hilfswerk Inter-Aid« in der Schweiz,
»International Christian Relief« in Großbritannien.

Und in der Bundesrepublik gibt es einen Verein, der zu den erfolgreichsten Filialen des Joe Bass gehört:

Das »Deutsche Missionszentrum«, unter dieser Bezeichnung als Verein gemeinnützig anerkannt, aber so völlig unbekannt in der Öffentlichkeit. Denn Spenden werden hier einmal für den »Internationalen Hilfsfonds« und zum anderen für die »Christliche Ostmission« gesammelt. Beide Organisationen sind voneinander nicht zu trennen, sie sind »Arbeitszweige« des »Deutschen Missionszentrums«, und da ist Bass der Boß. Er hat sich an die verantwortliche Spitze aller nationalen Sammelbetriebe wählen lassen, mit einem Vetorecht für alle maßgeblichen Entscheidungen. Er ist jeweils nationaler Chef und internationaler Präsident. Ohne ihn geht nichts. In Europa beschäftigt er Direktoren, die ausschließlich dafür fürstlich entlohnt werden, daß sie mit modernen Marketingmethoden möglichst viel Geld eintreiben, ohne daß ein deutscher Vorstand mit einer ausreichenden Zahl an Mitgliedern ein Mitspracherecht oder gar eine Kontrollmöglichkeit hätte. Wegen »Förderung der Religion« hat das zuständige Finanzamt den Bass-Verein Deutsches Missionszentrum von allen Steuern befreit und dessen Gemeinnützigkeit bestätigt.

Begonnen hatte Joe Bass 1960 in den USA. Er empfand sich als ein von Gott berufener Prediger, der dazu ausersehen war, den Kommunismus hinter dem »Eisernen Vorhang« zu bekämpfen, indem er die Menschen zum Glauben missioniert. Seine christlichen Traktate und Bibelübersetzungen in fast allen Sprachen Osteuropas wurden illegal mit Kurieren über die Grenzen geschafft. Die Dachorganisation als Muttergesellschaft aller Bass-Aktivitäten und seiner Unternehmungen hat auch heute noch den Namen »Evangelism Center International«, die Abteilung für Ost-Propaganda nennt sich in den USA »Underground Evangelism«. Weltweit hat er sein Netz aus profitablen Spendenbetrieben doppelt abgesichert. Er kassiert zweifach, indem er verspricht, gute Taten für die arme und für die kommunistische Welt zu vollbringen. Joe Bass mußte sich so absichern, denn mit dem Ende des Kalten Krieges zwischen den Supermächten konnte er mit christlich-verbrämter antikommunistischer Propaganda nicht mehr sehr viel Umsatz machen. Aber es waren die Spenden der für die westliche Wahrheit eintretenden, aufrichtigen Amerikaner und Europäer, die den Aufstieg des Joe Bass als Missionar für den Osten erst ermöglicht hatten.

Ein anderes, ebenfalls religiöses Betätigungsfeld wartete auf den tüchtigen Evangelisten: die Entwicklungs- und Katastrophenhilfe. Damit ließ sich noch Geld machen, ohne daß der eigentliche Auftrag, die »Missionierung« des Ostens, vergessen werden sollte. Die Geldquelle sprudelt seitdem international, und Joe Bass bringt es dank Graf Praschmas juristischer Kniffe fertig, einen einmaligen Finanztransfer zu praktizieren. Er sammelt im Westen Millionen für die hungernden Kinder und finanziert damit weitgehend seinen antikommunistischen »Spleen« und vor allem sich selbst und sein hochdotiertes Management, das von Entwicklungspolitik keine Ahnung haben muß, dafür aber in der Lage sein soll, hochkarätiges »Marketing« durchzusetzen und Umsatz zu machen. Die beiden Spendenfelder, für die er Geld sammelt, die geistliche Unterstützung für die Unterdrückten im Osten und die Hilfe für die Armen im Süden, haben einen gemeinsamen Vorteil: Die Arbeit in den sozialistischen Staaten ist ebensowenig nachprüfbar wie die Leistungen, die angeblich in den Entwicklungsländern erbracht werden.

Um das System Bass zu durchschauen, genügt ein Blick in die

deutsche Organisationsstruktur des »Missionszentrums«. In der Bundesrepublik Deutschland war über Jahre hinweg das finanzielle Zentrum des Konzerns. Die Deutsche Bank in Frankfurt war Dreh- und Angelpunkt, von dem aus Millionen verschoben wurden, über die Schweiz, quer durch Europa, zurück in die USA.

Christus dem Osten heißt eine Zeitschrift, die monatlich ausschließlich an Spender verschickt wird, die Geld für die Ostarbeit geben sollen. Berichtet wird über die Verfolgung von Christen in der Sowjetunion, in Rumänien, in der DDR, kurz, überall dort, wo der Kommunismus herrscht. Das Schreckgespenst ist ein willkommener Angstmacher, der Spenden mobilisiert. Es sind vor allem die freikirchlichen Gemeinden in der Bundesrepublik, in denen sich streng bibelfeste evangelikale Christen, Baptisten und Methodisten zusammenfinden, die von dem Bass-Verein in Deutschland mit diesem Propaganda-Blatt versorgt werden und die dafür spenden sollen. Die Zielgruppe ist gut gewählt. In diesen Gemeinden nämlich sind häufig jene Christen zu finden, die selbst aus dem Osten stammen und als Spätaussiedler und Auswanderer in die Bundesrepublik gekommen sind. Sie nehmen Anteil daran, wenn in dem Blättchen Listen mit den Namen von Verhafteten veröffentlicht werden, die wegen ihres Glaubens unter Verfolgung zu leiden haben. Überprüfungen, die von der Evangelischen Kirche in Deutschland vorgenommen wurden, konnten solche Meldungen nie (vollständig und gründlich) bestätigen. Bis heute bleibt unklar, welche oppositionellen Strömungen in den kommunistischen Staaten von Joe Bass Unterstützung erhalten. Auch an der Art der Hilfe äußern kirchliche Kreise ihre Zweifel. Mehr als eine Million Bibeln, Schriften und Tonbandkassetten will die Organisation jährlich über die Grenze bringen, eine Zahl, die in der Tat unglaublich erscheint, wenn man bedenkt, daß einzelne illegale Kuriere dieses Geschäft besorgen sollen. Ein Mitarbeiter der EKD in Stuttgart: »Wir haben einmal spaßeshalber ausgerechnet, daß der Verein ganze Waggons der Bundesbahn hätte mieten müssen, um solche Mengen zu transportieren.«

Es wird offen bestritten, daß die Untergrund-Evangelisten aus Amerika den offiziellen Kirchen und religiösen Gemeinschaften in den kommunistischen Staaten Unterstützung gewähren. In

Polen zum Beispiel, wohin auch mengenweise Bibeln geliefert worden sein sollen, besteht nach übereinstimmender Erkenntnis beider großer christlicher Kirchen in der Bundesrepublik kein Mangel in der Versorgung mit dem Buch der Bücher.

Geld aber wird ausgegeben, denn der Bass-Konzern verläßt sich nicht auf die Verbreitung seiner Heilslehre mit dem gedruckten Wort. Er strahlt Radiosendungen in den Osten aus, oder, vorsichtiger formuliert, er gibt vor, solches ausschließlich religiös motiviert zu tun. Allein in den Jahren 1980 bis 1982 wurden nur aus deutschen Spenden für »Radio-Mission« annähernd vier Millionen Mark ausgegeben. Gesendet wird hauptsächlich über Stationen in Portugal, und es fällt auf, daß dort Mrs. Louis Bass, die Ehefrau von Joe, persönlich die direkte Leitung des Unternehmens übernommen hat und daß für Portugal nicht nur zufällig auch Spenden zugunsten armer Menschen gesammelt und portugiesische Patenkinder vermittelt werden – so die Behauptung. Denn die Zahlen über den Spendenumsatz in den Jahren 1980 bis 1982 lassen den Verdacht zu, daß die Sammelaktionen für humanitäre Hilfe in der Dritten Welt nur eine praktische Geldbeschaffungsmethode waren, ein Alibi gewissermaßen, um die politisch-christliche Propaganda im Osten zu finanzieren. Die Bilanzen des Deutschen Missionszentrums belegen eines deutlich:

Für die »Ostarbeit«, für die von der »Christlichen Ostmission« gesammelt wurde, ist stets mehr Geld ausgegeben worden als dafür gespendet wurde. Rund sechs Millionen Mark jährlich kommen zweckgebunden dafür zusammen. Ausgegeben aber wurde sehr viel mehr, das Defizit ist stets aus den Spenden finanziert worden, die der »Internationale Hilfsfonds« zweckgebunden für Unterstützungsprogramme in der Dritten Welt gesammelt hat. Die Spender haben von dieser Politik der Geldvermischung nie etwas erfahren. 1980 wurde die Ostpropaganda auf diese Weise mit knapp 1,7 Millionen Mark subventioniert. 1981 mußten schätzungsweise bereits 5,4 Millionen Mark verschoben werden, um das Ostgeschäft zu finanzieren. 1982 waren es wiederum etwa 3,4 Millionen Mark.

Kein Wunder also, daß die Bilanz der Hilfe, die vom Internationalen Hilfsfonds offenbart werden mußte, äußerst dürftig ausfiel. Von den in den einzelnen Rechnungsjahren 1980 bis 1982 zur Verfügung stehenden Mitteln des Internationalen Hilfsfonds, also Einnahmen durch Spenden und vorhandene Spendenrücklagen, wurden tatsächlich für Hilfsmaßnahmen ausgegeben:

1980: 5,9 von 30,6 Mill. = 19,3 Prozent
1981: 15,9 von 37,9 Mill. = 42,0 Prozent
1982: 5,9 von 19,35 Mill. = 30,5 Prozent

Für die in massivem Umfang betriebene Hungerwerbung und für Verwaltung des »Internationalen Hilfsfonds« wurden in diesen Jahren zwischen 28 Prozent und 34 Prozent ausgegeben.

Die Vermischung der Gelder ist perfekt organisiert, eine Kontrolle ausgeschlossen. Die Spender erhalten alle eine Spendenquittung des »Deutschen Missionszentrums«, egal, ob sie für die Ostmission oder ob sie für Hilfsmaßnahmen in Entwicklungsländern gespendet haben. Der deutsche Direktor des Vereins hat sich um die Verwendung der Mittel nicht zu kümmern, er ist allein zuständig für die Mittelbeschaffung, für das *fund raising.* Joe Bass zieht das Geld ab, mehrere Überweisungswege verwischen alle Spuren. Auf der Suche nach dem Verbleib führt eine Fährte immer wieder nach Portugal, und dieses Land ist nicht nur deswegen von Interesse, weil Mrs. Bass vor Ort die Geschäfte beaufsichtigt und von dort die religiöse Propaganda über den Äther in den Osten gesendet wird. In Portugal nämlich stehen die Sender von Radio Free Europe und Radio Liberty, den beiden Rundfunkstationen des amerikanischen Geheimdienstes CIA, die bis nach Polen, in die Tschechoslowakei, nach Rumänien und Bulgarien und in die Sowjetunion Propaganda ausstrahlen.

Weil aber in den 60er Jahren, als Joe Bass seinen Entwicklungsfeldzug begann, bereits in den USA Sinn und Wirksamkeit dieser Rundfunkarbeit diskutiert wurden und in Europa bald der Begriff »Entspannung« zwischen Ost und West zum politischen Vokabular gehörte, war die Geldquelle CIA für Radio Free Europe und Radio Liberty immer wieder umstritten. Auch in Amerika selbst wurden Bevölkerung und Industrieunternehmen aufgefordert, die Sender mit Geld zu unterstützen, weil sonst die »Wahrheit« nicht hinter den »Eisernen Vorhang« gelange. Unbestritten ist, daß sich in der CIA und der US-Administration stets der harte Kern durchsetzte, der weiter die Millionen-Dollar-Subvention ermöglichte, auch nachdem 1971 Radio Free Europe und Radio Liberty offiziell vom CIA abgenabelt wurden. Da es aber eine Spezialität des Geheimdienstes ist, sich gut getarnter Subunternehmer zu bedienen, ist im Zusammenhang mit Spekulationen über die Bass-Organisation und deren Untergrundarbeit im Osten immer auch der Geheimdienst CIA genannt worden.

Der konservative amerikanische Publizist Edward Plowman, ein überzeugter Christ, hat jahrelang versucht, den finanziellen und politischen Verbindungen des Bass-Konzerns auf die Spur zu kommen. In seinem Recherchenprotokoll berichtet er von Gesprächen mit ehemaligen Kurieren der Ost-Mission, die bestätigt haben, daß hinter den Grenzen nicht nur – wenn überhaupt – Bibeln verteilt werden. In den geschmuggelten Paketen seien Mengen von Bargeld in Dollars und D-Mark und umfangreiches technisches Gerät (Tonbandgeräte, Fotoapparate und Filme) gewesen. Plowman, der selbst zusammen mit Billy Graham, dem reisenden Evangelisten, in viele Länder des kommunistischen Auslandes fuhr, weiß von dem Interesse, das der amerikanische Geheimdienst an Dissidenten im Osten, an Spätaussiedlern aus Polen, der Sowjetunion und Rumänien hat. Und die Opposition in diesen Ländern zu unterstützen sowie Irritationen zu verbreiten, das war schon immer eine der Hauptaufgaben des CIA. Angesichts der belegbaren Verbindungen zwischen dem Geheimdienst und der offiziellen amerikanischen Behörde für internationale Entwicklung »AID-Agency for International Development« hält er ein zusätzliches christliches Firmenschild zur Tarnung für einen »großartigen Weg, Geld zu waschen und Schmuggler zu rekrutieren, die nichts über CIA-Spionage erzählen können, wenn sie gefaßt werden«. »Der Schlüssel«, sagt Plowman, »liegt in Deutschland.«

Nur einer von vielen Schlüsseln ist hier zu finden. In München. In der bayrischen Landeshauptstadt und ihrer Umgebung produziert Radio Free Europe seine Sendungen. Am Stadtrand, idyllisch gelegen, mit unverbaubarem Blick über freies Feld und nicht einsehbar, hat in einer Villa eine andere amerikanische Firma ihren Sitz: der »Vision-Verlag GmbH«. Im Keller des Hauses ist ein komplettes Rundfunkstudio eingerichtet, produziert werden hier die angeblichen christlichen Missionssendungen, die über Portugal ausgestrahlt werden. Der »Vision-Verlag« gehört Joe Bass und seinem »Evangelism-Center International« in Kalifornien. Finanziert wird das Unternehmen aus Spenden, die das »Deutsche Missionszentrum« mit seinen Arbeitszweigen »Internationaler Hilfsfonds und »Christliche Ostmission« kassiert.

Der Verlag hat ein paar Kilometer weiter, in unmittelbarer Nähe zum Hauptportal des ehemaligen Konzentrationslagers Dachau, ein weitläufiges Lager gemietet. Auf über 1000 Quadratkilometern Fläche türmen sich bis zur Decke Pakete, in denen ausschließlich Bibeln und Missionsschriften verstaut sein sollen. Ein paar fabrikneue Druckmaschinen, made in Sweden, stehen dort ebenfalls. Die Gelder fließen direkt vom gemeinnützigen, Spenden sammelnden Verein, der seinen Sitz in Friedrichsdorf im Taunus hat, nach München zur GmbH, durch die dann wiederum der gemeinnützige Zweck des eingetragenen Vereins »Deutsches Missionszentrum«, nämlich Förderung der Religion und Verbreitung des Evangeliums, erfolgen soll.

Der Vision-Verlag, dessen Adresse in München im internen Jargon »Hauptquartier« genannt wird, ist als GmbH Inhaber von Konten in der Schweiz. Wieviel Geld sich die weltweit verstreuten Vereine und Firmen des Joe Bass gegenseitig in Rechnung stellen, um angeblich erbrachte Leistungen nachzuweisen, ist angesichts solcher Verstrickungen kaum mehr nachzuvollziehen. Das Finanzamt in Bad Homburg hat 1983 bei einer oberflächlichen »Überprüfung« selbst festgestellt, daß es sich bei dem Vision-Verlag in München um eine »Scheinfirma« handelt, und im Detail die Allmacht des Joe Bass beschrieben, ohne allerdings solche abenteuerlichen Konstruktionen zu beanstanden.

Das Finanzamt kann nicht ordentlich geprüft haben. Den Beamten nämlich hätte zum Beispiel eine Transaktion auffallen müssen, bei der es offensichtlich nicht mit rechten Dingen zuging.

Vom Spendenkonto mit der Nr. 0 917 856 des deutschen Vereins bei der Deutschen Bank in Frankfurt wurden am 25. 6. 1980 DM 71 000 auf das Konto 264 324 502 bei der Deutschen Bank in München transferiert. Der Überweisungsbeleg (Durchschrift für den Auftraggeber) in den Buchungsakten des Vereins hat die Nummer 067611. Als Empfänger ist ein C. G. van Olst ausgewiesen, der seinerzeit eine weitere Missionsfiliale von Joe Bass in Österreich leitete, von dort Aktivitäten im Osten und der Dritten Welt startete und sich »Internationaler Felddirektor« nannte.

Als van Olst später in einem internen Report über Ausgaben des Vereins im Jahre 1980 unter anderem auch diese Summe las, protestierte er schriftlich, denn das Geld hatte er nie erhalten. Er fragte (ebenfalls schriftlich) bei der Deutschen Bank in München nach dem Verbleib des Betrages. Mit Datum vom 26.3. 1982 bestätigte die Bank seine Anfrage und den Erhalt der Fotokopie jenes Überweisungsbeleges vom 25. Juni 1980. Sachlich und nüchtern wurde Herrn van Olst jetzt mitgeteilt, daß der Betrag von DM 71 000 nie auf seinem Konto gutgeschrieben wurde. Das Rätsel ist noch nicht gelöst, bis heute nicht. Denn am 26. 6. 1980, das beweist die beglaubigte Fotokopie des Kontoauszuges von diesem Tag, wurden tatsächlich DM 71 000 vom Konto des deutschen Vereins bei der Deutschen Bank in Frankfurt abgebucht. Nur, wen das Geld wo erreichte, darüber gibt die Zentrale der Deutschen Bank in Frankfurt am Main, die über alle Belege, ihre Nummern und die Daten zwecks Nachforschung informiert wurde, keine Auskunft. Bankgeheimnis, so lautet die lapidare Antwort.

Die Finanzbehörde hatte sich nicht einen Tag lang die Mühe gemacht, zumindest zu versuchen, die Zahlen in den Bilanzen des deutschen Bass-Vereins mit den internationalen Rechenkunstwerken der Buchhalter in den USA abzugleichen. Kaum eine Summe ist in Übereinstimmung zu bringen. Und im Jahr 1980, als die deutsche Filiale »Internationaler Hilfsfonds« mit massiver Hungerwerbung 16 Millionen Mark Spenden kassierte, aber nur 5,9 Millionen Mark als Ausgabe nachwies, fehlt in der internationalen Erfolgsrechnung des »Evanglism Center International« das Gesamtergebnis aus Deutschland.

Van Olst, der die deutsche Bilanz für 1980 gründlich studierte, wunderte sich erneut über dort festgeschriebene Zahlenspiele. In einem Schreiben an die Wirtschaftsprüfungsgesellschaft »Unitreu GmbH« in Frankfurt, die bestätigt hatte, daß beim Internationalen Hilfsfonds und der Christlichen Ostmission bzw. dem Deutschen Missionszentrum alles in Ordnung sei, zerpflückt der Evangelist mit Fakten und Dokumenten die Rechnung der vereidigten Wirtschaftsprüfer. Ohne detaillierte Aufschlüsselung stand dort zu lesen: »Ausgaben für Unterstützungsprogramme in Thailand, Afghanistan, Somalia, Uganda, Portugal = DM 5 910 018,43.«

Van Olst addierte die tatsächlich erbrachten Aufwendungen: 400 000 Mark für Afghanistan kamen nicht aus Deutschland, sondern aus den USA.

Nach Thailand sei kein Pfennig, so van Olst, aus der deutschen Spendenkasse gezahlt worden.

Und die Ausgaben in Höhe von 1 793 762,72 DM für Somalia, die in der amerikanischen Bilanz ausgewiesen wurden, sind laut van Olst vom Sammelkonto, dem sogenannten »Pool« des Spendenkonzerns in Frankfurt, überwiesen worden. In dem Pool, den allein Joe Bass kontrollierte, haben alle europäischen Sammelbetriebe ihre Mittel zusammengeführt, und allein aus der Schweiz sollen zweckgebunden für Somalia 712 845 Franken eingezahlt worden sein.

Bleibt Portugal, wohin also nach dieser Rechnung etwa 4 Millionen Mark aus Deutschland geflossen sein müssen, vorausgesetzt, die Bilanzierung stimmt nur im groben. Van Olst ist im Besitz der Buchhaltung des Pastors Almeida, der 1980 Leiter des Hilfsprogramms für Flüchtlinge in Portugal war. Seine pedantische Aufstellung über die insgesamt 28 Schecks, die ihn erreichten und deren Nummern er notierte, ergibt eine Summe von DM 748 012,80, nicht mehr und nicht weniger. Wie der Differenzbetrag verwendet wurde, ob für Mr. und Mrs. Bass persönlich oder für Ost-Propaganda über den Äther, niemand weiß es. Das internationale System von Graf Praschma funktioniert bis heute, und mit diesem Adelsmann aus Frankfurt schließt sich wieder der Kreis um den Amerikaner Joe Bass. Was van Olst, der seine Kritik an die Firma Unitreu im naiven Glauben an deren Unabhängigkeit formulierte, nicht wußte: Diese Wirtschaftsprüfungsgesellschaft arbeitete damals in einer Bürogemeinschaft mit der Anwaltskanzlei Praschma zusammen, und beide, die Firma, die im Branchenjargon längst nur noch »Untreu GmbH« heißt, und der Graf spielen im Ermittlungsverfahren wegen schwindelhafter Warentermingeschäfte eine Rolle. Graf Praschma und andere saßen 1979/1980 in Untersuchungshaft der Justizvollzugsanstalt Darmstadt-Eberstadt.

In der Anklageschrift vom 8. August 1980 unter dem Aktenzeichen 21 Js 31.770/79 werden der Rechtsanwalt und seine Kumpane beschuldigt, »fortgesetzt in einem besonders schweren Fall in der Absicht, sich oder Dritten rechtswidrige Vermögensvorteile zu verschaffen, das Vermögen anderer dadurch beschädigt zu haben, daß sie durch Vorspiegelung, Entstellung und Unterdrückung von Tatsachen Irrtümer erregten und unterhielten«. Weitere Auszüge aus der Anklageschrift der Staatsanwaltschaft in Darmstadt, in der auch die Firma Unitreu eine tragende Rolle spielt:

> »Die Angeschuldigten betrieben die Firmen Intercommerce Commodity Trading GmbH in Dietzenbach (IC) und WTG Warenterminberatungsgesellschaft mbH in München und Frankfurt am Main. Durch Telefonverkäufer ließen sie zahlreichen Personen vorspiegeln, sie könnten durch den Erwerb von Warenterminoptionen erhebliche Gewinne erzielen. Dabei wurde bei den Kunden bewußt wahrheitswidrig die Vorstellung erweckt, bei den angebotenen Optionen handele es sich um solche, die an den Weltrohstoffbörsen gehandelt und entsprechend gesichert seien. Es wurde bewußt verschwiegen, daß es sich in Wahrheit um von der WTG selber herausgegebene sogenannte Privatoptionen handelt, die lediglich die Teilnahme an einem an den Börsenkursen als Bezugsgröße orientierten Wettspiel begründeten ... Die gesamten Einnahmen der als Optionsprämien bezeichneten Kundeneinsätze beliefen sich im Tatzeitraum auf mindestens 5,8 Millionen DM, wovon maximal 12,5 Prozent an die Kunden als Gewinn zurückgezahlt wurden ... Getäuscht über mögliche Gewinnerwartungen wurde auch durch sogenannte ›Bestätigungsschreiben‹ der Firma Unitreu GmbH in Frankfurt am Main, die unter äußerst dubiosen Umständen zustande gekommen sind.«

Die Firma Unitreu, mit Graf Praschma auf das engste verbunden, bestätigte der Praschma-Warentermingesellschaft auf der Grundlage von nur wenigen vorgelegten Beispielen, daß großartige Gewinne zu erzielen seien. Und damit wurde dann geworben.

Seit 1979 ermittelt die Justiz, Graf Praschma ist längst aus der

Untersuchungshaft entlassen, ohne daß es bis heute zu einer Verhandlung oder zu einem Urteil gekommen ist. Die Aussichten dafür sind schlecht. Und die Darmstädter Juristen können sich mit dem Schicksal ihrer Kollegen von der Staatsanwaltschaft in Frankfurt trösten. Die waren zur selben Zeit forschend auf der Spur des Spendenhaies Joe Bass. Gegen ihn als Verantwortlichen für das Deutsche Missionszentrum, den Internationalen Hilfsfonds und die Christliche Ostmission richteten sich die Ermittlungen wegen des »Verdachts des Betruges und der Steuerhinterziehung«. Steuerhinterziehung deshalb, weil Joe Bass Spendenquittungen für die Bundesbürger ausstellte, die seine Kasse Jahr für Jahr mit Millionen füllten, und diese Summe insgesamt von der Steuer absetzbar war.

Fassungslos verfolgte Staatsanwalt Malms aus Frankfurt die Arbeit der Beamten im Finanzamt Bad Homburg, die die Gemeinnützigkeit des Bass-Vereins überprüfen sollten, parallel zu seinen Ermittlungen. Mehr als drei Jahre wurde versucht, die konkreten Anschuldigungen von ehemaligen Bass-Mitarbeitern aus der Bundesrepublik und aus Österreich, den Betrugsverdacht eines Spenders und eines Publizisten zu beweisen. Die Aussichten, den Amerikaner vor Gericht zu sehen, waren gut, auch noch, als der Vorwurf der Steuerhinterziehung wegen der schludrigen Arbeit des Finanzamtes Bad Homburg, das im Bundesland Hessen als »Steueroase« gilt, fallengelassen werden mußte.

Am 7. März 1984 aber stellte Staatsanwalt Malms, der zu den erfahrenen Köpfen der Frankfurter Justiz zählt, das Verfahren gegen Joe Bass ein. Seine Begründung für die Einstellung ist ein seltenes Dokument in der Rechtsgeschichte, weil sie sich teilweise wie die logische Kette einer Anklageschrift liest. Sie ist aber auch ein Dokument der Hilflosigkeit der Strafverfolgungsbehörden, wenn es um Spendenbetrug geht. Auszüge aus der Begründung zur Einstellung des Verfahrens: »Die gesammelten Gelder, nicht nur aus der Bundesrepublik Deutschland, sondern auch aus anderen Ländern, flossen auf einem Pool-Konto bei der Deutschen Bank in Frankfurt am Main zusammen. Von dort wurden die Gelder weiter überwiesen, wobei die Überweisung in der Regel nicht direkt in die Unterstützungsgebiete, sondern wieder zu den Schwesterorganisationen bzw. an die Mutterorganisation erfolgten... Auf dem Pool-Konto des Internationalen Hilfsfonds werden Spendenmittel aus verschiedenen Ländern zusammengeführt, später werden diese Gelder wiederum auf die – größtenteils gleichen – Landesorganisationen verteilt. Dies wird damit begründet, daß die jeweilige Landesorganisation mit der Durchführung der Hilfsmaßnahme beauftragt ist. Durch die Art des Spendenflusses ist es aber unmöglich, die sachgerechte Verwendung der Gelder zu kontrollieren. Einmal tritt auf dem Pool-Konto eine Vermischung ein. Es kann nicht überprüft werden, ob und in welchem Umfang die zweckbezogen gesammelten Gelder tatsächlich dem angegebenen Zweck zufließen. Zum anderen ist es völlig unmöglich, die Höhe der Aufwendungen und die Notwendigkeit derselben zu überprüfen... Im Laufe der Ermittlungen stieß die Strafverfolgungsbehörde allerdings verschiedentlich auf erhebliche Aufwendungen. So lag bei einer Hilfssendung die Höhe der Transportkosten über dem Wert der Hilfssendung selbst. Da die Hilfssendung aber über eine ausländische Schwesterorganisation abgewickelt worden war – obwohl hierfür Spenden im Inland gesammelt wurden –, konnten über die Notwendigkeit und Berechtigung dieser Kosten keine weiteren Erkenntnisse gewonnen werden. Auch bezüglich der angemieteten bzw. angekauften, zum Teil recht repräsentativen Räumlichkeiten und Gebäude, des Lebensstils und Lebensaufwands der Mitarbeiter konnten aus den dargestellten Schwierigkeiten heraus keine abschließenden beweiserheblichen Erkenntnisse darüber gewonnen werden, ob diese angemessen waren oder nicht. So konnte festgestellt werden, daß der Beschuldigte für ein auf Kosten der Organisation gedrucktes, für die Verbreitung im Osten gedachtes Buch, ein Autorenhonorar von über 200 000 DM erhalten hat. Der Beschuldigte hat dazu vortragen lassen, dieses Honorar sei in den USA wieder den gemeinnützigen Zwecken seiner Organisation zugeflossen. Das Gegenteil ist nicht zu beweisen, der Vorgang zeigt aber die praktische Unüberprüfbarkeit des tatsächlichen Finanzverhaltens des Beschuldigten und seiner Organisation. Ebenfalls konnte die Zahlung von erheblichen erfolgsabhängigen Provisionen für das Beibringen von Spendenbeträgen festgestellt werden (= sogenannter Bonus). Schließlich erhielt die Mutterorganisation erhebliche Bestandteile der Spendenmittel zur Bestreitung der Aufwendungen, eine Überprüfung der Notwendigkeit und Richtigkeit dieser Aufwendungen ist ebenfalls nicht möglich, nachdem sich die Zentrale nicht im Inland befindet... Es liegt auf der Hand, daß durch derartige Transaktionen die tatsächliche Verwendung der Spendenmittel nicht nachprüfbar ist. Die internationale Verflechtung ermöglicht, den Geldfluß durch wechselseitige Transferierung so zu gestalten, daß der letztliche Verbleib und die ordnungsgemäße Verwendung für den Sammelzweck durch die deutschen Strafverfolgungsbehörden nicht nachvollzogen werden kann... Zu überprüfen war... ferner der Verdacht des Betruges durch nicht ordnungsgemäße Verwendung der Spendenbeträge. Eine abschließende Aufklärung scheiterte auch hier an den bereits geschilderten Gesamtumständen... Bei der Strafanzeige eines Spenders, der als Pate ein Kind in Thailand unterstützte, hat der derzeit verantwortliche Büroleiter eingeräumt, daß das Patenkind ausgewandert ist und daher nicht unterstützt wurde. Es sei deshalb durch ein anderes Patenkind ersetzt worden, versehentlich seien aber für dieses neue Patenkind zwei Paten eingesetzt worden. Bedingt durch die Art der Arbeitsweise der Organisation kann nicht festgestellt werden, ob es sich hierbei tatsächlich um ein Versehen handelt oder nicht. Schließlich hat ein Anzeigenerstatter vorgetragen, er habe ein Kind in einem Flüchtlingslager in Portugal unterstützt und sei im Zweifel, ob es dieses Kind tatsächlich geben würde. Versuche, dies in Portugal vor Ort festzustellen, scheiterten an den Schwierigkeiten, die Ermittlungen im Ausland über den diplomatischen Weg mit sich bringen. Obwohl im April 1983 eine Anfrage nach Portugal gerichtet wurde, ob dieses Kind in dem angegebenen Flüchtlingslager tatsächlich lebe und ob es von dem Internationalen Hilfsfonds unterstützt wird, blieb sie bis heute unbeantwortet.«

Abschließend schreibt der Staatsanwalt, daß der Verdacht nicht ausgeräumt werden konnte, daß die »in verschiedenen Ländern gesammelten Beträge nur einmal aufgewendet werden, der jeweiligen Landesorganisation aber mitgeteilt wird, es habe sich bei der Aufwendung für die Hilfsmaßnahmen gerade um die im betreffenden Land gesammelten Spenden gehandelt und daß auf diese Weise dieselbe Aufwendung verschiedenen Landesorganisationen zugerechnet wird«.

Der Verdacht bleibt, die Beweise reichen nicht für eine Anklage, Joe Bass macht weiter, Graf Praschma ist immer noch gut im Geschäft, und das Deutsche Missionszentrum, der Internationale Hilfsfonds und die Christliche Ostmission sammeln weiter Spenden, gemeinnützig, von der Steuer absetzbar. Es werden Spenden gesammelt und Patenschaften vermittelt. Und in den Werbeprospekten heißt es unbeeindruckt von Ermittlungen und staatsanwaltschaftlichen Aktivitäten: »Alle Spendenmittel unterliegen der Kontrolle des Internationalen Komitees des Internationalen Hilfsfonds und einer deutschen Wirtschaftsprüfungsgesellschaft.«

»Sieh mich an! Hab mich lieb! Bleib bei mir! ... flehen die Augen dieses Kindes.«

Ein Foto, dessen Anblick wirklich in der Seele schmerzt. So wird um Patenschaften geworben, über 8000 Menchen allein in der Bundesrepublik zahlen monatlich 50 Mark für ein Patenkind. Es darf zwischen Mädchen und Jungen gewählt werden. Kein Pate aber kann sicher sein, ob das Foto »seines Kindes« nicht auch bei Menschen in England, Frankreich, Schweden, Holland, in der Schweiz oder in Amerika für eine monatliche Spende herhalten muß. Nachzuprüfen ist das nicht, sämtliche Personalbogen mit den Daten des Kindes, »Patenschaftspaß« genannt, kommen aus den USA, werden von dort an die einzelnen Landesorganisationen verteilt, ob dreifach, ob vierfach ...

Verantwortlich zu machen ist allein Joe Bass. Seine deutschen Angestellten werden nur dafür beschäftigt, um Geld zu beschaffen, eingegangene Markbeträge umgehend in Dollar umzurechnen und per Fernschreiber in die USA weiterzumelden. In Deutschland läßt sich Joe Bass nur äußerst selten blicken, wenn überhaupt, dann ist er bei Graf Praschma zu Gast, und beide zusammen vertreten überzeugend das Prinzip, daß jedes Unternehmen auf dem Spendenmarkt heute wie ein Großbetrieb geführt und gemanagt werden muß. Daß die Spender nur noch zu Zahlmeistern und die angeblichen Empfänger zu reinen Objekten in dem Gerangel um Marktanteile degradiert werden, das alles interessiert solche Profis nicht, und jeder, der in eine solche Richtung überlegt und nachfragt, wird als weltfremd charakterisiert.

Baron Korff, der Paten-Makler

»Wir retten hungernde Kinder vor dem Tod!

Ein Menschenleben für 98 Pfennig!

98 Pfennig kostet ein Liter Milch ...

Mit 98 Pfennig kann man ein Menschenleben retten. Millionen Kinder sind durch Hungersnot und Armut gezwungen, Stroh zu essen und sich dadurch mit aufgeblähtem Bauch zu Tode zu quälen. Es gibt Eltern, die in ihrer Not den Kindern die Augen ausbrennen, damit sie erfolgreich für die Familie betteln. Ruhr, Seuchen und Hunger lassen durch mangelnde Nahrung, Medikamente und Hilfe den Kindern keine Chance. Die Kindersterblichkeit wächst ins Unermeßliche. Der Tod ist vorprogrammiert. Viele Seuchen kommen durch die katastrophale Wasserversorgung. Wenn wir diese Kinder nicht durch Direkthilfe aus der Not retten, sind sie verloren. Folgen Sie dem Beispiel Tausender verantwortungsbewußter Bundesbürger. Schenken Sie LEBEN und ZUKUNFT durch eine Patenschaft für nur 98 Pfennig pro Tag.«

Mit solchen abenteuerlichen, frei erfundenen, aber wirksamen Hilferufen startete 1974 ein Verein in Hamburg seine Aktivitäten. »Pro Humanitate e. V.« war die Idee von Jobst Wilhelm Heinrich Walter Freiherr v. Korff-Erckelentz.

Der durch Adoption zum blaublütigen Adelsmann avancierte Jobst ist nicht nur das schwarze Schaf der Familie von Korff, sondern auch ein Beispiel dafür, welch seltsame Blüten der Spendenmarkt hervorbringt.

Seine Masche mit den Patenschaften für arme Kinder hatte durchschlagenden Erfolg. Innerhalb kürzester Zeit gelang es dem Freiherrn, fast 3000 Dauerspender für seinen Verein zu verpflichten. Mit ihrer Unterschrift unter den Antrag auf Übernahme einer »persönlichen Teilpatenschaft« sowie unter die Einzugsermächtigung für das Konto, hatten sich diese Menschen gebunden, mindestens 24 Monate lang regelmäßig jeden Monat zwischen 40 und 80 Mark an den Verein Pro Humanitate zu bezahlen.

Endlich war er wer, der Baron, der schon viele Jobs ausprobiert hatte, als Ehevermittler, als Versicherungsvertreter, als Hundepfleger. Nichts aber wollte ihm so recht gelingen, bis er auf die Idee verfiel, der Menschheit Gutes anzutun. Die Konten in Hamburg füllten sich mit bis zu zwei Millionen Mark jährlich. Dem Finanzamt genügte die mit flotten Sprüchen formulierte Satzung des Vereins, in der geschrieben stand, daß »alle gespendeten Gelder... direkt« den Kindern zugeführt werden sollen. Doch die Sprüche in der Satzung hatten ebensowenig mit Wahrheit zu tun wie die, die Jobst Korff-Erckelentz über die Boulevard- und Anzeigenpresse verbreiten ließ. In der Ausgabe des *Wochenspiegel*, einem Anzeigenblatt, am 7. Dezember 1981 war folgende rührselige Geschichte abgedruckt:

»Ein Baron kämpft für die Armen.

Vor vielen Jahren lebte in Bayern ein junger Baron, der immer davon schwärmte, einmal eine gute Tat zu vollbringen. Doch wenn der Adelssproß in Café-Häusern für seine Ideen warb, stieß er häufig auf Unverständnis. Manchmal wurde er sogar ein bißchen belächelt. Doch Jobst v. Korff-Erckelentz ließ sich dadurch nicht entmutigen. Er zog durchs Land und suchte Gleichgesinnte. So entstand die internationale Hilfsorganisation ›Pro Humanitate‹, die inzwischen 2800 armen Kindern in Pakistan, Peru und Bolivien das Leben gerettet hat... Der Baron hat sein Leben dieser Aufgabe gewidmet...«

Die Kontonummer wird genannt, es fehlte aber die Information, daß dem Verein Pro Humanitate bereits 1976 die Gemeinnützigkeit entzogen wurde, nicht etwa weil festgestellt worden wäre, daß das Spendengeld sein Ziel nicht erreichte, sondern weil der Baron minderjährige Kinder in Hamburg mit Spendenbüchsen zum Sammeln auf die Straße geschickt hatte. Daß auch im Patenschaftssystem von Pro Humanitate erhebliches Chaos entstanden war, entdeckte der Korrespondent des Ersten Deutschen Fernsehens in Bolivien. Horst Kleinheisterkamp fand dort einige Kinder, die auf dem deutschen Patenschaftsmarkt angeboten worden waren.

»Valentin Raol, 11 Jahre alt, eines von 3 Kindern der Familie. Valentin Raol hat einen Paten in Schweig bei Nürnberg. Dieser Pate überweist für ihn jeden Monat 40 DM, seit Juni 1980. Valentin Raol hat auch ein Sparbuch, und in dem Zeitraum, in dem sein Pate 1160 DM überwiesen hat, wurden auf dem Sparbuch umgerechnet rund 180 DM gutgeschrieben, einschließlich Zinsen, das sind rund 15 Prozent. Ein paar Häuser weiter lebt

José Louis Flores Ibanès, 9 Jahre alt. José Louis hat zwei Paten, einen in Hamburg und einen in Fürth. Beide Paten wissen nichts voneinander. Beide sind wahrscheinlich davon überzeugt, einziger Pate des bolivianischen Kindes zu sein. In José Louis' Sparbuch sind bis heute einschließlich Zinsen umgerechnet rund 188 DM gutgeschrieben worden. 188 DM von 2370 DM, die die beiden deutschen Paten bisher gespendet haben; das sind etwa 8 Prozent. Die neunköpfige Familie von Flores Ibanès hat keine Vorstellung davon, wieviel die Paten geben. Ein Pate schreibt ab und zu. Die Familie bekommt den Originalbrief und eine spanische Übersetzung. Ob alles übersetzt, ob richtig übersetzt wurde, kann die Familie nicht kontrollieren. Die Patenadresse auf dem Briefumschlag ist unkenntlich gemacht oder einfach abgerissen. Direkte Kontakte sind unerwünscht.

Ähnlich die Situation bei Patricia, 8 Jahre alt. Patricia hat sogar drei Paten, in Hamburg, in Bayern und in Österreich. Die drei Paten haben bis jetzt für dieses Kind 4290 Mark überwiesen. Auf Patricias Sparbuch wurden umgerechnet einschließlich Zinsen 245 Mark gutgeschrieben; keine 6 Prozent. Diese Kinder stehen für über 400 weitere in Bolivien. Die meisten haben mehr als einen Paten. Das Geld auf ihren Sparbüchern entspricht nur einem minimalen Teil der Patenüberweisungen.«

Nicht zuletzt diese Reportage im Fernsehen rief den Staatsanwalt in Hamburg auf den Plan. 1982 werden die Büros von Pro Humanitate durchsucht. Damals, Ende Juli, hatte sich der Baron wegen der staatsanwaltschaftlichen Aktivitäten pro forma von dem Verein gelöst, er schied aus dem Vorstand aus. Die Ermittlungen richteten sich gegen ihn, der Verein Pro Humanitate machte in neuer Besetzung weiter, ohne bis heute die Gemeinnützigkeit wieder zuerkannt bekommen zu haben.

Bereits am 14. Juni 1982 hatte die deutsche Botschaft in La Paz/Bolivien einen vertraulichen Bericht an das Außenministerium in Bonn verfaßt. Folgende Erkenntnisse über die Arbeit von Pro Humanitate in Bolivien sind darin festgehalten:

- Entgegen den Zielsetzungen des Programms von Pro Humanitate habe jedes Patenkind bis zu fünf Paten, die zusammen mindestens DM 150 pro Monat aufbrächten.
- Die Einzahlungen auf das Konto eines jeden Patenkindes hätten sich jedoch nur auf rund 7 Mark belaufen.

- Zum 15. 2. 1982 seien von den durch Spenden für das Patenschaftsprogramm in Bolivien aufgebrachten Gesamtmitteln lediglich etwa 3 Prozent den Sparkonten der Patenkinder zugeflossen.
- Bis zu diesem Stichtag haben nach der Aufstellung der deutschen Botschaft in Bolivien »insgesamt 967 deutsche Spender DM 370 525 an Pro Humanitate für das Bolivien-Programm gezahlt, davon (sind) jedoch nur DM 16 503,92 auf die Konten der bolivianischen Patenkinder überwiesen worden.«

Die Aktenordner bei der Staatsanwaltschaft füllten sich, bekannt wurde jetzt auch ein Bericht des deutschen Generalkonsulats in Karachi in Pakistan. Am 25. Oktober 1981 fertigte der Generalkonsul unter dem Aktenzeichen Pol. 320.25.1 einen Vermerk über das Gespräch mit einer deutschen Staatsbürgerin, die zusammen mit ihrer Tochter für 600 Mark monatlich die Briefe von Pateneltern an ihre Patenkinder vom Deutschen ins Urdu übersetzte. Die Mitarbeiterin von Pro Humanitate gibt ihre erheblichen Zweifel über die Seriosität des deutschen Vereins zu Protokoll. Anlaß war der Besuch eines gewissen Herrn Hering aus Bolivien, der sich in Karachi als »internationaler Programmdirektor« von Pro Humanitate vorstellte. Die Übersetzerin charakterisierte diesen Herrn als »einen gerissenen, großen Gauner«, der »das ganze Geld einsteckt«. »Die gesamte Angelegenheit«, so referiert der Generalkonsul die Äußerungen, »wäre äußerst ›fishy‹, es wäre ihres Erachtens höchste Zeit, daß die Angelegenheit in saubere Hände gelangte. Frau ... erklärte, sie habe oft ein schlechtes Gewissen, wenn sie die teils rührenden Briefe sogenannter Pateneltern lese und sich vor Augen halten müsse, welch geringer Teil der Spendengelder wirklich zu den Kindern gelange. Herr Hering brauche sehr viel Geld; er habe erklärt, daß man mit dieser Methode ›ein gutes Geschäft machen könne‹. Herr v. Korff wäre ein ziemlich konfuser Mann, aber trotz allem noch ein geschickter kleiner Gauner.«

Für den deutschen Generalkonsul waren diese Informationen Anlaß, sich die Kartei von Pro Humanitate in Karachi einmal genauer anzusehen: »Die Überprüfung war wegen der Vielzahl von Änderungen sowie unterschiedlicher und verwirrender Praktiken bei der Führung der Kartei äußerst schwierig. Es existieren auf 690 Karteikarten sog. Patenkinder, auf denen bis zu 13 Pateneltern erscheinen. Das bedeutet, daß bei einer durchschnittlichen Zahl von nur drei Spendern und einem ebenfalls durchschnittlichen Spendenbetrag von nur DM 30, manche Spender überweisen bis DM 100, bei Pro Humanitate in Hamburg mindestens etwa DM 100 pro Kind eingehen, was einer monatlichen Einnahme von 69 000 DM entspräche. Davon werden in Pakistan ... je nach Wechselkurs 13,9 bis 17,8 Prozent der Spenden ausgezahlt.«

Seit mehr als drei Jahren ermittelt die Staatsanwaltschaft in Hamburg, zu einer Anklage ist es noch nicht gekommen. Und ob ein Verfahren gegen den Baron überhaupt je eröffnet wird, das weiß nicht einmal der Oberstaatsanwalt Peter Beck, der viele Beweise zusammengetragen hat:

> »Wir haben festgestellt, daß von den eingegangenen Geldern ungefähr ein Drittel bereits für Verwaltungsausgaben im Inland Verwendung fand, ein weiteres Drittel der Gelder ist zwar in die Dritte Welt gegangen, aber dort nicht den Kindern zugute gekommen, zumindest nur in ganz verschwindendem Maß. Der Hauptteil wurde dort auch für Verwaltungsausgaben, beispielsweise für Gehälter für Repräsentanten des Vereins ausgegeben. Nun fragen wir uns, wo ist das letzte Drittel. Wir wissen aus Durchsuchungen, die wir in verschiedenen Wohnungen von Herrn Korff durchgeführt haben und bei denen wir Unterlagen beschlagnahmt haben, daß ein ganz beträchtlicher Teil von Geldern von Herrn Korff auf Konten in der Schweiz transferiert worden ist, und die Staatsanwaltschaft sieht einen Betrug darin, daß Herr Baron Korff die Pateneltern damit getäuscht hat, daß ein Großteil der Gelder, der überwiegende Teil, den Patenkindern zugute kommen soll.«

Allen staatsanwaltlichen Ermittlungen zum Trotz und auch ohne Gemeinnützigkeit arbeitete Pro Humanitate weiter. Als Ersatz für ordentliche Spendenquittungen erhalten einige Spender Formulare, auf denen »Pro Humanitate Peruana«, die ähnlich dubiose Schwesterorganisation in Südamerika, bescheinigt, daß das Geld angekommen sei und behauptet, in Peru sei der Verein gemeinnützig. Und die deutschen Spender werden damit wiederum getäuscht, denn sie sollen im Glauben gehalten werden, daß die Finanzämter in der Bundesrepublik solche Quittungen auch anerkennen, weil es zwischen beiden Ländern »Doppelbesteuerungsabkommen« gibt.

Die Zahl der Pateneltern, die Pro Humanitate heute noch Geld überweisen, ist drastisch geschrumpft. Aber immerhin sind noch über 1000 Bürger mit von der Partie, und das heißt für die Bilanz des Vereins, daß jährliche Gesamteinnahmen von 1,2 bis 1,3 Millionen Mark gesichert sind. Es hat sich kaum etwas geändert, in den Werbeprospekten werden nach wie vor »Teilpatenschaften« angeboten, es werden immer noch Fotos in Farbe von Kindern aus Peru, Pakistan, Kolumbien, Bolivien an gutgläubige Menschen verschickt. Erste Vorsitzende bei Pro Humanitate ist Kathrin Schubring, eine Juristin aus Kiel.

Vor allem in Peru wird bis heute heftig um die Pfründe des Vereins gestritten, Baron Korff ist immer noch mit dabei, das Konto mit der Nummer 117-3-000142 bei der »Banco Continental« läuft noch lange nach seinem Ausscheiden aus dem Vorstand auf seinen Namen. Und am 5. Juli 1982 werden auf diesem Konto in Lima mit zwei Überweisungen zusammen DM 20 000 aus Hamburg gutgeschrieben. Am 27. Juli 1982 hebt v. Korff von diesem Konto DM 19 000 ab. Die Verbindungen zwischen dem umstrittenen Freiherrn und seiner Organisation reißen nicht ab. Kathrin Schubring hat mit ihrem Amtsantritt im Juni das System erkannt und spielt es voll aus. Am 1. 6. 1982 schreibt sie an den damaligen Repräsentanten der Organisation in Peru: »Auf das ... Konto werden 31 300 DM überwiesen (in Dollar). Bitte überweisen Sie 1300 DM zurück auf mein Konto Nr. 96104146 bei der Kieler Spar- und Leihkasse. Bitte überweisen Sie das Geld möglichst per Telegramm oder per Swift, damit es nicht so lange dauert. Das Konto lautet auf meinen Namen, also Kathrin Schubring. Auf das Konto von Korff wird auch etwas Geld überwiesen. Bitte heben Sie dieses Geld nicht ab ... Mit Ihrem Vorschlag, später 90 Prozent nach Peru zu überweisen und dann 20 Prozent oder 30 Prozent zurückzuüberweisen, bin ich grundsätzlich einverstanden.«

Das Geschäft funktioniert, die Probe aufs Exempel hat geklappt, am 13. Juli 1982 werden von Lima aus dem Konto Schubring in Kiel DM 1300 überwiesen. Auch in den folgenden

Monaten muß ein reger Geldverkehr zwischen Lima, Hamburg und Kiel stattgefunden haben. Am 28. September 1982 richtete Kathrin Schubring ein als vertraulich gekennzeichnetes »Memo« an ihren Kumpan in Peru:

»Lieber Horst!

Leider ist der Scheck immer noch nicht eingetroffen. Warum hast Du ihn so spät abgeschickt? Das Geld hast Du doch bereits am 9. September bekommen. Warum schickst Du eigentlich jetzt einen Scheck? Per Banküberweisung geht es doch viel schneller... Also bitte sorge dafür, daß das Geld in Zukunft schnell hier ankommt. Ich hatte Dir bereits geschrieben, daß ich im Oktober zum ersten Mal 5000 DM gebrauchen werde. Schicke die 5000 DM bitte sofort ab, sobald Du das Geld bekommen hast... Ich kann natürlich auch ganz offiziell die Gehälter erhöhen, aber dann schmeißen wir Vater Staat wieder einige tausend Mark mehr an Lohnsteuer in den Rachen... Also wie gesagt, sieh zu, daß es das nächste Mal schneller geht. Am besten, Du überweist das Geld im Oktober per Telegramm auf das Konto in Kiel, dann ist es am 13. oder 14. Oktober da. Was unseren alten Freund angeht, der kein Geld mehr hat (gemeint ist Korff) und was Lampl angeht, der mich auch ständig nervt, so habe ich mir folgendes gedacht: Du beanspruchst die Dienste einer Consulting-Gesellschaft in Deutschland, die sich für Dich bemüht, Sachspenden in größerem Stil aufzutreiben, und zwar in der BRD, in Österreich und in der Schweiz. Dieser Consulting-Gesellschaft überweist Du für ihre Dienstleistungen 7000 DM im Monat. Die Gesellschaft heißt Consulting Lampl und hat folgende Bankverbindung... Dies ist ein Vorschlag und nicht mehr. Du kannst ihn im Oktober durchführen, denn es werden Dir 37000 DM überwiesen werden. Pro Humanitate e. V. hat nichts damit zu tun, ob Du eine Consulting-Gesellschaft beauftragst oder nicht. Das ist Deine Sache. Allerdings halte ich die Lösung im Interesse der Ruhe für annehmbar.«

Baron Jobst v. Korff-Erckelentz muß bei seinen Freunden für sehr viel Unruhe gesorgt haben. Am 17. September 1982 schreibt Frau Schubring einen anderen vertraulichen Vermerk nach Peru: »Keine Bank gibt Pro Humanitate zur Zeit ein Darlehen, da ja ständig damit gerechnet werden muß, daß PH dichtgemacht wird. Übrigens mit der Behörde für Arbeit, Jugend, Soziales in

Hamburg sind wir so weit, daß der Verein erst einmal nicht zugemacht wird. Wir haben wahrscheinlich ca. zwei Monate Zeit, alle Bilanzen anzufertigen. Das Problem ist wieder Korff, der noch Unterlagen hat und sie nicht herausgeben will, weil er denkt, daß sie belasten. Aber das bekomme ich schon in den Griff... Ich schreibe Dir jetzt noch einmal, wieviel Du für September überweisen mußt: DM 2800. Das ist sowieso schon wenig bei all den Ausgaben, die wir hier haben.«

Die Strategie der neuen Vorsitzenden war gut durchdacht. Sie wollte soviel Geld wie möglich ins Ausland abführen, damit das Finanzamt rasch die Gemeinnützigkeit erteilt. Gleichzeitig aber wollte der Verein dazu übergehen, daß die Mitarbeiter in Deutschland aus dem Ausland per Rücküberweisung bezahlt werden. Aber da war immer noch Baron Korff, der seine Forderungen stellte: Zitat aus dem vertraulichen Memo vom 17. 9. 1982: »... Wie ich Dir am Telefon mitteilte, macht Korff Schwierigkeiten wegen des Geldes. Er ist wohl praktisch pleite und kommt jetzt fast jeden Tag hier an und will Geld haben. Natürlich kann ich ihm hier kein Geld geben. Ich weiß gar nicht, wie er sich das überhaupt vorstellt... Eine Frage: Was passiert, wenn ich Jobst 5000 DM auf das Konto 117/... überweise, damit er seinen Mund hält und uns in Ruhe hier arbeiten läßt??«

Auch nach dem Ausscheiden von Baron Jobst v. Korff-Erckelentz taucht in den internen Papieren von Pro Humanitate immer wieder der Name Lampl auf. Er wurde am 22. April 1982 in den Beirat eines gerade gegründeten neuen Dachverbands »Pro Humanitate Deutschland« gewählt. Als Geschäftsmann aus Hamburg wird er in den Akten geführt. Er ist derselbe Julius Lampl, dessen Consulting-Firma von Lima aus mit zurücktransferierten Spendengeldern einen »Auftrag« erhalten sollte, wie es Kathrin Schubring ihrem Statthalter in Peru geraten hatte. Julius Lampl aber hatte nicht nur eine Bankverbindung in der Bundesrepublik Deutschland, sondern ebenfalls ein Konto in Peru. Seine Firma »Hansa-Peru SA Import-Export« weist auf dem offiziellen Briefbogen auf das Konto mit der Nummer 091162 bei der Banco de Credito del Peru hin. Die Bank selbst führte das Konto unter dem Namen »Pro Humanitate Y Julius Lampl«. Auch die Adresse der Firma Hansa-Peru SA mit dem Postfach

5369 in Lima 18/Peru war identisch mit der Anschrift von Pro Humanitate Peruana.

Um seine humanitär-kommerziellen Import-Export-Geschäfte kann sich Julius Lampl im Moment nicht kümmern. Er sitzt in Haft, er wurde verurteilt, nicht etwa wegen Spendenbetrugs, sondern im Zusammenhang mit Dollar-Fälschungen.

Baron Jobst v. Korff-Erckelentz ist auf freiem Fuß und sieht den Ergebnissen der staatsanwaltschaftlichen Ermittlungen in Hamburg mit Gelassenheit entgegen. Ich treffe ihn in Zwingenberg an der Bergstraße in seinem Einfamilienhaus, das seiner Frau gehört, die den Lebensunterhalt der vierköpfigen Familie als Krankengymnastin verdient. Er selbst, sagt er, sei ein armer Mann, der nichts weiter besitze als seine persönliche Ehrenhaftigkeit. Fast gelingt es ihm, Mitleid zu erwecken, so wie er es über Jahre hinweg mit seinen Schauergeschichten über arme Kinder in Entwicklungsländern geprobt hat. Seine Ehrenhaftigkeit, das ist für ihn allein sein Titel, und den »Baron«, diese Formulierung gelingt ihm tatsächlich, »kann ich ganz schön heraushängen lassen«.

Aber nicht einmal diesen Eindruck kann er überzeugend vermitteln. Seine fahrigen, zerstreuten Bewegungen, die stets etwas zu laute Stimme mit drängelndem Tonfall, sind Äußerungen eines unsicheren Mannes. Er wehrt ab, zeigt sich hilflos, spricht aber immer noch so, als sei er noch bei »seinem« Verein Pro Humanitate. »Wir wollen den Kindern direkt Sparbücher geben, zu ihrer Verfügung. Wir sagen doch auf dem Formular, das von den Spendern unterschrieben wird, daß es sich um ›Teilpatenschaften‹ handelt.« Er hat es »wie alle anderen« gemacht. Alle Anschuldigungen sind für ihn inszeniert, von »allen anderen«, die ihm, dem Baron, den Senkrechtstart im Markt neiden. Er will es einfach so sehen und sich als Opfer fühlen, das von Zweifeln nicht geplagt wird: »Ja, ich bin ein Opfer.« Davon ist er überzeugt. Und weil er nicht davon lassen kann, der Menschheit Gutes zu tun, hat er wieder neu angefangen, mit einem anderen Verein. Mit Spenden allerdings will er nichts mehr zu tun haben. Sein neuer Verein, die »Christliche Nachbarschaftshilfe«, wirbt um Mitglieder. Monatsbeiträge in Höhe von DM 9,45 bis DM 19,75 sind auf den Aufnahmeanträgen zur Auswahl vorgesehen. Der Vereinsprospekt beantwortet die schlichte Frage nach dem Sinn der Nachbarschaftshilfe mit den schlichten Worten »Menschen helfen Menschen«.

Ein einsames, kleines Kind auf verlassener Straße, neben sich eine weggeworfene Puppe, ist auf dem Umschlag des Prospekts abgebildet.

Was der Verein will, das erklärt der weitere Text im Blatt:

»Wir haben keine Kriegsopfer, sondern Umweltopfer. Die Mütter müssen nicht mehr genesen von den Strapazen der Großfamilie, sie haben andere Probleme. 60 Prozent der Mütter mit Kindern unter 15 Jahren sind berufstätig.
Das sind Fakten.
Jeder vernünftige Geschäftsmann hat seine Arbeitsmaschine versichert. Er hat Berater: z. B. Wirtschaftsberater, Steuerberater, Rechtsberater.
Was haben Sie?
Eine Lebensversicherung!
Viele Menschen, die ein Auto fahren, sind in einem Automobilklub, z. B. im ADAC, falls das Auto mit seinen ca. 30 000 Teilchen Probleme macht. Wo sind Sie Mitglied, wenn Sie Probleme haben?
In der Krankenkasse!
Sind Sie mit uns einer Meinung?
Die Lebensversicherung ist eine Wette oder ein Geschäft mit dem Tod. Die Krankenkasse eine Versicherung gegen Krankheit. Eine Versicherung auf Leben.
Aber wo ist die Versicherung für Ihre Probleme? Wo bleiben Sie mit Ihren ganz persönlichen Problemen?
Die Christliche Nachbarschaftshilfe löst den Knoten Ihrer Probleme.
Jetzt ist es Zeit zum Handeln. Werden Sie Mitglied der Christlichen Nachbarschaftshilfe. Helfen Sie helfen! Helfen Sie sich selber! Helfen Sie Probleme lösen!«

Auf Prospektseite 3 werden die aufmerksamen Leser und potentiellen neuen Mitglieder des Vereins mit einem Grußwort empfangen. Foto und Unterschrift des Schreibers sind echt. Es handelt sich um Franz-Friedrich Prinz von Preußen. Er sagt in seinem Grußwort:

»Mit dem Wohlstand gingen viele alte Probleme verloren. Aber viele neue kamen hinzu. Im Bemühen um eigenes Wohlergehen kamen Mitmenschlichkeit und wechselseitiges Verständnis oft zu kurz. Das Maß an Isoliertheit, z. B. der älteren Menschen, ist oft erschütternd. Mitmenschlichkeit, Solidarität, gemeinsame Verantwortung und Toleranz gegenüber anderen sind aber für die Gemeinschaft und Nachbarschaft lebenswichtig, denn sie geben Sicherheit.
Noch nie hat sich die Welt mit einem so folgenschweren politischen und sozialen Wandel in einem so kurzen Zeitraum abfinden müssen.
Diese Umbrüche benötigen ein neues Verständnis der Hilfeleistungen gegenüber unseren Mitmenschen.
Ich heiße die Förderer, Mitglieder und Helfer der Christlichen Nachbarschaftshilfe herzlich willkommen.«

Der Preußen-Prinz Franz-Friedrich ist ein ehrenwerter Geschäftsmann in Hamburg. Als er diese Zeilen schrieb und seinen guten Namen sowie ein Foto von sich hergab, wußte er nichts von der persönlichen Geschichte des Jobst v. Korff. Der Freiherr hat ihn besucht, hat viel erzählt, hat offensichtlich »den Baron heraushängen lassen«. Der Deal unter den Adligen brachte keinen Trost für normale Sterbliche.

Kinderpatenschaft – Masche oder Hilfe?

Nett, lieb, reizend und natürlich hübsch müssen sie aussehen, die armen Kinder, mit deren Fotos deutsche »Eltern« animiert werden, eine Patenschaft zu übernehmen. Rasch abgelichtet und mit einer Nummer versehen sind sie ebenso schnell zu einer Katalogware geworden, die reißenden Absatz garantiert. 250 000 Kinder aus Entwicklungsländern sind es derzeit, die von einzelnen Menschen, Betriebsgruppen, Schulklassen und Firmen in der Bundesrepublik Deutschland übernommen wurden und von den einschlägigen Organisationen als Vehikel zur Spendenwerbung benutzt werden. 50 Mark jeden Monat, das ergibt einen Durchschnittsbetrag von DM 600 pro Jahr. Diese Art des Spendens garantiert Rekorde, die andere Vereine, die, inhaltlich wohlbegründet, keine Paten-Makler sind, nicht vorzuweisen haben. Die Werbung für Patenschaften hat einen unter Marketing-Gesichtspunkten unschlagbaren Vorteil gegenüber den projektbezogenen Spendenaufrufen. Dem Menschen, der Geld geben soll, wird der Eindruck vermittelt, daß er – und nur er – eine direkte und unmittelbare Beziehung und persönliche Bindung zu dem betreffenden Kind unterhält.

Nicht ohne Grund sind es vor allem große amerikanische Hilfswerke, die sich die Welle der Hilfsbereitschaft in Deutschland zunutze machen, um einen unvergleichbaren und weltweit einmaligen »Boom« auszulösen: Kinderpatenschaften befriedigen offenbar gerade bei den Bundesdeutschen ein sozialpsychologisch motiviertes Bedürfnis. Nirgendwo sonst, in keinem anderen Land der Erde, hat sich die Strategie der Vermarktung von persönlichen Einzelschicksalen als so erfolgreich erwiesen wie in der Bundesrepublik Deutschland.

Die aggressive Kampagne von World Vision, die 1979 hier begann und die mit massiven Drohgebärden (»Wenn Sie diese Seite einfach überblättern, kann ein Kind daran sterben«) Marktanteile eroberte, war der Beginn einer Entwicklung, die den klassischen und seriösen Hilfswerken, wie beispielsweise Brot für die Welt, allmählich die jahrelange und vorbildliche Leistung zugunsten einer informativen, menschenwürdigen Werbung zu zerstören drohte. Alle Versuche, World Vision vom Markt fernzuhalten, scheiterten nicht zuletzt deswegen, weil sich dieser Verein in offener Konkurrenz zu einem anderen amerikanischen Patenunternehmen befindet, das etwa zur gleichen Zeit, nämlich 1978/79 in der Bundesrepublik und in Europa den Markt sondierte und hier ebenfalls eine Filiale eröffnete.

Christian Children's Fund und World Vision sind die internationalen Konzerne mit einem breitgefächerten »Kinder-Angebot«, die alljährlich ihre Statistiken gegeneinander aufrechnen nach dem Motto: Wer hat die meisten Kinder in der Welt vermittelt, wer hat die höchsten Zuwachsraten? Sind es 300 000, sind es 400 000 oder mehr?

Die Folge einer solchen Politik sind Werbefeldzüge, die sich wechselseitig an Geschmacklosigkeit überbieten. Wann die Grenzen erlaubter, aber entwürdigender Elendspropaganda erreicht sind, ist nicht abzusehen.

Brot für die Welt hat versucht, die Menschen, die zum Spenden bereit sind, mit Argumenten für eine langfristige und auch entwicklungspolitisch sinnvolle Projektarbeit zu gewinnen, die es einer Dorfgemeinde in Afrika zum Beispiel ermöglicht, für Wasserversorgung zu sorgen oder für ein Gesundheitszentrum.

Patenschaften aber, die mit exzessiver Werbung in die Köpfe der Spender projiziert werden, haben diesen beschwerlichen Weg der Überzeugung behindert. Die Masche ist simpel: Es gibt ein Kind, und das ist arm. Hier ist ein reicher Mensch, der etwas abgeben kann. »Liebe ist«, heißt es in einer Anzeige für Patenschaften, »wenn Sie ein Kind vor dem Verhungern retten. Wir vermitteln Ihnen die persönliche Patenschaft mit einem hungernden Kind. Das kostet Sie nur ein wenig Liebe und DM 45 im Monat (steuerlich absetzbar).« Die vom Spender als persönlich gemeinte Hilfe für ein einzelnes armes Kind nährt aber sowohl im Heimatland des Kindes als auch hierzulande eine vielarmige Krake, die jeder individuellen Fürsorge hohnspricht. Was allein zählt, ist der monatliche Umsatz. Die Kinder werden von Computern mit Hilfe von Identitäts- und Personalnummern verwaltet. Die Vermarktung muß rationell erfolgen, nach allen Regeln der Kunst. Was in der Werbung noch wie individuelle Ansprache klingt, ist in Wirklichkeit ein kühl kalkuliertes Zahlenspiel. Den Menschen bei uns, die eine Patenschaft übernehmen wollen, wird der Eindruck vermittelt, diese Form der Hilfe sei einfach. Diese »technische« Problemlosigkeit suggeriert gleichzeitig jedem, der zögert, zum Scheckbuch zu greifen, ein schlechtes Gewissen. So einfach aber ist es nicht, obwohl es auf den ersten Blick einzuleuchten scheint, daß gerade die Patenschaftsorganisationen das Mißtrauen der Spender einkalkulieren, ob ihr Geld auch »ankommt«. Bei Patenschaften, so wird unterstellt, ist es sicher, daß die Spende ihr Ziel, nämlich das Kind, erreicht. Schließlich hat ja jeder Pate ein Foto des Kindes bei sich zu Hause, es kann auch korrespondiert werden, das Kind bedankt sich ebenso regelmäßig wie brav.

Gebrauchsanweisung Patenschaft

Mit welch deutschem Perfektionismus Patenschaftshilfe heute gemanagt wird, zeigt das *manual,* das von der Kindernothilfe in Duisburg, der größten deutschen Patenschaftsorganisation, speziell für Manager in Indien verfaßt und angeordnet wurde. Es geht in der Tat nur noch um eine möglichst rationelle Bearbeitung, Organisation und Verwaltung – und die ist sicher nicht ohne erheblichen Aufwand mach- und finanzierbar, wie das vertrauliche 65seitige »Handbuch« zeigt.

Die Kindernothilfe ist eine christliche Organisation, die der Evangelischen Kirche in Deutschland sehr nahe steht. Sie wirbt mit ihrem Anspruch, daß sowohl die Patenkinder als auch die Pateneltern individuell und fürsorglich betreut werden. Kein Wunder also, daß den Paten in der Bundesrepublik dieses »manual« vorenthalten wird. Denn zu offensichtlich sind die Widersprüche zwischen humanitärer Ansprache der Spender und professionell-ökonomischem Kalkül, bei dem es eher um eine bestmögliche Verwaltung von Unterentwicklung als um Hilfe zur Selbsthilfe geht. Sämtliche nun folgenden Zitate entstammen der Anweisung, die von den Kindernothilfe-Managern in Duisburg an die Adresse ihrer Managementpartner in Indien gerichtet ist:

»Regelmäßige und genaue Informationen über das Leben im Heim und über das Kind oder die Familie sind notwendig, um den Pateneltern Verständnis zu vermitteln. Die Arbeit der Kindernothilfe ist in Schwierigkeiten geraten, weil viele unserer Wächter und Hausmütter bisher noch nicht die grundlegenden Elemente der Beziehungen zwischen Pateneltern und Kind verstanden haben. Wenn man jeden Tag betet für ein Kind oder eine Person, wird eine tiefe Beziehung aufgebaut, die auf Gottes Liebe basiert. Das ist, was Gott in uns entstehen lassen will durch das Gebet, eine Liebe, die so weit geht, daß sie Haß, Eigennützigkeit und Furcht überwindet. Sie werden verstehen, daß eine solche Beziehung tief gestört ist, wenn zum Beispiel ein Kind nach einem Urlaub nicht mehr zurückkommt und der Wächter ein Entlassungsformular ausfüllt, in dem einfach festgestellt wird: ›Das Kind ist nicht zurückgekommen und ist somit von der Liste entfernt worden.‹ Oder wenn ein Bericht geschickt wird: ›Ihr Patenkind ist nach Hause geschickt worden, weil es zu krank war – bitte unterstützen Sie ein anderes Kind.‹

Wir haben viele Anfragen und große Enttäuschungen in Deutschland, weil Leute in Indien nicht die Qualität der Beziehung verstanden haben.

Grundsätzlich müssen wir feststellen, daß viele dieser Pateneltern die Kinder in Indien lieben, als wären es ihre eigenen Kinder. Wie richtige Eltern werden sie auch suchen und versuchen, das Kind zurückzubekommen, wenn es einmal verlorengegangen ist. Darüber hinaus müssen wir verstehen, daß Gott selbst uns diese Kinder anvertraut hat, um sie aufzuziehen als verantwortliche Mitglieder und zukünftige Führer der Kirche und der Nation.

Kriterien für die Auswahl der Kinder für die Kindernothilfe, für Patenschaften und Anweisung für das Ausfüllen der Personalbögen.

Jedes empfohlene Patenkind wird deutschen, indischen oder europäischen Pateneltern zugewiesen. Sie übernehmen die Unterstützung ihrer Patenkinder, sowohl finanziell als auch geistlich durch das Gebet. Diese Pateneltern können eine Familie sein, eine einzelne Person, eine Gruppe von Personen, eine Jugendorganisation, eine Frauenorganisation, eine kirchliche Organisation, eine Sonntagsschule oder eine Schulklasse usw.

Das erste Verbindungsglied zwischen den Pateneltern und dem Patenkind ist der Personalbogen (Form Nr. 4), das Foto, das das Kind in voller Größe zeigt, sowie eine genaue Information über das Kind, die den familiären Hintergrund enthalten sollte. Dieser Personalbogen wird in die deutsche Sprache übersetzt und wird an die in Frage kommenden Pateneltern weitergereicht. Es ist wichtig anzumerken, daß die meisten der Europäer oder Deutschen nicht viel über Indien wissen und wenig über die Lebensbedingungen in diesem Land. Es wird sehr geschätzt, wenn ein genaues Bild von diesem Kind gezeichnet wird, um es den Pateneltern zu ermöglichen, zu verstehen, wie schwer und wie hart das Leben in Indien für die zurückgebliebenen Gemeinschaften ist.

Eine erste Auswahl der Kinder, die die Kriterien erfüllen, wird mit Einzelheiten in dem Formblatt Nr. 3, Duplikat an das Kirchenbüro, weitergeleitet. Nach einer Prüfung in diesem Büro wird eine Kopie an das Heim zurückgeschickt, in dem die ausgewählten Kinder gekennzeichnet sind gegenüber den Kindern, die den Anforderungen nicht genügen.

Die Personalbögen.

Wenn das Formblatt Nr. 3 mit den darauf vermerkten, ausgewählten Kindern zurückkommt, werden für jedes in Frage kommende Kind Personalbögen in zweifacher Ausfertigung geschrieben, mit zwei Fotos in Paßfotogröße. Das Zentrum des Heimes soll eine dritte Kopie des Personalbogens auf einfachem weißem Papier für die eigenen Akten anfertigen. Die Fotos sollen nicht in einem Studio gemacht werden, sondern das Kind in einer natürlichen Umgebung zeigen, in einer natürlichen Pose und in voller Größe. Die Personalbögen müssen ordnungsgemäß ausgefüllt sein mit allen Details, bevor sie weitergegeben werden. Die Bögen mit unvollständiger Information werden nur noch berücksichtigt, wenn die fehlenden Details nachgetragen werden. Ansonsten führt es dazu, daß das Heim die Patenschaftssumme für ein oder zwei Monate verliert, für die Zahl der Kinder, deren Personalbogen nicht ordentlich ausgefüllt worden sind. Die Personalbögen werden von der Leitung des Kirchenbüros eingehend geprüft. Die Kinder, die nicht die nötigen Voraussetzungen mitbringen nach den Richtlinien, die von der Kindernothilfe festgelegt wurden, werden zurückgewiesen. Allen ausgewählten, empfohlenen Kindern wird eine Registratur-Nummer hinzugefügt, jedem einzelnen, die neben dem Namen des Kindes in der nachfolgenden Korrespondenz zu stehen hat. Diese Registratur-Nummer und das Datum des Beginns der Patenschaft wird an das zuständige Zentrum des in Frage kommenden Zentralbüros weitergegeben.

Anweisung, um den Personalbogen auszufüllen (Formblatt Nr. 4)

1. *Name des Kindes*
   Bitte den Namen des Kindes komplett eintragen, die richtige Schreibweise ist sehr wichtig. Unterstreichen Sie den Namen und den Vornamen des einzelnen Kindes oder schreiben Sie in Großbuchstaben.
2. *Geburtsdatum*
   Es ist wichtig, das genaue Geburtsdatum des Kindes zu erfahren, entweder von den Eltern, den Pastoren oder dem Geburtenregister. Die Pateneltern sind sehr daran interessiert, das genaue und korrekte Datum der Geburt zu erfahren.
3. *Geschlecht*
   Bitte geben Sie das Geschlecht des Kindes genau an. Für das Foto, das auf dem Personalbogen befestigt werden soll, ist es sinnvoll, das Kind entsprechend seines Geschlechtes anzuziehen.
4. *Klassenzugehörigkeit*
   Bitte geben Sie die Kaste oder den Volksstamm, zu dem das Kind gehört, genau an.
5. *Charakter*
   Pateneltern sind sehr daran interessiert, mehr über den

Charakter und das Temperament ihres Patenkindes zu erfahren. Ist er oder sie ein fröhliches oder ein ruhiges Kind oder schüchtern? Sieht das Kind intelligent oder strahlend aus, ist es gesund oder krank, schwächlich oder stark? Wenn möglich, machen Sie genaue Angaben über den Charakter des Kindes, tragen Sie dieses in die Spalte ein unter ›Lebensgeschichte und familiärer Hintergrund‹.

Personalbögen mit unvollständigen Angaben können nicht berücksichtigt werden.

Briefe der Patenkinder an ihre Pateneltern
Diese Briefe können klassifiziert werden wie folgt:
a) Einführungsbriefe
b) Jährliche Briefe
c) Weihnachtsbriefe
d) Antwortbriefe
4) Danke-schön-Briefe
f) Abschließende Dankesbriefe.

Generelle Richtlinien für die Korrespondenz:
Bitte versichern Sie sich, daß der vollständige Name des Kindes und die Registratur-Nummer auf dem Briefkopf vermerkt sind, um Verwechslungen zu vermeiden...

Den Kindern, die noch nicht schreiben können, sollte die Gelegenheit gegeben werden, ein kleines Bild zu zeichnen oder irgendwelche Kritzeleien auf einem Blatt Papier mit Buntstiften zu machen. So etwas freut die Pateneltern.

– Versichern Sie sich, daß alle Hinweise, die auf die Lebensgeschichte des Kindes oder der Familie gegeben werden, übereinstimmen mit den Informationen, die auf dem Personalbogen des Kindes gemacht worden sind.
– Bitte sehen Sie zu, daß in den Briefen der Kinder keine Betteleien enthalten sind. Wir sollten nicht mehr an Geschenken erfragen außer einem Brief oder einem Foto der Pateneltern. Wenn wir nicht genau wissen, ob die Kinder von einer Familie oder einer einzelnen Person unterstützt werden, einer alleinstehenden alten Dame etwa oder einer Schulklasse, können wir die Anrede neh-

men: ›Liebe Pateneltern ...‹ Wenn wir mehr Einzelheiten wissen, ihr Alter, ob sie verheiratet sind oder nicht, sollte die korrekte Anrede verwendet werden, zum Beispiel im Falle eines einzelnen Mannes: ›Lieber Patenvater ...‹ oder: ›Lieber Onkel ...‹ Im Falle einer einzelnen Dame: ›Liebe Patenmutter‹ oder ›Liebe Tante ...‹
- Alle Briefe sollen über das zuständige Kirchenbüro geleitet werden.
- Die Adresse der Pateneltern soll den Kindern nicht bekannt werden, auch nicht ihren Familien, um Mißbräuche der Anschrift zu vermeiden.
- Wenn Patenkinder Post von ihren Pateneltern erhalten, soll sichergestellt sein, daß diese Briefe prompt und ordnungsgemäß beantwortet werden. Besondere Sorgfalt sollte darauf verwendet werden, daß Fragen in den Briefen gründlich beantwortet werden. Die Kindernothilfe hat viele Beschwerden erhalten, daß Patenkinder in Indien nicht geantwortet haben oder Fragen in den Briefen ignoriert wurden. Das verursacht unnötige Enttäuschungen bei den Pateneltern ...

Bitte achten Sie darauf, daß Briefe der Kinder nicht stereotypisiert sind, sondern sich voneinander unterscheiden.

Wann immer ein Patenkind das Heim verläßt, bevor die komplette Periode abgelaufen ist, erwartet die Kindernothilfe, daß alle Anstrengungen unternommen werden, das Kind zurückzubekommen, selbst wenn der Manager persönlich die Eltern aufsuchen muß. Als gute Hirten sollten wir bereit sein, nach den verlorenen Kindern zu suchen, die uns der Herr anvertraut hat. Siehe Matthäus 18,12.

Jedes Jahr müssen neue Fotos von den Kindern gemacht werden und an die Pateneltern weitergeschickt werden, so daß sie einen Eindruck haben von ihren Patenkindern, wie sie gewachsen sind in dem vergangenen Jahr durch ihre Unterstützung. Unter keinen Umständen dürfen Abzüge von Fotos geschickt werden, die zwei Jahre zuvor aufgenommen worden sind, weil in diesem Fall die Pateneltern keinen Fortschritt in der Entwicklung und kein Wachstum bei ihren Kindern feststellen können. Es sollen Fotos geschickt werden, die die Kinder in einer natürlichen Pose zeigen und nicht solche, die in einem Studio vor einem künstlichen Hintergrund aufgenommen worden sind. Statt dessen soll der Fotograf in das Heim kommen und die Aufnahmen dort machen. Die Kinder sollen natürlich lächeln und nicht in die Kamera schauen, als wären sie bestraft worden. Bitte achten Sie darauf. Gute Beispiele können Sie nachsehen unter den ›Modellfotos‹.«

Diese in der Bundesrepublik Deutschland von der Kindernothilfe geheimgehaltene Gebrauchsanweisung belegt, daß es der Hilfsorganisation wesentlich auch um die Befriedigung der Bedürfnisse ihrer Spender geht, Bedürfnisse übrigens, die nicht zuletzt auch von den Methoden der Patenschaftswerbung geweckt wurden. Auch bei den amerikanischen Patenschaftsunternehmen haben die massiven Werbekampagnen zu einer gewaltigen »Nachfrage« nach Kindern geführt, mit der häufig – und das ist mehr als kurios – das vorhandene »Angebot« nicht Schritt halten konnte.

Die anrollende Spendenflut von hilfsbereiten Bürgern mußte untergebracht werden, und die Konsequenz davon ist auch heute noch, daß Projekte – Heime, Tagesstätten etc. – als fertige Konzepte den betroffenen Menschen, etwa in Indien, angeboten werden, ohne daß deren Bedürfnisse berücksichtigt wurden oder gar gefragt wurde, welche Art anderer Hilfe denn vordringlich wäre. Hunderte von Kinderheimen sind auf diese Weise in Entwicklungsländern entstanden. Und die Partner der europäischen und amerikanischen Hilfsorganisationen in der Dritten Welt, zumeist sind es die Kirchen, lehnen solche vielversprechenden, mit hohen Summen ausgestatteten Angebote nicht ab, sie nehmen selbstverständlich das, was kommt.

Argumente: Kindernothilfe und terre des hommes im Gespräch

Den vielen hunderttausend Paten, die mit ihren monatlichen Zahlungen beweisen, daß sie engagiert sind und irgend etwas tun wollen gegen die Armut auf der Welt, sind in keiner Weise Vorwürfe zu machen. Sie versuchen wenigstens zu helfen. Und das unterscheidet sie von vielen anderen, die das Problem Unterentwicklung grundsätzlich ignorieren. Weil die ehrliche Motivation dieser Paten und Spender nicht in Zweifel gezogen werden soll, weil diesen gutwilligen Menschen aber auch viele Informationen über die möglichen Folgen ihrer Hilfe fehlen, ebenso wie ein Hintergrundwissen über den meist christlich-missionarischen Anspruch der jeweiligen Patenschaftsorganisation, ist für sie eine Hilfestellung erforderlich, um sie über den sachlichen, den entwicklungspolitisch orientierten Konflikt aufzuklären, der seit vielen Jahren von zahlreichen Hilfsorganisationen in der Bundesrepublik ausgetragen wird.

Auch hier gilt: Jeder Spender kann nur für sich entscheiden, ob er Patenschaften für Kinder in der Dritten Welt als sinnvoll erachtet oder nicht.

Als Argumentationshilfe ist ein Streitgespräch gedacht, zu dem sich Vertreter zweier Organisationen bereit gefunden haben, die seit geraumer Zeit über das Pro und Kontra zum Thema Kinderpatenschaften streiten:

Terre des hommes, die wohl bekannteste Kinderhilfsorganisation, die selbst vor vielen Jahren damit angefangen hatte, Patenschaften zu vermitteln, sich aber dann nach schwierigen internen Diskussionen von dieser Konzeption löste.

Die Kindernothilfe, der größte Patenschaftsverband unter denen in der Bundesrepublik, die nicht unter dem Einfluß einer amerikanischen Muttergesellschaft stehen. Die verantwortlichen Mitarbeiter der Kindernothilfe haben in den letzten Jahren gezeigt, daß sie auf Kritik und sachliche Einwände einzugehen in der Lage sind und daß sie, obwohl sie prinzipiell am System der Patenschaften festhalten, bereit sind, inhaltliche und konzeptionelle Veränderungen zu entwickeln und bei ihrer Projektarbeit zu berücksichtigen.

Müller-Werthmann: Die Ausgangslage ist klar. Organisationen, die in der Bundesrepublik Patenschaften anbieten und Spender damit werben, sind in den letzten zehn Jahren sehr erfolgreich. Dennoch, oder vielleicht gerade deswegen, gibt es zwischen verschiedenen Organisationen Kontroversen über den Sinn dieser Hilfe. Ist es Hilfe oder Unsinn, mit Patenschaften in der Dritten Welt zu arbeiten?

terre des hommes: Als Bürgerinitiative engagierter Menschen, die sich für Kinder, für notleidende Kinder, in der ganzen Welt einsetzen wollten, wurde 1967 terre des hommes Deutschland in Stuttgart gegründet, und damals begann hier sofort die Arbeit mit kriegsverletzten Kindern aus Vietnam. Nach und nach schaltete sich terre des hommes mit Hilfsmaßnahmen auch in anderen Krisen- und Kriegsgebieten ein. Im Biafra-Krieg; es wurde ein erstes Kinderdorf für die Kinder in Gabun gegründet, in Deutschland entstand ein Zentrum zur Rehabilitation kriegsverletzter Kinder aus Vietnam. Als der Vietnamkrieg 1975 zu Ende war, hat terre des hommes weitergeholfen. Es gab viele Waisenhäuser und Heime in Vietnam, und dafür hatte terre des hommes eine sehr große Spendergruppe gegründet..., und die wurde jetzt praktisch frei. Der Krieg war zu Ende, die Spender konnten nicht mehr für Waisenhäuser und Heime in Vietnam spenden, weil die zum größten Teil aufgelöst waren.

Müller-Werthmann: Warum aber hat terre des hommes mit Patenschaften den Anfang gemacht?

terre des hommes: Das entsprach dem Willen zu direkter Hilfe. Terre des hommes hat auch Kinder aus Vietnam damals sehr spontan eingeflogen hier in die Bundesrepublik, um sie medizinisch zu versorgen, um ihnen Nahrung, Kleidung zu geben und sie dann wieder in ihr Heimatland zurückzuführen. Das war ein Ansatz zunächst von Einzelfallhilfe. Das heißt, es wurde einzelnen Kindern aus Vietnam geholfen, und erst später kam dann dieser Lernprozeß, wo gesagt wurde, terre des hommes kann eigentlich nicht effizient per Einzelfallhilfe arbeiten, wenngleich es heute schon Einzelfallhilfe gibt, weil wir natürlich nicht die Augen verschließen können, daß es auch noch Hilferufe gibt...

Kindernothilfe: Eine Frage: Sie hatten also, wenn ich das recht verstanden habe, einmal diese direkte, persönliche Patenschaftshilfe, und sie hatten ja andererseits auch schon die Idee, Projekte zu bilden. Gab es bei Ihnen nicht die Möglichkeit, beide Arbeiten miteinander zu kombinieren, und wenn nein, warum nicht – und wenn ja, warum ist das nicht geschehen?

terre des hommes: Allmählich bekam die Arbeit von terre des hommes etwas mehr Methode und System, und sie geschah nicht mehr so spontan, sondern man war kritischer. Zum Beispiel, daß

Kinder eingeflogen und hier medizinisch versorgt wurden, das erwies sich für uns im nachhinein als problematisch. Sie bekamen hier einen Kulturschock, Hilfe ist nicht gleich Hilfe. Es gibt auch eine falsche Hilfe. Ich glaube, das war der Punkt, von dem an wir uns wirklich kritischer mit Hilfe und Hilfeleistungen auseinandergesetzt haben: Die Abhängigkeiten, die dadurch entstanden sind, die geringere Effizienz dieser Hilfe, den relativ schwierigen Schritt der Vermittlung von Umständen, für die sich Paten natürlich nicht so wahnsinnig interessieren, waren Argumente dafür. Paten nämlich interessieren sich viel stärker für ihr »eigenes« Kind und dessen Wohlergehen und weniger für die größeren Zusammenhänge. Und aus diesem Grunde haben wir dann versucht, vorher schon anzusetzen, möglichst ganzen Gemeinden und Familien zu helfen, ganzen Landstrichen womöglich oder Organisationen, die sich dann dort selbst etabliert haben, wobei die Hilfe, das ist ein sehr wichtiger Gesichtspunkt, von den Einheimischen selbst organisiert wird. Wir schicken also keine weißen Entwicklungshelfer hin, weil wir inzwischen die Erfahrung gemacht haben, daß die Menschen dort sehr wohl am besten selbst wissen, was ihnen nützt. Deshalb also keine dirigistischen Maßnahmen von hier aus, sondern Hilfe bei dem Versuch, sich selbst zu helfen.

Kindernothilfe: Das ist ja auch das Prinzip der Kindernothilfe. Da unterscheiden sich ja terre des hommes und Kindernothilfe in keiner Weise. Die Kindernothilfe versteht sich primär als ein missionarisches und diakonisches Werk, wir sind also in erster Linie nicht eine Entwicklungshilfeorganisation, obwohl – und da besteht für mich kein Zweifel – in der ganzen Arbeit sehr viel Entwicklung stattfindet. Ausschlaggebend für unsere Arbeit, für den Beginn der Arbeit der Kindernothilfe, die auch in das Jahr 1959 zurückreicht, und auftraggebend waren Bibelworte, wie zum Beispiel »Wer ein Kind in meinem Namen aufnimmt, der nimmt mich auf« oder »Was Ihr getan habt einem meiner geringsten Brüder, das habt Ihr mir getan« oder: »Er hat mich gesandt, den Armen frohe Botschaft zu bringen, den Gefangenen zu verkündigen, daß sie frei sein sollen, und den Blinden, daß sie sehen werden. Den Mißhandelten soll ich die Freiheit bringen und das Jahr ausrufen, in dem Gott sein Volk rettet.« Wenn Sie an diese Bibelworte denken, stellt man fest, daß da ein starker personaler Bezug ist, das heißt, Hilfe von Mensch zu Mensch ist gefordert im Geiste der Bibel Jesu Christi. Und aus diesem Verständnis heraus arbeitet die Kindernothilfe auch heute noch mit Patenschaften, weil hier dieser personale Bezug Hilfe von Mensch zu Mensch von jemandem, der helfen kann und jemandem, der Hilfe braucht, gegeben ist. Außerdem: Die Kindernothilfe hilft mit Patenschaften Kindern und Jugendlichen in Not, die heute und jetzt Hilfe brauchen, ganz im Sinne des Gedichts der Nobelpreisträgerin Gabriela Mistral: »Denke daran, was ein Kind braucht, das kann nicht warten. Viele Dinge, die wir brauchen, können warten. Ein Kind kann es nicht. Denn es wächst noch gerade jetzt, und seine Kraft wird erst geformt und seine Stimme ausgebildet. Ihm können wir nicht antworten morgen, sein Name heißt heute.«

Die Kindernothilfe ist sich natürlich darüber im klaren, daß neben dieser Einzelfallhilfe gesellschaftliche und soziale Verhältnisse die Menschenkinder unterdrücken, verelenden. Wir sehen dies aber nicht primär als unsere Aufgabe, sondern sehen unseren Beitrag beginnend mit der Einzelfallhilfe, und wir meinen, daß so viele Kinder und Jugendliche sich heute in Not befinden, daß wir eben hier voll unseren ganzen Auftrag sehen. Weiterhin: Die Kindernothilfe arbeitet partnerschaftlich, das heißt, nicht wir führen die Arbeit aus, sondern unsere Partner sind verantwortlich, und sie bitten uns um Hilfe. Ziel unserer Partnerkirchen, die in ihren Ländern die Arbeit mit und an den notleidenden Kindern verantwortlich durchführen, ist es, diese Kinder so zu fördern und auszubilden, daß sie sich selbst helfen können – es geht hier also um Hilfe zur Selbsthilfe. Es gibt unendlich viele Beispiele, daß Patenkinder, denen wir geholfen haben, dann also ihren Geschwistern, andern Kindern praktisch geholfen haben.

Auch der ehemalige Missionsverantwortliche im Weltkirchenrat hat sich übrigens dahingehend geäußert, daß es gelte, »intelligente und verantwortungsfreudige Christen zu finden, die diese Arbeit leisten«.

terre des hommes: Was machen Sie aber mit den Kindern, etwa in Indien, die Hindus sind oder Buddhisten oder Moslems. Werden die auch in christlichem Geist erzogen, oder wie verstehen Sie da Ihren Auftrag?

Kindernothilfe: Die Kindernothilfe arbeitet ja nicht mit säkularen Partnern zusammen, sondern weltweit, also mit kirchlichen Partnern. In Indien sind es die indischen Kirchen, in Brasilien sind es die brasilianischen Kirchen. Und es ist zweifellos so, daß innerhalb dieser Arbeit also auch ein guter Teil, etwa 50 Prozent nicht christliche Kinder sich in diesen Heimen befinden, aber es sind Heime der christlichen Kirchen, es ist ein Angebot, das selbstverständlich auch nicht christlichen Kindern gemacht wird.

(Anmerkung des Autors: Diese Stellungnahme widerspricht eklatant dem *manual* der Kindernothilfe, siehe S. 97. Diese Tatsache zeigt aber wohl eher den schon zitierten Widerspruch zwischen Anspruch und Wirklichkeit.)

terre des hommes: Da setzt meine erste handfeste Kritik ein. Der Begriff »Pate« sagt das ja auch schon aus: ein Gefälle von oben nach unten, nach dem Motto: »Wir haben eigentlich die bessere Religion, und wir bieten euch die jetzt an.« Da würde mich interessieren, was eigentlich der konkrete Inhalt eines diakonischen Hilfswerks ist im Gegensatz zu einem Entwicklungshilfswerk, und diesen Unterschied haben Sie ja eingangs hervorgehoben, der nach meinem Verständnis nicht sein sollte.

Kindernothilfe: Jede Kirche, ob hier bei uns oder in der Dritten Welt, hat ja im Grunde das Doppelgebot der Liebe auf ihre Fahnen geschrieben. Auch hier in Deutschland ist die diakonische Komponente, nebenbei, ich sage nicht über oder unter, sondern neben der rein projektbezogenen Komponente zu pflegen. Wir haben Hunderttausende Mitarbeiter aus kirchlichen Kreisen, davon sind aber nur 40 000 Pfarrer. Alle anderen Mitarbeiter sind im diakonischen Bereich tätig. Kindernothilfe setzt die Kirchen der Dritten Welt finanziell in die Lage, ihrer diakonischen Arbeit nachzukommen.

terre des hommes: ... wenn das der Weg, der Auftrag ist, die Kirchen in der Dritten Welt in die Lage zu versetzen, ihren diakonischen Aufträgen nachzugehen, warum dann nicht etwa eine Budgetfinanzierung von Kirchen, die sich auch soziale Aufgaben zum Ziel gesetzt haben, sondern der Umweg über einzelne Patenschaften für Kinder?

Kindernothilfe: Würden sich die Kirchen in der Dritten Welt nicht dazu bereiterklären, auch Kinder aufzunehmen, die nicht aus christlichen Familien stammen, dann wäre im Grunde diese Arbeit keine umfassend diakonische – *diakonia* bedeutet dienen. Sie muß sich auch auf Menschen beziehen, die keine Christen sind.

terre des hommes: Warum der Ansatz »Einzelfallhilfe«? Warum nicht den Partner dort Projekte entwickeln lassen. Er kennt aus seiner Erfahrung bestimmte Dorfregionen, kennt meinetwegen Fischereikooperativen, könnte dort Schulen bauen, könnte dort etwas Gemeinwesenarbeit leisten ... Das ist in etwa der Weg, den terre des hommes geht. Der Partner dort entwikkelt aus der Mitte seiner Dorfbevölkerung ein Selbsthilfeprojekt. Dafür bekommt er das Geld. Ihrem diakonischen Auftrag, der auch ein Sozialauftrag ist, wollen sie nachkommen. Warum dann dieser Umweg über das direkte »Sponsern« einzelner Kinder?

Kindernothilfe: Das hat schlicht praktische Gründe. Ich nehme einfach mal das Ergebnis dessen, was Sie sponsern nennen. Das Ergebnis ist, daß dort eine Gruppe von Leuten, die durch die Arbeit der Kirchen eine Schule haben durchlaufen können, eine Berufsausbildung bekommen haben, natürlich eine sehr breite und im Laufe der Zeit immer breiter werdende Basis darstellt, für eben die Arbeit, die Sie angedeutet haben. An diesem Punkt könnten wir doch eigentlich kooperieren. Die Kindernothilfe versucht nur, einen Teil des gesamten Spektrums abzudecken, und dafür haben wir eine Konzeption.

Nehmen wir jetzt einmal die indischen Schülerwohnheime, die sind in Anfängen ja schon vor 100 Jahren eingerichtet worden: Ohne die Hilfe der Missionsgesellschaften wäre ihre Arbeit nicht mehr zu finanzieren gewesen. Obwohl sie sich teilweise anderen Aufgabengebieten zugewandt hatten, sind dann Anfragen indischer Kirchen auf die Kindernothilfe zugekommen. Wir wollten uns diesem Hilferuf nicht entziehen.

Müller-Werthmann: Kommen wir nochmals auf die Strukturen zurück. Es gibt wohl in der Tat einen konzeptionellen Unterschied zwischen beiden Organisationen.

terre des hommes: Patenschaftsorganisationen sagen, sie müssen jetzt Hilfe leisten, weil die Kinder jetzt leiden. Auch terre des hommes hilft möglichst, wo es geht, so schnell wie möglich. Wir wollen aber Strukturen ändern. Die Kinder der Kinder, die wir jetzt unterstützen, sollen eines Tages nicht mehr unter Not und Ausbeutung leiden müssen. Aus der Erkenntnis, daß die meisten Fälle von Armut, von Unterdrückung usw. nicht personelles Verschulden sind und damit auch nicht im Einzelfall gelöst werden können, sondern Folge der ungerechten Strukturen, Mechanismen sind, die es zu überwinden gilt. Wir sagen, wenn wir heute Kindern helfen, indem wir beispielsweise der Dorfgemeinschaft ermöglichen, selbst einen Basisgesundheitsdienst zu errichten oder ein Kinderzusatzernährungsprogramm durchzuführen oder eine Fischereikooperative zu machen, die dafür sorgt, daß die Eltern dieser Kinder für ihren Fischfang mehr Geld bekommen und einiges mehr, dann ist das Soforthilfe *und* Strukturhilfe. Sie wollen auch sofort helfen, aber über eine zukünftig breite Basis. Die Einzelfälle in Massen sollen eine Infrastruktur schaffen. Daher müssen Führungskräfte für den sozialen Auftrag der einheimischen Kirchen herangebildet werden. Warum also dann diesen Weg gehen, wo man zunächst ein als ein Gemeinschaftsproblem erkanntes Problem einzeln zu lösen versucht, und Sie wissen selbst, daß es so viele Einzelfälle gibt, daß kein Hilfswerk der Welt diese Einzelhilfe aufgreifen könnte. Auch alle privaten Hilfswerke zusammen könnten das nicht. Diese massenhafte Einzelfallhilfe kann keine wirkliche Massenhilfe werden: Die gesamte Entwicklungshilfe der westlichen Welt beläuft sich im Augenblick etwa auf 35 Milliarden Dollar im Jahr. Dazu gehört aber auch die staatliche Entwicklungshilfe, die private macht ja bestenfalls 10 Prozent dieses Betrags aus. 35 Milliarden Dollar, inklusive der Hilfe für Großprojekte, die laut unserem Entwicklungshilfeminister angelegt ist, um für jede Mark Entwicklungshilfe DM 1,20 Aufträge für die deutsche Industrie zu mobilisieren. Im gleichen Zeitraum bezahlen die Entwicklungsländer an die Industrienationen 100 Milliarden Dollar für gewährte Kredite zurück. Kredite, die zum Teil mit ganz niedrigen, zum Teil aber auch mit bis zu 18 Prozent Zinsen belastet sind. Das heißt: Die Entwicklungsländer sind inzwischen zu Nettozahlern an die Industrienationen geworden. Daran können Sie sehr leicht sehen, daß die eigentliche Entwicklungshilfe und die eigentliche Zusammenarbeit zwischen Erster und Dritter Welt nicht von den Entwicklungshilfeorganisationen und Politikern gemacht wird, sondern von den Wirtschaftspolitikern, Finanzpolitikern oder den Außenpolitikern. Entwicklungshilfe – egal, ob staatlichen oder privaten Ursprungs, hat also nur wenig Einflußmöglichkeiten. Und wenn man diesen kleinen Bereich nun noch aufspaltet, in Einzelfallhilfe und einzelne Kinder ›rauspickt‹ ... Es gibt zur Zeit etwa 150 Millionen Kinder, die arbeiten müssen, es gibt mehr als 70 Millionen Waisenkinder, verlassene Kinder: eine exorbitante Zahl, die weder von der Kindernothilfe noch von terre des hommes oder von irgendeiner anderen Organisation auch nur annähernd betreut werden könnte. Nehmen Sie etwa das Kinderschutzzentrum in Bangkok, wo wir arbeitenden Kindern helfen, sie gegen die schlimmsten Ausbeutungsmechanismen schützen, ihnen Rechtshilfe gewähren, soweit das in Thailand möglich ist, ihnen die Abendschule ermöglichen. Wir können verhindern, daß sie 14 Stunden auf nacktem Steinboden arbeiten müssen, und wir gehen in die Gemeinde im Nord-Osten Thailands, wo die Eltern dieser Kinder sind, die gar nicht wissen, was sie da getan haben, als sie ihre Kinder einem lieben Onkel mitgaben, der ihnen versprach, daß die Kinder in Bangkok viel Geld verdienen würden. Diesen Eltern muß in ihrer Landwirtschaft geholfen werden, und zwar so, daß im ganzen Dorf soviel erwirtschaftet wird, daß die Kinder nicht mehr weggegeben werden müssen. Dieses Kinderschutzzentrum hat inzwischen sechs oder sieben Nachahmerorganisationen, die mit terre des hommes überhaupt nichts zu tun haben. Inzwischen hat sich nämlich die thailändische Mittelschicht dieses Unrechts angenommen und ähnliche Programme aufgezogen. Ich kann mir nicht vorstellen, daß eine Einzelpatenschaft ähnlich vorbildhaft wirken könnte. Wir müssen ein Schneeballsystem erzeugen, ich betone, ein Schneeball*system*, keinen Schneeball*effekt*.

Kindernothilfe: Dissens besteht zwischen terre des hommes und Kindernothilfe über das Thema: Wo fängt man an? Stichwort *community development*.

terre des hommes: Wir fangen bei konkreter Hilfe für die Kinder eines Dorfes an, für die wir dann beispielsweise einen Gesundheitsdienst aufbauen, der aber gleichzeitig bereits so angelegt ist, daß die Menschen, die das organisieren, Strukturen erkennen. Es ist nicht so, daß wir sagen würden, wir fangen mit der Strukturhilfe an und später kommt dann das Kind dazu. Keineswegs. Einer unserer Kritikpunkte gegenüber der Patenschaftsorganisation ist, daß die sagen, jetzt helfen wir erst mal einem Kind und hoffen, daß wir dann später, wenn dieses Kind sozusagen als Multiplikator wirken kann, es dann schon an die Behebung der Strukturen herangeht.

Müller-Werthmann: Bei dem Begriff Strukturen müssen wir noch einen Moment bleiben. Es gibt den Vorwurf, daß Patenschaftsorganisationen Strukturen in einem Land etablieren. Nehmen wir das Stichwort »Heime«. Kritiker sagen, die Entwicklung vernachlässige die Interessen der örtlichen Gemeinde.

Kindernothilfe: Das stimmt einfach nicht! Denn die Kindernothilfe hat ja nicht die Schülerwohnheime entwickelt als ein Konzept, das hier aus dem Westen kommt, und gesagt, also das müßt ihr machen, so müßt ihr den Kindern helfen. Wir sind ja in allen Fällen nur dort eingeschritten, wo die Kirchen oder andere Partner vor Ort Hilfe gesucht haben. Es gibt heute über 190 Kindertagesstätten in Süd-Indien, etwa 30 Kindertagesstätten in Nord-Indien.

Müller-Werthmann: Schildern Sie die doch mal, wie diese Motivation gerade auf dem Hintergrund ja auch Ihrer Werbung für Patenschaften, sprich: Einzelhilfe, aussieht. Wenn Sie der Meinung sind, daß im Endergebnis in der Wirkung von der Absicht her zwischen beiden Organisationen so ein großer Dissens gar nicht besteht, in der Absicht, Entwicklungsaufbau zu leisten. Nun gibt es aber gerade bei dem Stichwort Motivation Differenzen.

terre des hommes: Ein Auftrag von terre des hommes ist auch, die Erkenntnis hierzulande zu vermitteln, daß sich in der Dritten Welt mittel- und langfristig nichts wirklich entscheidend verbessern wird, wenn nicht auch hierzulande umgedacht wird. Umgedacht in Richtung ungerechte Weltwirtschaftsstruktur...

Müller-Werthmann: Das ist jetzt ein Ball wieder für die Kindernothilfe.

Kindernothilfe: Das ist eine Thematik, die wir in allen unseren Treffen haben, die in aller Deutlichkeit vermittelt wird, unseren Pateneltern gegenüber.

terre des hommes: Und natürlich in keinem einzigen Brief von Kindern an die Pateneltern auch nur angesprochen wird. Und genau das ist ja eigentlich...

Kindernothilfe: Woher wollen Sie denn das wissen?! Es werden in der Tat... da haben wir einen ganzen Tisch voll von Schilderungen politischer Verhältnisse in dem jeweiligen Land von unseren Partnern zu uns herüber gebracht und diese Berichte dieser Einrichtungen sind voll von politischer Anklage, etwa gegen die jeweiligen Regimes.

terre des hommes: Also, wenn ich Ihre Zeitschriften der letzten Monate lese, finde ich überhaupt keinen Hinweis darauf, wo beispielsweise Textilarbeiter oder Kinder von Textilarbeitern darunter leiden, daß Unternehmen von hier Billig-Lohnland-Bedingungen ausnutzen. Daß wir Import-Export-Verhältnisse haben, die nur drauf aus sind, dort möglichst billige Rohstoffe herzukriegen. Eine ganze Struktur, die mit uns zu tun hat, wird in den Heften hier überhaupt nicht angesprochen.

Kindernothilfe: Warum sollen wir das in den Heften bringen, wenn wir es doch in unseren Veranstaltungen bringen? Schauen Sie mal, wir haben 150 Veranstaltungen aus diesem Hause gehabt, wir haben rund 500, 600 Veranstaltungen überall im Lande gehabt, die nicht aufgrund...

terre des hommes: Mein Problem ist es nicht, ob Sie so etwas auch in Ihren Veranstaltungen ansprechen, ich weiß nicht, warum man nicht Ursachen, die man erkannt hat, in den Berichten an die Spender, an die Paten tatsächlich auch vermittelt, warum es in der Werbung keine Rolle spielt, warum es in den Briefen an die Paten keine Rolle spielt. Warum wird verschwiegen, warum es den Menschen dort schlecht geht? Das ist etwas, was ich nicht verstehen kann, ja nicht verstehen will. Ich kann mich gegen den Verdacht nicht wehren, daß man Angst hat, Pateneltern zu verprellen, wenn man ihnen über dieses arme Kind, über den Mitleidsansatz für das Einzelkind hinaus noch abverlangen würde nachzudenken...

Müller-Werthmann: Könnte sich die Kindernothilfe denn etwa ein Projekt wie eine Tagesheimstätte in Indien vorstellen?

Kindernothilfe: Wir haben doch Projekte! Wir sagen ja grundsätzlich, wir wollen uns doch nicht abkapseln, sondern diese Art von Hilfe, die von hier aus geleistet wird, ist eine unter mehreren Möglichkeiten. Die indischen Kirchen fragen, warum eigentlich in Deutschland diese Kontroverse ausgetragen wird. Die sagen, wir brauchen dieses und das, sowohl als auch, und dieser Dogmenstreit, diese Kontroversen hier, daß nur *community development* zählt, nur Gemeinwesenarbeit zählt, und alles andere taugt nichts, das ist für die da unten unverständlich.

terre des hommes: Unser Heimprogramm, wie es eine Zeitlang lief, hat zum Teil verhindert, daß Basispartner an uns herangetreten sind mit der Bitte, ihre Projekte zu unterstützen, weil sie gesagt haben, in eurem Heimprogramm bildet ihr Mittelstand aus. Wir sind andere Gruppen, wir kommen von der Basis und möchten auch ganz andere Projekte. Wir wollen auch nicht formale Bildung bezahlt bekommen, sondern wenn schon, dann funktionale, anwendbare Bildung. Ich glaube, daß die Arbeit der Partner, die man hat, tatsächlich auch die Arbeit hier sehr stark bestimmen muß.

Kindernothilfe: Sie wollen doch den indischen Kirchen nicht unterstellen, das wollen Sie doch sicherlich nicht sagen, daß die gewissermaßen keine Gemeinwesenarbeit machen. Das tun die doch, nicht wahr.

terres des hommes: Überhaupt nicht...

Kindernothilfe: Wir brauchen die Gemeinwesenarbeit. Dafür haben wir Partner wie Brot für die Welt, da haben wir Misereor, da haben wir andere Partner, die heute ja alle in dieser Richtung arbeiten. Aber wir wollen auch diese Arbeit an diesen notleidenden Kindern im Schülerwohnheim, in Kindertagesstätten, die ja verbunden ist mit Gemeinwesenarbeit, in *children new life centers*, die Arbeit für behinderte Kinder. Auch das ist uns wichtig.

Müller-Werthmann: Das Problem läßt sich doch auch nicht einfach darauf reduzieren, daß das Pro und Kontra Kinderpatenschaften eine Frage von unterschiedlichen Methoden in der Spendenwerbung ist? Es ist ja nicht nur so, daß Sie sagen, das ist 'ne bestimmte Methode, um halt den notwendigen Topf für unsere auch langfristig orientierte Arbeit zu sichern.

Kindernothilfe: Dahinter steht ein Stück Überzeugung und ein Stück Erfahrung, deshalb hat die Kindernothilfe auch dies Patenschaftsprogramm entwickelt und gibt es auch weiter.

terre des hommes: Was ist denn das für eine Partnerschaft zwischen einem Spender hier und einem spendenempfangenden Kind dort? Nämlich der Reiche hier, der helfen kann, und dort empfängt jemand etwas, bedankt sich dafür per Brief, darf möglichst nicht die Adresse des Spenders erfahren, schreibt Dankesbriefe, die dann übersetzt werden müssen und ähnliches mehr. Dieses Gefälle vom Gebenden zum Empfänger, das ist doch keine Partnerschaft. Dem Partner, der von seinem Überfluß etwas abgibt, müssen die Strukturen erläutert werden, die dazu geführt haben, daß er eigentlich Nehmender ist, daß sein Lebensstandard auf Kosten genau derer geht, denen er jetzt großzügig etwas abgibt.

Kindernothilfe: Patenschaften haben unter anderem den Effekt, daß Menschen in konkreter Not geholfen wird. Aber sie haben auch zweitens den Effekt, daß mit solchen ehemals über Patenschaften betreuten Menschen die Möglichkeit entsteht, sich zum Beispiel für einen Dorfentwicklungsplan einzusetzen. Dahinter steht nicht ein Konzept, das hier aus Europa kommt, sondern ein Konzept, das vor Ort von ebendiesen Leuten entwickelt wird.

terre des hommes: Kinder gehören einer Gesellschaft und sich selbst, und man muß dafür sorgen, daß die Gesellschaft sie wieder voll integriert, rehabilitiert wenn das nötig ist, und es darf auch nicht suggeriert werden, daß die Kinder auch nur auf irgendeine Weise den Paten gehören.

Kindernothilfe: Also, Patenkinder gehören zunächst einmal ihren Eltern, das ist doch klar, und die Eltern zu unterstützen in ihrem Bemühen, dem Kind eine Zukunft zu geben, ist diakonische Arbeit der jeweiligen Partnerkirchen, und dabei leisten wir Hilfe.

Spenden – außer Kontrolle

In fast allen Fällen, in denen im Zusammenhang mit Betrügereien bei Spendenvereinen Staatsanwälte aktiv waren, sind die Ermittlungen im Sande verlaufen, die Justiz bleibt erfolglos. Daß der Gesetzgeber bis heute kein Interesse daran hat, Abhilfe zu schaffen, legt den Verdacht nahe, dies liege daran, daß die Parteien in der Bundesrepublik Deutschland über Jahre hinaus selbst äußerst fragwürdige Methoden angewendet haben, um über eingetragene gemeinnützige Vereine reichlich Geld zu kassieren.

Die geltenden Gesetze werden ausgeschöpft, könnte man lapidar sagen; um Betrug zu unterbinden, reichen diese Gesetze nicht aus.

Wie bei der gewöhnlichen Betrugskriminalität ist auch die Dunkelziffer bei Fällen von Sammelschwindel sehr hoch. Die Landeskriminalämter erfassen solche Delikte nicht in eigenen Statistiken. Ein wesentlicher rechtsstaatlicher Grundsatz, nämlich das Prinzip des *in dubio pro reo*, erweist sich hier als Dilemma: Nicht die Vereine müssen ihre unangreifbare Seriosität nachweisen, sondern der Staatsanwalt muß beweisen, daß ein Betrug vorliegt. Und wegen Betruges kann nur der bestraft werden, wer »in der Absicht, sich oder einem Dritten einen rechtswidrigen Vermögensvorteil zu verschaffen, das Vermögen eines anderen dadurch beschädigt, daß er durch Vorspiegelung falscher oder durch Entstellung oder Unterdrückung wahrer Tatsachen einen Irrtum erregt oder unterhält«. So der komplizierte Text des Gesetzes, § 263, Abs. 1 StGB. Was auf den zweiten Blick oder auch nach mehrmaliger Lektüre dieser Bestimmung dem Laien nur schwer auffällt, ist die juristische Feinheit des Gesetzes. Wesentliches Merkmal für die Tat »Betrug« ist die Täuschung. Getäuscht werden kann nach geltendem Recht aber nur über Tatsachen. Hier offenbart sich das Problem: denn wer Absichten und Erwartungen äußert, schafft damit noch keine Tatsachen. Konkret bedeutet dies für die Beweisbarkeit von Spendenbetrug: Wer in Bittbriefen oder bei anderen Sammelaktionen die Absicht äußert, mit gespendetem Geld etwa in Westafrika Brunnen zu bohren oder ein Krankenhaus zu bauen, die Mittel aber nicht entsprechend einsetzt, der kann wegen Betruges nur dann bestraft werden, wenn ihm nachgewiesen werden kann, daß er nie die Absicht verfolgt hat, sein angekündigtes Projekt zu verwirklichen. Kann man dem Spendensammler aber nicht widerlegen, daß er den guten Willen hatte, aber an widrigen Umständen, zum Beispiel in Westafrika gescheitert ist, muß jeder Staatsanwalt kapitulieren. So kann sich auch ein unseriöser Spendenjäger der Strafverfolgung entziehen. Für die Justiz ist es zudem unmöglich, eine große Anzahl von Spendern überhaupt zu erfassen, geschweige denn als mögliche Opfer zu befragen und als Kläger zu gewinnen.

Auch die Sammelgesetze der Bundesländer erlauben kaum noch einen Zugriff gegen Betrüger. Die Vorschriften sind zum Teil Jahrzehnte alt. Die Entwicklung des modernen Spenden-Marketings und die Kniffe der Manager waren flexibler und flotter als der träge Apparat der Gesetzgebung. Daß die Gesetze in der Bundesrepublik weitgehend liberal formuliert sind, hat seinen Grund in der zentralistischen und politisch manipulierten Organisation der Wohlfahrt während der Nazi-Herrschaft im Dritten Reich. Das »Reichssammlungsgesetz« hat jede Sammlung grundsätzlich verboten, es sei denn zugunsten der Mitglieder in der »Reichsgemeinschaft der Freien Wohlfahrtspflege« oder anderer, der »NS-Volkswohlfahrt« dienstbaren Vereine.

Dieses Reichssammlungsgesetz galt interessanterweise in fast allen Bundesländern, mit Ausnahme von Bayern und Nordrhein-Westfalen, mit nur geringen Einschränkungen weiter bis zum Jahr 1966. Erst dann nämlich hat das Bundesverfassungsgericht dieses Gesetz für nichtig erklärt. Eine gesetzliche Ordnung des Sammlungswesens war nach Auffassung des höchsten deutschen Gerichts unter anderem dann zulässig, wenn die Vorschriften zur Wahrung der öffentlichen Sicherheit und Ordnung dienen. Und so war für die Gesetzgebung der Länder übereinstimmend die staatliche Kontrolle der öffentlichen Sicherheit und Ordnung maßgeblich für die Einzelbestimmungen in den Paragraphen.

Als Lehre aus dem Dritten Reich kann die Erkenntnis gelten, daß durch Verordnungen keinesfalls die Bereitschaft der Bürger zu spenden in eine bestimmte Richtung gelenkt werden sollte.

Erlaubnispflichtig sind in der Bundesrepublik und in West-Berlin in der Regel nur Sammlungen mit der Spendenbüchse auf der Straße, in Gaststätten und sogenannte Haussammlungen mit Listen, in die der Spender seinen Namen und den Geldbetrag einträgt.

Diese Methoden aber, die allein der Genehmigung bedürfen, sind mittlerweile völlig veraltet, kaum ein Verein leistet sich noch den »Luxus«, Mitarbeiter und Helfer mit Bittsprüchen von Haus zu Haus ziehen zu lassen. Und wenn dies einfach Tradition ist, wie beim Roten Kreuz zum Beispiel alljährlich im Herbst, muß den meist jugendlichen Sammlern schon eine Beteiligungsprovision von rund 10 Prozent am Umsatz ausgezahlt werden. Für den Gesamtbetrag der Spenden spielt weder die Haus- noch die Straßensammlung noch eine Rolle. Die Profis im Gewerbe halten sich mit solchen Versuchen aus der Mottenkiste des Spendenwesens nicht mehr auf.

Werbung per Massendrucksache, die wohl erfolgreichste Masche, ist nur in West-Berlin genehmigungspflichtig. Im Bundesgebiet ist Direct-Mail erlaubnisfrei, und das wird, wie wir gesehen haben, weidlich ausgenutzt. In Berlin scheuen die so werbenden Vereine bisher weitgehend selbst die Versuche, sich eine Genehmigung zu besorgen. Eine interne Statistik der Christoffel-Blindenmission, in der eine regionale Zuordnung der Spender nach Postleitzahlen erfolgt, beweist die Wirkung. Nur 2 Prozent der Christoffel-Förderer sind in Berlin zu finden, aber fast 20 Prozent in Baden-Württemberg und in Hessen.

Es ist also auch aus diesem Grund selbstverständlich, daß sich der Markt mit seiner Werbung auf die Bereiche konzentriert, in denen ein »öffentlicher« Einblick oder gar eine Kontrolle nicht möglich ist. Ebensowenig wie Spendenbriefe ist die Werbung von Mitgliedern für einen wie auch immer gemeinnützigen Verein von einer vorherigen Genehmigung abhängig. Selbst wenn kommerzielle Werbeagenturen mit hohen Provisionsanteilen an diesem Geschäft beteiligt sind und bis zu 70 Prozent des ersten Jahresbeitrags kassieren, unterliegen Abrechnungen keiner Aufsicht. Inwieweit in diesen Fällen nicht von denen bei diesem

Handel unmittelbar beteiligten Hilfswerken eine Unterstützung von Steuerhinterziehung vorliegt, ist bis heute rechtlich nicht geprüft. Ginge es hier nach dem, was allgemein der gesunde Menschenverstand genannt wird, müßte folgende Rechnung einleuchtend sein:

100 DM jährlich zum Beispiel zahlt ein an der Haustür von einem Vertreter des Deutschen Roten Kreuzes oder des Arbeiter-Samariter-Bundes neu geworbenes Mitglied. 70 DM aber verdient das Werbeunternehmen, das in trauter Geschäftsbeziehung zum gemeinnützigen Unternehmen DRK oder ASB steht. Nur 30 Mark gelangen tatsächlich in die Kassen des Vereins, der damit Mildtätiges bewerkstelligen soll. Die Gesamtsumme von DM 100 aber ist von dem neuen Mitglied wegen der Förderung guter Taten von der Steuer absetzbar.

So bedienen sich eben alle. Die kleinen und die großen Betrüger nehmen sich ein Beispiel an den großen und den kleinen Parteien. Die SPD wickelte Spenden für sich auch schon mal über die sozialdemokratisch geprägte Arbeiterwohlfahrt ab, die CDU kommt ins Gerede, weil sie auf ihre Weise mit kleineren Verbänden des Roten Kreuzes verfilzt ist. Und Flick besorgte sich Steuervorteile und Bestechungsgelder für die Repräsentanten beider großen Parteien über die Geldwaschanlage der gemeinnützigen »Steyler-Mission« in St. Augustin bei Bonn.

In diesem Zusammenhang sei vor weiteren dubiosen Aktionen gewarnt, nämlich vor den »Altkleidersammlungen«. Vorab ein Rat an alle, die ihre alten Kleider mehr oder weniger regelmäßig auf die Straße stellen, weil ein Verein dazu aufgefordert hat, der aus dem Erlös natürlich auch nur gute Dinge für arme Menschen finanziert – angeblich.

Wer nur seine verschlissenen Hosen, Röcke oder Blusen loswerden will, der kann dies auch weiterhin tun, ohne sich die Zettel genauer durchzulesen, auf denen eindrucksvoll der gute Zweck beschrieben steht.

In jedem Fall sind die alten Kleider eine Wohltat für den Unternehmer, der sich hinter dem Aufruf verbirgt. Denn Rohstoffhändler überall in der Bundesrepublik Deutschland machen sich die Embleme angesehener und weniger angesehener Vereine zunutze, indem sie mit diesen Verträge abschließen, die einen minimalen Prozentsatz übriglassen für die gute Tat. 70, 80 oder gar 90 Prozent vereinnahmt der Händler. Früher wurde bewußt gelogen, indem die Bürger in dem Glauben gehalten wurden, daß die Kleiderspenden unmittelbar und direkt an die armen, nackten Schwarzen in Afrika oder an andere Minderbemittelte in den Entwicklungsländern weitergeschickt werden. Heute wird wenigstens zugegeben, daß der Großteil der Kleider verwertet wird und daß es um den Barerlös geht, der pro Tonne gerechnet zwar minimal ist, aber die Masse macht es eben auch bei den Lumpensammlern. Nun gibt es ganz besonders geschäftstüchtige Unternehmer, denen auch der geringe Anteil, den sie quasi als soziale Sondersteuer für lukrativen Umsatz abgeben müssen, immer noch zuviel ist. Diese Sorte Lumpenhändler gründen kurzerhand eigene Vereine und behaupten einfach, nicht Händler, sondern eine Versammlung von Altruisten zu sein.

»Aufruf an kath. und ev. Christen!
Gott schaut auf uns!
Helft denen, die Hilfe brauchen.
FEDERBETTEN- UND ALTKLEIDERSAMMLUNG
zugunsten des Vereins ›Hilfe für Afrika‹
(vom Finanzamt Speyer als gemeinnützig anerkannt.)
Die Sammlung erfolgt am kommenden
DIENSTAG
Gesammelt werden: Bekleidung, Wäsche, Textilien aller Art, Bettwäsche, Pelze, Schuhe, Hüte usw.
Bitte stellen Sie Ihre Spende bis 8.30 Uhr gut sichtbar an den Straßenrand. Befestigen Sie diesen Zettel an Ihrer Spende, damit sie nicht in falsche Hände kommt.
Der Erlös der Sammlung kommt ungekürzt der Arbeit des Vereins ›Hilfe für Afrika‹ zugute. Mit dem Erlös werden Wasserbrunnen gegraben und Hilfsgüter für die hungernde Bevölkerung beschafft.
Bitte unterstützen Sie uns.
Für Wertsachen in Ihrer Spende kann keine Haftung übernommen werden.
Verein ›Hilfe für Afrika‹, Postfach 1971, 6720 Speyer
Spendenkonto: Darmstädter Volksbank e. G.«

Es folgen ordentlich Bankleitzahl und Kontonummer.

Der liebe Gott schaute wohl weniger auf seine katholischen und evangelischen Christen im Lande, sondern vielmehr auf einen Lumpensammler, der ein Lump war und zum Betrüger wurde, weil er wußte, daß die Menschen eher für einen guten Zweck als für ein gewerbliches Unternehmen geben.

Das Postfach in Speyer war auf den Namen Franz Pilja eingetragen, der in Hockenheim ein Gewerbe als Altkleiderhändler angemeldet hat. Nebenbei übrigens betreibt er auch noch eine Tanzschule. Heute soll er mit einem neuen Verein »Jugend- und Altersfürsorge« mit Sitz in Mannheim sein Unwesen treiben.

Die neuen »Inhaber« des Vereins Hilfe für Afrika, Gabriele und Walter Rosmanit aus Butzbach, die gemeinsam die Zeichnungsberechtigung für das Darmstädter Konto haben, sind wiederum gewerbliche Altkleidersammler und können über die Verwendung von Geld für Wasserbrunnen und Hilfsgüter zugunsten der hungernden Bevölkerung in Afrika keine Belege vorweisen.

Der Markt ist außer Kontrolle geraten. Vom international verflochtenen Spendenkonzern, der in großem Stil mit Filialbetrieben in aller Welt krumme Geschäfte macht, bis zum kleinen Lumpensammler, der sich mit seinem eigenen eingetragenen Verein wirtschaftliche Vorteile verschafft – sie alle sind die Nutznießer eines Systems, das jedes, auch den Rahmen der Legalität sprengende Spendenmanöver erlaubt.

Das Vereinsrecht macht es möglich. Und des Deutschen liebstes Hobby scheint der »Verein« zu sein. Immer mehr Deutsche nämlich werden zu Vereinsgründern, und das ist fast so einfach wie das Spenden.

Sieben Personen sind erforderlich, wenn ein Verein gegründet werden soll, der sich dem Guten oder Schönen verpflichtet fühlt. Und eine Idee. Das kann die Kaninchenzucht in der Freizeit sein oder der Schützenclub. Um zusammenzufinden, egal wie oder für was, brauchen die deutschen Bürger einen Verein. Nur so ist zu erklären, daß schätzungsweise 40 000 Vereinigungen bei Amtsgerichten und Finanzämtern gemeldet sind. Mindestens 40 000, manche Schätzungen sprechen auch von 80 000 Vereinen. Täglich werden es mehr.

Ein Verein ist nach deutschem Recht eine Körperschaft und als solche den Steuergesetzen unterstellt. Das allgemeine Vereinsrecht orientiert sich am Bürgerlichen Gesetzbuch und regelt ausschließlich die organisatorisch notwendigen Fragen, wie etwa die Haftungspflicht des Vorstandes, die Beteiligung der Mitgliederversammlung, kurz: die Minimalanforderungen, die an die Satzung eines Vereins gestellt werden, um in die Registratur beim Amtsgericht zu gelangen. Die Paragraphen lassen erkennen, daß die Gesetzgeber von einem demokratisch verfaßten Verein ausgingen, der seine Geschäfte weitgehend selbst kontrolliert, weil – früher jedenfalls – niemand auf den Gedanken kam, daß irgend jemand etwas Ungesetzliches planen könnte, wenn er einen Verein gründet. Der Verein, das war und das ist im vorherrschenden Verständnis nicht nur der Justiz absoluter Konsens, kann nur etwas Ehrenhaftes sein.

Die sieben Personen, die sich als Vereinsgründer betätigen, müssen sich für ihre Satzung ein Ziel setzen, das ihr »Club« verfolgen will. Es soll eine gute Absicht sein, denn eine Vereinsgründung ist nur dann sinnvoll, wenn das als »Körperschaft« angemeldete Unternehmen keine Steuern zahlen muß. In den entsprechenden Steuergesetzen, in der Abgabenordnung, findet sich folgender Satz: »Von der Steuer sind befreit inländische Körperschaften, die nach Satzung und tatsächlicher Geschäftsführung unmittelbar und ausschließlich gemeinnützigen Zwekken dienen.« Die Zauberformel heißt »gemeinnützig«. Und was gemeinnützig ist, wird ebenfalls definiert:

»Ein Verein verfolgt gemeinnützige Zwecke, wenn er die Allgemeinheit auf materiellem, geistigem oder sittlichem Gebiet selbstlos fördert.«

Unverbindlicher und oberflächlicher geht es kaum. Eine äußerst weitgehende Auslegung dieser Bestimmungen ist Alltag, wenn in den Finanzämtern der Republik über die Steuerbefreiung von Vereinen entschieden wird. In der Werbung insbesondere von Spendenvereinen wird ein Satz immer wieder hervorgehoben. Wir sind, heißt es eindrucksvoll, als »gemeinnützig anerkannt«. Und was bei jedem Bürger wie ein staatliches Prädikat wirken muß, ist nichts anderes als der finanztechnische Begriff für die Steuerbefreiung des Vereins und der Beleg dafür, daß Zuwendungen von der Steuer des Spenders abgesetzt werden können. Über die tatsächliche Qualität und die Quantität der Arbeit, die den Spendern versprochen wurde, hat die Bezeichnung »gemeinnützig anerkannt« keinerlei Bedeutung. Ein »Gütezeichen« ist dieser Hinweis nicht. Niemand sollte sich von dieser Formulierung blenden lassen, denn vieles, ja fast alles im deutschen Vereinschaos ist als »gemeinnützig anerkannt«. Das ist der Gesangsverein, wegen Förderung der Kultur, das ist der Kameradschaftsverband der Waffen-SS oder das sind die Vertriebenenorganisationen wegen Förderung des Heimatgedankens. Gemeinnützig ist die Förderung von Wissenschaft und Kunst, die Pflege der Völkerverständigung, was immer das auch sein mag. Gemeinnützig ist der Verein, der sich dem Landschafts- und Denkmalschutz widmet, gemeinnützig ist der Verein, der das öffentliche Gesundheitswesen fördert, ob hier oder in der Dritten Welt. Auch Sportvereine sind gemeinnützig, ebenso wie Aktivitäten in der Jugend- und Altenhilfe. Nicht zuletzt, weil besonders beliebt und beliebig definierbar, ist der Zweck »Förderung der Religion«. Manch ein Scharlatan benutzt sein angebliches religiöses Gewissen für die Steuerbefreiung. Wie auch immer: Ob Religion oder Völkerverständigung, ob Gesundheitsfürsorge oder Kameradschaftsverband – eine Nische für irgendeinen guten Zweck findet sich immer.

»Ausschließlich und unmittelbar« sind die beiden anderen zentralen Begriffe in den Vorschriften für Vereine. So nämlich sollen die Gelder aus Spenden verwendet werden. Das klingt bedingungslos und deutlich, aber allein der Anspruch ist wunderbar, mit der Wirklichkeit hat er nichts zu tun. Denn wer prüft, wer der »Allgemeinheit« »ausschließlich und unmittelbar« zu Diensten ist? Ohne Kontrolle ist die schönste Absicht wirkungslos. All die einleuchtenden Definitionen in den Bestimmungen der Gesetze bleiben in der Konsequenz nicht nachprüfbar, jede Vokabel kann auf die Goldwaage gelegt werden: Wer betrügen will, kann dies ohne Angst vor Strafverfolgung tun, weil der oft beschworene »Arm des Gesetzes« nirgendwo sonst im überlicherweise perfektionierten deutschen Recht so kurz geraten ist wie bei den Paragraphen, die für eingetragene Vereine juristische Gültigkeit haben.

Einer der Hauptgründe für diese unverständliche Tatsache liegt in der Verankerung der Vereinskonstruktion im deutschen Steuerrecht. Deswegen werden mögliche Ermittlungen wegen unseriöser Praktiken auch nicht zuerst unter der kriminalstatistischen Rubrik »Betrug« geführt, sondern mit dem Tatbestand der »Steuerhinterziehung« charakterisiert. Und zum Steuerrecht in einem demokratisch verfaßten Staat gehört das Steuergeheimnis. Steuerhinterziehung – da ist das »Opfer« immer der Fiskus. Das eigentliche Opfer, der Spender nämlich, der moralisch betrogen ist, wird mit den Kategorien der Finanzbeamten nicht erfaßt, und er besitzt keine Rechte. Denn das Steuergeheimnis schützt in diesem Fall die gemeinnützige Körperschaft »Verein«, die, aktenkundig festgelegt, mildtätige Zwecke verfolgt. Die finanziellen Daten dieser Vereine, ob seriös oder unseriös, sind »steuergeheim«. Weder Journalisten noch einzelne Spender erhalten deswegen über Details im Geschäftsgebaren der Vereine Auskunft, obwohl ein öffentliches Interesse an entsprechenden Informationen schon allein deswegen zu belegen ist, weil die meisten der Vereine in den Medien und überregional öffentlich um Unterstützung und Spenden werben. Selbst bei erwünschten Auskünften, ob ein beliebiger Verein gemeinnützig ist oder nicht, schweigen die Beamten und berufen sich auf das Steuergeheimnis. Die Finanzämter also verhindern weitgehend eine öffentliche und unabhängige Kontrolle, zu der sie selbst nicht in der Lage sind. Denn, wie im Fall des Barons Jobst v. Korff-Erckelentz deutlich wurde, gehört es nicht zu den Aufgaben der Finanzbeamten oder der Rechtspfleger in den Amtsgerichten, zum Beispiel auf die Personen zu achten oder sie zu qualifizieren, die hinter einer Vereinsgründung stehen.

Die Bilanzen

Alle Spendenvereine beantworten mögliche Fragen ihrer Förderer und Freunde nach der tatsächlich stattfindenden Kontrolle mit der Existenz von ordentlich erstellten Bilanzen, die wiederum von ordentlich vereidigten Wirtschaftsprüfern geschrieben werden. Viele werben sogar damit, indem sie ein eindrucksvoll wirkendes Siegel der Steuerberatungs- und Wirtschaftsprüfungsgesellschaft in ihren Bittbriefen abdrucken und so Seriosität beweisen wollen. Die Wirtschaftsprüfer handeln, obwohl sie auf die Ehrenhaftigkeit ihres Gewerbes verpflichtet wurden, nicht etwa in einem öffentlichen Auftrag, sondern sie sind selbst private kommerzielle Unternehmen, die gegen gute Bezahlung und im Auftrag des jeweiligen Vereins ihre Arbeit aufnehmen. In den »Allgemeinen Auftragsbedingungen für Wirtschaftsprüfer und Wirtschaftsprüfungsgesellschaften«, die jeder Vereinsbilanz beigefügt sind, ist die Beschränkung der Prüfung festgeschrieben:

»Die Ausführung eines Auftrages umfaßt nur dann Prüfungshandlungen, die auf die Aufdeckung von Buchfälschungen und sonstigen Unregelmäßigkeiten gerichtet sind, wenn dies ausdrücklich schriftlich vereinbart ist.«

Geprüft wird nicht die sachliche Notwendigkeit entsprechend den Bestimmungen der Satzung für einzelne Ausgaben. Die Wirtschaftsprüfungsgesellschaften vergleichen lediglich Einnahmen- und Ausgabenbelege und bestätigen, daß die Rechnungslegung und Buchhaltung formal ordnungsgemäß geschehen ist. Es ist heute gängige Praxis, daß die Wirtschaftsprüfer in den Bilanzen für gemeinnützige Vereine ausdrücklich und schriftlich anmerken, daß der Prüfungsauftrag sich nicht auf die Prüfung der ordnungsgemäßen Verwendung der Gelder in den Empfängerländern erstreckt hat.

Wenn also ein Verein sich auf die Kontrolle einer Wirtschaftsprüfungsgesellschaft beruft, so ist diese Behauptung nicht sehr viel wert, wenn damit belegt werden soll, daß alles in der Organisation korrekt läuft. Und nicht jeder Verein hat Mittel und Möglichkeiten, sich eine eigene Prüfungsgesellschaft zu halten. Bei der Caritas in Freiburg prüft die »Solidaris GmbH«. Mitinhaber über eine Steuerprüfungsgesellschaft ist die Caritas.

Die so erstellten Bilanzen, die keine sachliche und inhaltliche Kontrolle beweisen, sind aber die wichtigste und wesentliche Unterlage für das zuständige Finanzamt, das alle drei Jahre den Verein überprüfen *soll.* Egal ob mehr oder weniger geschickt: Nur mit den so erstellten Bilanzen wird die »tatsächliche Geschäftsführung« von den Behörden im Auge behalten. Kein Wirtschaftsprüfer aber kann, ebensowenig übrigens wie die Finanzbeamten, die wirkliche satzungsgemäße Verwendung der Spendengelder nachprüfen, vor allem dann nicht, wenn der Verein vorgibt, in Entwicklungsländern soziale und mildtätige Arbeit zu leisten. Belege für die Buchungsakten der Verwaltung in der Heimat sind schnell besorgt. Es reicht auch schon die

Quittung einer Überweisung ins Ausland, denn wie soll außerhalb der Landesgrenze der Geldfluß kontrolliert werden, und wie zum Beispiel kann ausgeschlossen werden, daß Spenden auf Umwegen wieder in die Bundesrepublik Deutschland zurücküberwiesen werden auf ein Konto, das der Privatperson beziehungsweise den Menschen gehört, die die Spenden für sich zu ihrem gemeinen Nutzen verwenden? Wer will, kann betrügen, der Markt der offenen Herzen funktioniert blendend in einem freien internationalen Geldverkehr. Und kein Finanzbeamter oder Staatsanwalt reist hinter Schecks und Überweisungen her.

Warum aber gerade die großen Wohlfahrtsverbände mit all ihrer Macht dazu beitragen, daß das Kapitel »Finanzierung und Bilanzierung« für den Normalverbraucher undurchsichtig bleibt, erklärt sich erst bei einem genaueren Blick in das System. Der Sozialstaat Bundesrepublik Deutschland bedient sich der sogenannten »freien« Träger der Wohlfahrtspflege zur Abwicklung der sozialen Aufgaben. Caritas, Deutsches Rotes Kreuz, Diakonisches Werk oder auch die Arbeiterwohlfahrt haben einen Anspruch darauf, all die von ihnen erbrachten Leistungen, die unter anderem im Bundessozialhilfegesetz als Aufgaben staatlicher Wohlfahrt definiert sind, abzurechnen, zu berechnen, sich bezahlen zu lassen. Die organisierte Wohlfahrt im sozialen Rechtsstaat ist heute zu einem Dienstleistungsunternehmen geworden, in dem mehr Menschen hauptamtlich arbeiten als die Bundeswehr Soldaten hat. Es sind über 600 000 Angestellte in über 60 000 Einrichtungen, vom Kinder- bis zum Altenheim, vom Krankenhaus bis zur Pflegeanstalt.

Daß sich die Geschäftsgrundlage für die Wohlfahrt gravierend geändert hat, daß Almosen im Selbstverständnis des Sozialstaates keinen Platz mehr haben, weil es einen Anspruch auf Hilfe gibt, dies alles trauen die Verbände sich offensichtlich nur schwer zu, in der Öffentlichkeit darzustellen. Denn in beispielhafter Weise verstehen sie es, staatliche Subventionen in stattlicher Höhe mit privaten Spenden zu vermischen. Sie täuschen die Notwendigkeit von Spenden und regelmäßigen Mitgliedsbeiträgen vor, sie behaupten, daß sie für ihre Wohltätigkeit im eigenen Land dieses Geld aus den Privatschatullen der Bürger brauchen. Es fehlt bis heute an einer breiten öffentlichen Aufklärung, daß Wohlfahrt, von der Hilfe für Behinderte bis zur Fürsorge für

Alte und Jugendliche, von der Betreuung Obdachloser bis zur Arbeit mit verhaltensgestörten Kindern, aus den Sozialetats von Bund, Ländern und Gemeinden finanziert wird, auch zum Wohle und der Vermögensmehrung der Wohlfahrtsriesen. Würde dieses Tabu gebrochen und würden die Bilanzen gründlich öffentlich gemacht, wäre rasch belegt, daß sich die Politik dieser Verbände ausschließlich an den Interessen der Geldgeber und nicht an den objektiven Interessen der Betroffenen, nämlich der Armen und der Schwachen orientiert. Längst schon sind sie nicht mehr »freie« Träger, sondern abhängige Instanzen und Kostgänger der Sozialbürokratie.

Aber es ist nicht nur das Problem der zunehmenden Verwaltung und Planung der Wohlfahrt von oben nach unten, es ist nicht nur die problematische Ausrichtung aller sozialen Arbeit an den Kategorien der Finanzierung und Kalkulation, die nachdenklich stimmen muß. Die Inhalte und die Bedürfnisse der gestellten Aufgabe sind allmählich verlorengegangen, sie haben sich in Konzeptionen für Sozialarbeit erschöpft, die längst als überholt gelten müssen. So kann es zum Beispiel in der Zukunft nur noch wenig Sinn machen, immer mehr und immer größere Alten- und Pflegeheime zu bauen, um auf diese Weise die Senioren zu verwalten. Inhaltliche Alternativen sind auch in der Kinder- und Jugendfürsorge gefragt, nicht mehr die Probleme der Unterbringung und der Gestaltung äußerlichen Komforts sind aktuell. Die Wohlfahrt als reine und perfekt gemachte und planbar gewordene Service-Station hat ausgedient. Finanziell haben die Verbände keinen Konkurs zu befürchten, konzeptionell und inhaltlich hätten sie schon längst den Konkurs anmelden müssen. Eine Ausnahme in dieser perfekt verwalteten Wohlfahrts-Maschinerie ist der Deutsche Paritätische Wohlfahrtsverband. Als Dachorganisation für bundesweit rund 4000 Vereine wird er mehr und mehr zu einer Lobby für kleinere Initiativen, die in der Region am ehesten »basisnah« arbeiten und den Sinn sozialer Arbeit noch nicht ganz aus ihrem Alltag verdrängt haben. Auch wenn der Deutsche Paritätische Wohlfahrtsverband angesichts mancher Tendenz und Entwicklung noch verschreckt zu reagieren scheint und manchmal fassungslos vor der Zahl immer neuer Selbsthilfegruppen steht, sind seine Funktionäre wohl bereit, sich dem Problem wenigstens zu stellen.

Der DPWV sammelt selbst keine Spenden, sondern versucht im harten Verteilungskampf der Großen untereinander, für die Kleineren unter seinem Dach das bestmögliche herauszuholen. Und es gibt viel zu verteilen. Denn die Wohlfahrtsverbände haben es verstanden, sich ein Netz von »Filial-Vereinen« aufzubauen, die viele hundert Millionen Mark einnehmen und wiederum ausgeben, im wesentlichen an die großen Wohlfahrtsverbände. Warum über diese Konstruktionen mehr geschwiegen als öffentlich geredet wird, ist unverständlich, weil die praktische Arbeit nicht versteckt werden muß.

So ist die »Aktion Sorgenkind, Deutsche Behindertenhilfe« nichts anderes als das Kind von Deutschem Rotem Kreuz, Arbeiterwohlfahrt, Caritas, Diakonischem Werk, Deutschem Paritätischem Wohlfahrtsverband und der Zentralen Wohlfahrtsstelle der Juden – und dem Zweiten Deutschen Fernsehen. Sie alle sind Mitglieder, das sind genau sieben, wie es die Vorschriften verlangen. Der Geschäftsführer der Bundesarbeitsgemeinschaft der Freien Wohlfahrtspflege ist zugleich der Chef der Aktion Sorgenkind.

In die Bücher läßt sich Herr Thiel nicht gern schauen, er meint, daß die monatlich über den Bildschirm ausgestrahlten Zahlen seiner »Bilanz der Hilfe« im Großen-Preis-Quiz von Wim Thoelke ausreichend sind, um Vertrauen bei den Spendern zu sichern.

Nur hinter die Kulissen der Aktion Sorgenkind darf keiner schauen, kein unabhängiger Beobachter darf dabei sein, wenn es um die Aufteilung der Millionen geht, und es sind jährlich annähernd 150 Millionen Mark.

Lotterien wie das ZDF-Unternehmen Aktion Sorgenkind sind eine beliebte Beschaffungsquelle. Sie haben ihre eigenen Gesetze, weil hier Glücksspiel und die Hoffnung auf großen Gewinn verbunden wird mit dem Gefühl, in jedem Fall etwas Gutes zu tun, auch wenn der Spieler eine Niete zieht.

Was dem ZDF sein »Sorgenkind« ist der ARD »Ein Platz an der Sonne« wert, das Lotteriespiel zugunsten des Deutschen Hilfswerks, das jährlich zwischen 36 Millionen und 38 Millionen Mark einbringt. Noch einmal 16 Millionen Mark für die großen Verbände kommen aus dem Reinerlös der »Glücksspirale«, der zweiten ARD-Lotterie zusammen.

Die Wohlfahrtsbank

»Seit 17 Jahren sind Sie der erste Journalist, der dieses Haus betritt.« Mit einem solchen Privileg ausgestattet, lasse ich mich in der Kölner Wörthstraße in gediegene lederne Polster zum Gespräch mit den leitenden Herren nieder. Erst drinnen spüre ich, daß ich mich in einer Bank befinde. Die Fassade des zehnstöckigen Verwaltungs- und Geschäftsgebäudes der Bank für Sozialwirtschaft läßt auf den ersten Blick keinen Hinweis auf den Bankbetrieb erkennen. Nichts lockt Kunden an, keine Versprechen für günstige Zinsen und Darlehen, keine Werbesprüche oder Aufkleber auf den Fenstern machen, wie sonst üblich, auf rege Geldgeschäfte aufmerksam. Die Glasscheiben sind getönt, erlauben keinen Einblick, und so soll es ja auch sein. Warum wird das Unternehmen wie eine geheime Kommandoaktion geführt, warum sind Kunden bei einer Bank nicht willkommen, warum wird allein die Existenz dieser »Sparkasse« in der breiten Öffentlichkeit verschwiegen? Wenn das bekannt würde und jeder Bürger wüßte, daß es »so etwas gibt«, wäre doch das Image der Wohlfahrt alleine deswegen in Gefahr, weil Banken grundsätzlich einen schlechten Ruf hätten, Profit und andere unanständige Sachen machten, erklärt einer der Prokuristen mit angestrengtem Humor.

Eine Bank, die Gewinne erwirtschaftet, und die organisierte Wohlfahrt, die sich das Image der »Arme-Leute-Helfer« zugelegt hat: das paßt in der Tat nicht zusammen. Denn noch immer gilt als oberstes Prinzip jedes gemeinnützigen Vereins, das verbindlich vorgeschrieben ist: Gewinne dürfen nicht gemacht werden. Eine Bank darf das immer, und die Bank für Sozialwirtschaft gehört niemand anderem als der »armen Wohlfahrt«, die sich gern als Versammlung von darbenden Kirchenmäusen am Bettelstab präsentiert. Beteiligt sind:
– das Deutsche Rote Kreuz
– der Deutsche Caritas-Verband
– die Arbeiterwohlfahrt
– der Deutsche Paritätische Wohlfahrtsverband
– das Diakonische Werk
– die Zentralwohlfahrtsstelle der Juden in Deutschland.

Im Jahr 1969 verwaltete die Bank Kundeneinlagen in Höhe von

66 Millionen Mark. 1984 wurden annähernd 600 Millionen Mark gezählt – Kunden sind in diesem Fall die Anteilseigner der Bank und die Vielzahl der den großen Verbänden angeschlossenen selbständigen Vereine. Woher kommt das Geld? Je mehr Geld eingelegt und bewirtschaftet wird, um so höher springt die Bilanzsumme des Unternehmens »Bank für Sozialwirtschaft«. Bei etwas mehr als einer Milliarde Mark liegt sie heute. Das ist etwa soviel wie bei einer kleinen Kreissparkasse. Bescheiden für eine »normale« Bank mag das sein, großartig aber für ein so exklusives Unternehmen mit erlauchtem Kundenkreis. Und mit wachsenden Bilanzsummen steigen die Gewinne, die hier bescheiden »Erfolgsbeteiligungen« genannt werden. Zwei Millionen betrugen sie etwa im Jahr 1982.

Ich kann an solchen Zahlen nichts Fragwürdiges oder gar Problematisches entdecken. Anders als ihre Besitzer schreibt die Bank ordentliche Bilanzen und Geschäftsberichte und veröffentlicht sie auch – wenn sie gefragt wird –, weil sie veröffentlichen muß. Aber sie wird nicht häufig gefragt, weil niemand etwas von dieser Bank weiß und wohl auch nicht wissen soll.

Es ist doch nichts Bedenkliches daran, denke ich, wenn sich Wohlfahrtseinrichtungen einer eigenen Bank bedienen, die im Interesse der guten Sache günstige Konditionen vermittelt und den Verbänden eine Unabhängigkeit und stabile Existenz garantiert. Schlimm, sagen mir die Bankmanager, sei dies auch nicht. Schlimm sei eben nur, wenn allzu viele Details bekannt und diskutiert würden, weil das Image der Wohlfahrt... Mit dem jüngsten Geschäftsbericht und der Jubiläumsschrift zum 60. Geburtstag der Bank werde ich freundlich verabschiedet. Verblüfft bin ich erst, als ich die Papiere lese.

Das »große Geld« nämlich, die riesigen Spendensummen werden nicht von der vereinseigenen Bank verwaltet. Die anderen, die großen Publikumsbanken bieten den Organisationen bessere Zinsen auf Anlagen und Festgelder. Und dennoch bleibt die Bilanz der Bank für Sozialwirtschaft eindrucksvoll. Ihr Wirtschaftsergebnis ist fast ausschließlich das Resultat eines Systems der Wohlfahrts-Finanzierung, das im verborgenen bleiben muß, wenn nicht die Spendenbereitschaft der Bürger negativ beeinflußt werden soll. Allein an Zinsen und Erträgen aus festverzinslichen Wertpapieren weist die Bank für Sozialwirtschaft 1983

Gewinne in Höhe von 54 Millionen Mark aus, am Ende der Bilanz steht ein Zinsüberschuß von 21 Millionen Mark. Wie sollen die Verbände angesichts solcher Zahlen noch vernünftig klarmachen, daß sie dringend Spenden brauchen für ihre Arbeit? Verständlich wird allerdings, warum diese Vereine ihre kompletten und ausführlichen Bilanzen, mit einem Einblick in sämtliche wirtschaftlichen Nebenunternehmen nicht veröffentlichen. Fragwürdig und problematisch ist nicht die Tatsache, daß eine Bank für Sozialwirtschaft im Besitz der großen Wohlfahrtsverbände existiert. Fragwürdig bleibt, daß alle gemeinnützigen Vereine, die großen und die kleinen, über ihre Vermögensverhältnisse schweigen dürfen. Eine grundsätzliche und allgemein gültige *Veröffentlichungspflicht* wäre im Interesse einer wünschenswerten größeren Transparenz dringend notwendig.

Rücklagen und Vermögen

Auf weit über eine Milliarde Mark wird allein das Immobilienvermögen der großen Wohlfahrtsverbände geschätzt. Diese Summe allein aber soll und kann nicht erschrecken. Immobilien, das heißt in diesem Fall Krankenhäuser, Altenheime, Kindertagesstätten und viele andere Einrichtungen, in denen Tag für Tag wertvolle Arbeit geleistet wird, die allerdings – und das muß hier wiederholt werden – finanziert wird aus staatlichen Zuschüssen oder auch Eigenleistungen der Betroffenen.

Erstaunlich ist vielmehr die Summe des in Festgeldern und Wertpapieren angelegten, kurz- und mittelfristig abrufbaren Barvermögens. Alle wichtigen spendensammelnden Vereine in der Bundesrepublik schieben auf diese Weise einen Vermögensberg von zusammengerechnet mindestens 700 bis 800 Millionen Mark vor sich her. Diese Zahl ist eher untertrieben, errechnet auf der Basis meiner Umfragen und der Informationen von professionellen Wirtschaftsauskunfteien.

Weil gemeinnützige Vereine keine »Gewinne« machen dürfen, sondern die ihnen zur Verfügung stehenden Mittel »unmittelbar und ausschließlich« dem zugedachten Zweck zuführen müssen, nennen sie alle übereinstimmend ihr angesammeltes Barvermögen »Rücklagen«. Sie behaupten, daß die angelegten Gelder langfristig für die mildtätige Arbeit verplant sind. Nachprüfbar ist dies in aller Regel nicht.

Es ist keine Frage, daß insbesondere die Hilfswerke, die sich einer langfristigen, wenig spektakulären, dafür aber gründlichen Projektarbeit, zum Beispiel in der Dritten Welt, verpflichtet haben, Rücklagen benötigen, um solide ihre Verpflichtungen gegenüber ihrem Partner in den Empfängerländern einzuhalten. Die seriösen Organisationen legen ihre Planungen in diese Richtung mit allen Zahlen und Daten offen. Die Bildung von Rücklagen kann also durchaus ein Beweis für eine vernünftige Geschäftspolitik der spendensammelnden gemeinnützigen Institution sein und ist nicht zwangsläufig als verwerflich zu qualifizieren. Rücklagen aber müssen eindeutig und unzweifelhaft für die tatsächlichen Aufgaben des Vereins aufgewendet werden und nicht für die Aufrechterhaltung des Verwaltungsbetriebes für den Fall, daß die Spendeneinnahmen irgendwann einmal zurückgehen. Rücklagen dürfen auch nicht gehortet werden, nur weil der mit geschickter Werbung erfolgreiche Verein keine Vorstellung davon hat, wie das so zusammengetragene Geld sachgerecht wieder ausgegeben werden kann. Und es gibt viele Organisationen dieser Art, die zwar viel von »Marketing«, »fund raising« und Spendenmaximierung verstehen, aber kaum eine Ahnung, geschweige denn fähiges Personal und glaubwürdige Partner haben, um als wahrhaftige Treuhänder der Spender zu fungieren.

Der »Tag für Afrika« im Januar 1985 ist vor diesem Hintergrund ein typisches Beispiel für Verwirrung und Widersprüche, die allein von den Hilfswerken zu verantworten sind – und von den Journalisten, die die Probleme des Hungers nur noch zu Schlagzeilen verkürzen.

Die Bundesbürger haben binnen weniger Tage 130 Millionen Mark gespendet, weil ihnen vermittelt wurde, daß sie »heute«, am »Tag für Afrika«, helfen müssen, damit »morgen« weniger Menschen in Afrika sterben. Daß die Organisationen nicht einen Moment daran gedacht haben, diese Millionen sofort und hektisch nach dem Gießkannenprinzip über Afrika zu verteilen, spricht nur für die Vereine, die zum Spenden aufgerufen hatten. Warum dann aber ein solcher Rummel veranstaltet wurde, der den genau gegenteiligen Eindruck vermittelte, ist nur damit zu erklären, daß den Spendern wenig Vernunft und Einsicht in die tatsächlichen Notwendigkeiten zugetraut wird.

Hunger gehört seit Jahrzehnten zum traurigen Alltag in Afrika. Hungersnot herrscht nicht erst dann, wenn ein Fernsehteam grausame Bilder einfängt und in die Wohnzimmer bringt. Die 130-Millionen-Mark-Spende war ganz sicher nicht vergebens, aber eine Frage müssen sich die Hilfsorganisationen gefallen lassen: Wenn die Zustände im Januar 1985 in Afrika wirklich so außergewöhnlich katastrophal waren, warum sind dann vor allem die großen, auf Soforthilfe am ehesten eingestellten Verbände wie die Caritas, das Deutsche Rote Kreuz oder das Diakonische Werk nicht an erster Stelle bereit gewesen, sich an ihren eigenen bestehenden, reichlich gefüllten Reserve-Töpfen zu bedienen? Hätte dann nicht die Bevölkerung sorgfältiger und damit langfristig wirksamer informiert werden können über die Not in Afrika und über die Ursachen, die immer und immer wieder zu einem Massensterben führen.

Es wäre bestimmt nicht weniger Geld zusammengekommen. Statt dessen gab es einen marktschreierischen »Konten-Wettlauf«, ein heftiger Streit darüber, welcher Verein seine Konten bundesweit über Fernsehen und Hörfunk verbreiten konnte, ließ bei den Organisationen die »Hungerhilfe« vorläufig in den Hintergrund treten.

Dieses kleine Beispiel macht deutlich, wie weit das öffentlich-humanitäre Gerede und der interne, geschäftstüchtige Alltag bei den »Gemeinnützigen« auseinandergedriftet sind. Es ist nicht nur das schlechte Gewissen der Humanitäter in den Konzernen der Menschlichkeit, daß sie mit dem schlechten Gewissen der Spender Mißbrauch treiben. Die Öffentlichkeit, die immer wieder gebraucht wird, um Spenden zu mobilisieren, soll nichts erfahren und schon gar nicht kritisch hinterfragen, wie und mit welchen Methoden der Markt funktioniert.

Kontrolle und eine unabhängige Überprüfung müssen also vor allem bei den großen Wohlfahrtsverbänden beginnen, denn deren Praktiken sind für manch einen halbseidenen Vertreter des nachgeordneten mildtätigen Gewerbes Vorbild und Ansporn für ein verdecktes Spiel mit gezinkten Karten.

Immer wieder und immer dann, wenn nach den tatsächlichen Kontrollmechanismen gefragt wird, behaupten die Wohlfahrtsvereine genauso oft wie falsch, daß Bundes- und Landesrechnungshöfe Bilanzen und Mittelverwendung überprüfen und schon immer alles für ordnungsgemäß gehalten haben. Das macht Eindruck, ist aber nur eine weitere, kleine Facette im Bereich der falschen Behauptungen und Verwirrspiele, mit denen die Bürger getäuscht werden. Mit privaten Spenden und Zuwendungen und deren sachgemäßem Einsatz, wie er in der Werbung um das Geld der kleinen Leute versprochen wurde, sowie mit einer möglichen Kontrolle haben weder der Bundesrechnungshof noch die Landesrechnungshöfe etwas zu tun. Allenfalls die Mittel, die aus öffentlichen Kassen, aus den Etats der Bundes- und Landesministerien an die Hilfsorganisationen gezahlt werden, können in die Überprüfungsarbeit der staatlichen Kontrolleure einbezogen werden.

Die Verwaltungskosten

Nicht nur der Aufwand, der für die Werbung um Spenden getrieben wird, sondern auch die Kosten für den Verwaltungs- und Büroapparat des sammelnden Vereins sind wichtig für die Beantwortung der Frage, wie effektiv und zu wessen Nutzen die entsprechende Organisation arbeitet. Es ist die Frage nach dem, was übrigbleibt für die Hilfe.

Irgendwann einmal hat sich im Bewußtsein der Spender durchgesetzt, daß mehr als zehn Prozent Ausgaben für die Verwaltungsarbeit unschicklich sind. Dieses Bewußtsein der Spender wurde von der oberflächlichen Propaganda der Vereine geprägt, die bis heute regelmäßig behaupten, daß nur fünf, sechs, sieben oder neun Prozent der Spenden in die Verwaltung fließen. Immer neu wird das Modell variiert: Von jeder Spendenmark, heißt es zum Beispiel, kommen garantiert 95 oder 90 Pfennig beim notleidenden Menschen an, für den gespendet wird. Das wirkt gut und weckt Vertrauen in einen angeblich sparsam und effektiv wirtschaftenden Hilfsbetrieb. Nachprüfbar ist das alles nicht, schon gar nicht für den Spender. Der nämlich bleibt wieder einmal hilflos zurück, er ist einfach darauf angewiesen, zu glauben, was ihm erzählt wird. Alle diese Rechenbeispiele können vom Spender ruhig und ohne schlechtes Gewissen vergessen werden, sie entstammen der Märchenwelt des Spendenwesens. Der Spender muß sich seines Mißtrauens nicht schämen, denn nicht einmal die Vereine selbst wissen genau, wie und auf welcher Grundlage sie die Höhe ihrer Verwaltungskosten berechnen. Das ist beliebig manipulierbar, es gibt keine gültigen Regeln, die festlegen, was reine Verwaltungskosten sind und was nicht. Jeder rechnet so lange hin und her, bis die Zahlen passen und bis die magische Grenze von zehn Prozent nicht allzuweit überschritten ist.

Als Grundsatz könnte zum Beispiel gelten, daß alle Ausgaben, die nicht der Verwirklichung des in der Satzung verankerten Vereinszwecks dienen, Verwaltungskosten sind. Doch den meist nur unverbindlich formulierten Zwecken und guten Absichten der Vereine ist vieles hilfreich, wenn es der Buchhalter so will. Überspitzt und überzogen formuliert: Dient nicht ein aufwendiger Verwaltungsapparat, von der Putzfrau bis zum hochbezahlten Manager am Ende dem Vereinszweck? Sind der Sachbearbeiter und sein Lohn für ein bestimmtes Projekt unter »Verwaltung« oder unter »Zweck« zu verbuchen? Schon bei den Personalkosten also gibt es keine scharf gezogenen Trennungslinien zwischen sachbezogenen und reinen Verwaltungskosten.

Absolute Zahlen und Prozente, die nach dem beschriebenen Muster gern präsentiert werden, sind keinesfalls ein Beleg für Seriosität. Es ist also nicht möglich, dem Verein, der selbst sehr niedrige Verwaltungskosten ausweist, automatisch qualifizierte Arbeit zu bescheinigen, und der Organisation, die möglicherweise aufrichtig höhere Summen nennt, eine Verschwendung von Spendengeld zu unterstellen. Weil es an Richtlinien oder, was besser wäre, an gemeinsamen Regeln für dieses Problem fehlt, ist ein Vergleich der Verwaltungskosten der verschiedenen Vereine nicht möglich, ohne auf jeweils vereinsspezifische Einzelheiten einzugehen. Das wäre unfair. So ist zum Beispiel die Arbeit von amnesty international in keiner Weise vergleichbar mit dem Deutschen Aussätzigenhilfswerk oder mit der Deutschen Krebshilfe. Der Alltag bei amnesty ist äußerst personal- und damit kostenintensiv, denn mit ehrenamtlichen Feierabend-Idealisten ist die Aufgabe dieses Vereins, politischen Gefangenen in aller Welt zu helfen, nicht zu leisten. Politisch Verfolgten Beistand und Unterstützung zu gewähren, ist aber Satzungsaufgabe. Würden nun sämtliche Ausgaben, die in der Verwaltung für Personal, internationale Kontakte, für Fernschreiben und Telefon anfallen, als Verwaltungskosten berechnet, dann wäre schnell ein Anteil von mehr als 65 Prozent erreicht. Im Fall von amnesty international ist dies unproblematisch, weil die Spender wissen, daß ihr Geld dafür eingesetzt wird. Das bedeutet, daß die ehrliche Information und der genaue Kenntnisstand der Menschen, die Geld geben sollen, eine wichtige Grundlage für das Vertrauen ist.

In anderen Fällen aber wird zum Beispiel der sehr großzügige Werbeaufwand ebenfalls in die projektbezogenen Sachausgaben eingerechnet, weil in der Satzung als Zweck des gemeinnützigen Vereins auch die Werbung um Spenden vorgesehen ist, in der Regel heißt dies dort: »Information über die Not und das Elend in der Welt«. Daß dann häufig aber weniger Sachinformation als vielmehr Spendernötigung betrieben wird, interessiert niemanden. Verbucht wird der millionenschwere Werberummel nicht unter den Verwaltungskosten, sondern unter Ausgaben, die den Satzungszielen entsprechen. Vereine, die sich wirklich um eine ernsthafte und engagierte Aufklärung der Menschen bemühen und es voller Überzeugung zu ihren Aufgaben zählen, schon in der Bundesrepublik mit einer Entwicklungspolitik der Argumente zugunsten eines kritischen Bewußtseins zu beginnen, werden von ihren Kontrahenten oft angegriffen, wenn sie Zahlen nennen. So wird manch eine durchaus seriöse Organisation gezwungen, zu buchungstechnischen Tricks zu greifen, um eine detaillierte Aufschlüsselung der Kosten nach Projekt- und Verwaltungsausgaben zu verschleiern. Nackte Zahlen also, die in den Bilanzen und Abrechnungen festgeschrieben sind, eignen sich, allein und isoliert betrachtet, nicht dazu, Erkenntnisse über die vorhandene oder nicht vorhandene Seriosität und Glaubwürdigkeit eines Vereins zu gewinnen.

Solange es ungestraft möglich ist, daß die Werbekosten zum Beispiel für einen Brief, mit dem um Spenden für Indien geworben wird, als »Projektausgaben« abgerechnet werden, solange ist jede Bilanz, und sei sie von einem noch so angesehenen Wirtschaftsprüfer abgesegnet, nichts weiter als wertlose Makulatur. Nicht nur die Prüfung und die Kenntnis der präzise offengelegten Abrechnungen darf und kann also ausschlaggebend sein für die Bewertung der Zuverlässigkeit einer Hilfsorganisation. Es sind inhaltliche Qualifikationen notwendig, um die Spreu vom Weizen auf dem Spendenmarkt zu trennen. Insbesondere der Charakter der Werbung und die angewendeten Methoden sind ein wichtiges Indiz für die Beurteilung der Seriosität.

Wieviel Kompetenz und Konzeption ist bei der Selbstdarstellung der Vereine erkennbar?

Wie ernst wird der Spender und nicht zuletzt wie ernst und würdevoll wird der Mensch behandelt, dem geholfen werden soll?

Neben der Qualität der Information, die sich dadurch auszeichnet, daß nicht die Spendenmaximierung mit Hilfe purer Mitleidserregung im Vordergrund steht und daß nicht einfach behauptet wird, Hilfe zu leisten, das sei leicht, wenn nur viel Geld gespendet wird, ist die Verwaltungs- und Organisationsstruktur des Vereins ein weiteres äußerst wichtiges Indiz für eine Beurteilung des Vereins. Weil die Spender auch in der Frage der Verwaltungskosten auf ihr Vertrauen in die Ehrlichkeit der Organisation angewiesen sind und von sich aus die Informationen über Summen und Prozente nicht nachprüfen können, muß die interne Struktur des Vereins so demokratisch gestaltet sein, daß schon aus diesem Grund möglicher Mißwirtschaft weitgehend vorgebeugt wird. Eine gute Chance, wenn auch keine Garantie dafür besteht bei den Organisationen, die sich strikt an die Trennung von Vorstand und Geschäftsführung halten: Hauptamtliches, also besoldet arbeitendes Personal, das unmittelbar mit den Spenden zu wirtschaften hat, sollte nicht gleichzeitig Vorstandsfunktionen erfüllen, weil die Verknüpfung von Positionen möglichem Mißbrauch Vorschub leistet.

Es ist der Vorstand, der im Sinne des Bürgerlichen Gesetzbuchs für den Verein haftbar gemacht werden kann, der also ein Interesse an einer sauberen Geschäftsführung haben sollte. Zur Kontrolle in einem Verein gehört aber nicht zuletzt eine funktionierende Mitgliederversammlung, die ihrerseits den Vorstand wählt und im Auge behält und auch das Recht hat, ihm das Mißtrauen auszusprechen. Das alles ist sicher eine Idealform demokratischer Strukturen, die bei einem mit Millionenumsatz arbeitenden gemeinnützigen Unternehmen schwer durchzuhalten ist, weil die Kluft zwischen professionellem Management und einer Vielzahl von nur gutmeinenden Laien in der Mitgliedschaft kaum zu überbrücken ist. Wachsame und vor allem engagierte Mitglieder, die unmittelbaren Anteil an der Vereinsarbeit nehmen und mitbestimmen können, stellen nach wie vor die beste Voraussetzung für das Vertrauen der Spender dar. Genügend Beispiele belegen, daß dies funktioniert. Terre des hommes ist eine solche Organisation, die regional quer durch das Bundesgebiet mit Arbeitsgruppen verbunden ist, die nicht nur dafür da sind, Spenden zu sammeln, sondern die durch persönliches Engagement miteinander in der betreffenden Stadt oder Gemeinde Kontakte herstellen und mithelfen, die tatsächlich geleistete Arbeit von terre des hommes in der Dritten Welt den Bürgern zu vermitteln, Aussagen, die in erster Linie zur sachlichen Information der Menschen beitragen. Hier ist das entscheidende Kriterium der kritischen Begleitung vorhanden, und die »Zentrale« von terre des hommes in Osnabrück kann nicht immer machen, was sie will. Der »Weltfriedensdienst« in Berlin oder »medico international« in Frankfurt sind ebenfalls Vereine, die sich auf Mitwirkung und praktizierte Mitbestimmung ihrer Mitglieder verlassen können. Hilfswerke wie diese, die sich als ehrliche »Verwalter« des Geldes ihrer Spender verstehen, beschränken sich nicht darauf, mehr oder weniger gedanken- und konzeptionslos die finanziellen Mittel einfach zu verteilen oder wegzuschicken. Vertrauenswürdige Vereine machen sich Gedanken, wie und wo das Geld sinnvoll eingesetzt wird, und sie planen jeweils mit Partnern zum Beispiel in der Dritten Welt, die ihrerseits vertrauenswürdig und selbst engagiert genug sind, um das bestmögliche im Interesse der Sache durchzusetzen. Sich Gedanken zu machen und Konzeptionen für die Arbeit zu entwickeln verlangt allerdings nicht nur ehrliche, sondern auch fähige und qualifizierte Menschen, die »Hilfe« nicht nur als »Hobby« begreifen und auch nicht nur als Experimentierfeld für professionelles Marketing. Bei allem Verständnis für spontanes und ehrenamtliches Engagement: Der Spendenmarkt und dessen Basis, das Vertrauen der Spender, sind zu wichtig, als daß er Laien und selbsternannten Samaritern überlassen werden könnte. Nebenbei, nach Feierabend und in der Freizeit ist »Hilfe«, die aus Spenden finanziert wird, nicht mehr machbar, sie ist nicht zu managen. Und Management ist notwendig, wenn die Hilfe überlegt und sinnvoll eingesetzt werden soll. Das aber kostet Geld, Spendengeld.

Jeder Spender sollte sich also genau überlegen, ob er allein darauf achtet, wie billig und angeblich sparsam die Verwaltung des Vereins in der Bundesrepublik Deutschland arbeitet. Kontrollieren kann er sowieso nicht, wie viele Pfennige von einer Spendenmark wirklich »ankommen«. Qualifizierte Hilfe ist »teuer«, aber zielgerichteter als wahllose humanitäre Aktionen von Organisationen, die jede beliebige Katastrophe auf der Welt zum Anlaß nehmen, einen Spendenaufruf zu veröffentlichen und die dann eher desorganisiert und ohne jede Sachkenntnis Geld verschleudern. Die Entscheidung, zum Beispiel ein langfristig angelegtes Entwicklungshilfeprojekt einer Organisation, die darüber sachlich und ausführlich informiert, über drei bis vier Jahre finanziell zu unterstützen, ist in jedem Fall sinnvoller, als sich auf das unseriöse Spiel der Vereine einzulassen, die sich ihre, wie auch immer bilanzierten Verwaltungskosten gegenseitig vorwerfen. Um den Spendern konstruktive Anhaltspunkte für die Summe der Kosten zu geben, die für den »Apparat« aufgewendet werden, müßten exaktere Differenzierungen vorgenommen werden. So sollte zum Beispiel sichergestellt sein, daß die Gelder für die Werbung von Spenden nicht auf den Etat eines bestimmten Projekts abgewälzt werden können, und es muß ebenso selbstverständlich sein, daß nur die Personalkosten als Projektkosten abgerechnet werden, die unmittelbar für die notwendige Betreuung des Projekts hier oder im Empfängerland anfallen. Denn die größten Probleme beim Nachweis der tatsächlichen Ausgaben entsprechend dem Spenderwillen haben die Organisationen, die in der Dritten Welt arbeiten, und das nicht nur, weil sie nicht kontrolliert werden können.

Für eine öffentliche Nachprüfbarkeit des Geschäftsalltags sollte in jedem Fall folgende Differenzierung in der Ausgabenrechnung selbstverständlich sein:

Als *Projektkosten,* die dem Satzungszweck folgen, können gelten:

- die Ausgaben für Hilfsgüter, beispielsweise Medizin, Nahrungsmittel, Gerät
- die Kosten für die Organisation und den Transport dieser Waren

- die Baraufwendungen durch Überweisung an den Projektpartner
- die Gehälter und Löhne für Personal im Ausland und für die Mitarbeiter in der Heimat, die inhaltlich mit der Betreuung des Hilfsprojekts befaßt sind
- Reisekosten, soweit sie unmittelbar mit einem Projekt in Zusammenhang stehen.

Als *Verwaltungskosten* gelten:
- die Mieten für Büros und Lagerräume und
- die Kosten für die Instandhaltung und Investitionen bei Immobilien, die sich im Besitz des Vereins befinden
- sämtliche anderen Personalkosten, zum Beispiel Sekretariate, Hilfskräfte etc.
- die Ausgaben für allgemeines Management und den Verwaltungsbetrieb, also Telefon, Fernschreiber, Computer-EDV-Anlage
- Kosten für Reisen und Kraftfahrzeuge, die für den Betrieb des Vereins in der Bundesrepublik notwendig sind.

Soweit sind Angaben noch weitgehend objektivierbar und nachzuvollziehen, auch wenn hier wieder darauf hingewiesen werden muß, daß es bei der Vielzahl von Vereinen mit völlig unterschiedlichen Arbeitsweisen und Aufgabenstellungen keine festen Richtlinien geben kann. Aus der Verantwortung für den sparsamen Umgang mit Spendengeld kann keine Organisation entlassen werden. Schwieriger wird es, wenn über die Einordnung von Werbungskosten Konsens erzielt werden soll. Unerläßlich aber ist es, diese Kosten getrennt auszuweisen.

Als *Werbungskosten* müssen gelten:
- der Ankauf von Adressen, die Kosten für Porto und Druck von Bittbriefen
- Ausgaben für eine Werbeagentur und/oder andere Dienstleistungsunternehmen wie zum Beispiel Rechenzentren
- Kosten für Personal des Vereins, das sich der »Vermarktung« des guten Zwecks widmet
- Ausgaben für Anzeigen in Zeitungen und Zeitschriften sowie für Plakate und sämtliche anderen Werbemittel.

Informationskosten im wahren Sinn des Wortes können nur von den Vereinen mit entsprechender Satzungsverpflichtung ausgewiesen werden, die, durch ihre praktische Arbeit nachprüfbar, sich tatsächlich um Aufklärung und Information der Bevölkerung bemühen und zum Beispiel alle Anstrengungen unternehmen, über die Hintergründe und Ursachen von Krankheit, Elend und Not zu berichten. Ein Hinweis darauf, daß es sich vordringlich um Informationsarbeit handelt, ist darin zu sehen, wenn in den Materialien des Vereins nicht zwangsläufig die Kontonummer im Vordergrund steht, sondern eben die Information.

Als vorbildlich sollen hier vor allem die Hilfswerke der großen christlichen Kirchen erwähnt werden. ADVENIAT, Misereor, Missio oder auch Brot für die Welt leisten mit ihren Veröffentlichungen einen wesentlichen Beitrag zur Sache. Informationen, für die Spendengeld oder auch Mittel aus Kirchensteuern gut angelegt sind. Aber auch die Aktionsgemeinschaft Solidarische Welt, terre des hommes, Eirene und viele andere eher zurückhaltend und wenig spektakulär arbeitenden Vereine tun sehr viel für eine Information, die die Menschenwürde der Empfänger achtet und die Gebenden nicht zu Finanziers degradiert, sondern sie teilhaben läßt an der praktischen Arbeit.

Das Deutsche Zentralinstitut für Soziale Fragen

Als Stiftung des öffentlichen Rechts hat in West-Berlin seit 90 Jahren das Zentralinstitut seinen Sitz. Ursprünglich auf die Aufgaben eines einzigartigen Archivs der Wohlfahrtspflege beschränkt, das noch heute ausgiebig vor allem von Studenten und Wissenschaftlern benutzt wird, ist die Bedeutung dieser Institution in den letzten Jahren besonders im Zusammenhang mit dem Spendenwesen gewachsen. Nur sehr langsam und immer noch nicht weitgehend genug ist die Existenz dieser Einrichtung in Berlin bekannt geworden. Als »Service-Dienst« für Spender bietet sich das Institut an. Fragen zu einzelnen spendensammelnden Vereinen werden von hier aus so exakt wie möglich beantwortet. In den riesigen Archivräumen lagern vom Fußboden bis zur Decke Akten und Daten über rund 40 000 gemeinnützige Organisationen. Die Zeiten der traditionellen Erfassung von Informationen auf Karteikarten und mit Aktennotizen sind in Berlin jetzt zu Ende.

Nicht zuletzt weil das Spendengewerbe so schnellebig ist, wird auf Computer und elektronische Datenverarbeitung umgestellt, um der ständig steigenden Zahl von Anfragen gerecht zu werden. Die Mitarbeiter des Instituts versuchen nicht, Spenden in eine bestimmte Richtung zu lenken. Nur in wenigen, viel zu wenigen Fällen wird Spendern ausdrücklich abgeraten, Geld an eine bestimmte Organisation zu überweisen. Das geschieht in aller Regel erst dann, wenn es zum Beispiel amtliche Ermittlungen von Staatsanwaltschaften oder Finanzbehörden gegen einen Verein gegeben hat, die dem Zentralinstitut bekannt geworden sind. Das Deutsche Zentralinstitut für Soziale Fragen selbst ist keine Ermittlungs- und schon gar nicht eine anerkannte Kontrollinstanz, die gewissermaßen als »Behörde von oben« in das »Spenden-Unwesen« eingreifen und Sammlungen verhindern kann. Oberstes Prinzip ist nicht, schwarze Listen zu führen, sondern die Spender zu informieren, nicht ihnen die Entscheidung abzunehmen. Es geht dem Institut auch nicht nur um eine vordergründige »Negativ-Auswahl« von Vereinen, obwohl dies immer wieder aus verständlichen Gründen von vielen Spendern gefordert wird. Weil in Berlin zwar ein Zentralinstitut, nicht aber eine Zentralinstanz arbeitet, wird versucht, auch für die Spendenorganisationen Ansprechpartner zu sein, wenn es um Regelungen geht, wie etwa die Finanzen des Vereins transparent gemacht werden können. Für beide Aufgabenbereiche aber, die Information des Spenders und die Beratung der Organisationen, sind *Unabhängigkeit* und *Neutralität* unabdingbar. Hinter diese beiden Begriffe muß ein Fragezeichen gesetzt werden, bevor sie uneingeschränkt dem Institut und seiner Arbeit zugeordnet werden können, obwohl es sich selbst aufgrund seines Stiftungszwecks zu absoluter Neutralität verpflichtet hat.

Denn wer die Existenz einer solchen Institution grundsätzlich positiv einschätzt und die Notwendigkeit eines öffentlich wirksamen Ratgebers für Spender für unabdingbar hält, muß Wert darauf legen, daß eine unabhängige und neutrale Arbeit gewährleistet ist. Das Deutsche Zentralinstitut für Soziale Fragen (kurz: DZI) schwebt nicht im luftleeren Raum, es braucht selbst Finanziers für den gemessen an der Leistung nicht gerade großzügig ausgestatteten Etat von etwa 1,3 Millionen Mark pro Jahr. Träger und damit Finanziers sind neben staatlichen und halbstaatlichen

Institutionen wie zum Beispiel dem Senat von Berlin, dem Bundesfamilienministerium und dem Deutschen Städtetag auch die großen Wohlfahrtsverbände der Republik, die über die von ihnen gebildete Bundesarbeitsgemeinschaft der Freien Wohlfahrtspflege Sitz, Stimme und damit Einfluß im Vorstand des Zentralinstituts haben.

Allein durch diese Konstruktion ist weniger die Unabhängigkeit der Mitarbeiter als vielmehr die Neutralität der »Spenden-Auskunftei« in Berlin einer ständigen Belastung und Gefährdung ausgesetzt, die nicht unterschätzt werden sollte. Denn die großen Wohlfahrtsvereine, allen voran das mächtige und einflußreiche Deutsche Rote Kreuz, das sich häufig als »Wortführer« aufspielt, haben ihre Lobby natürlich auch in den Personen, die die anderen Träger des Berliner Instituts repräsentieren. Eine kritische Begleitung des Spendenalltags der Wohlfahrtsverbände findet jedenfalls öffentlich nicht statt. Im Gegenteil: Allein durch ihre Beteiligung am Deutschen Zentralinstitut für Soziale Fragen sehen sich zum Beispiel Caritas, Deutsches Rotes Kreuz, Arbeiterwohlfahrt und die anderen jeder weiteren notwendigen, unabhängigen und neutralen Aufsicht enthoben und leiten von daher ihre angeblich unangreifbare Seriosität ab. Weil das DZI von Zeit zu Zeit als Imagepfleger für die Wohlfahrt herhalten muß, wäre eine Reformstruktur im Interesse des Instituts und des sensiblen Spendenmarkts bedenkenswert. Eine Möglichkeit wäre der Rückzug der Wohlfahrtsverbände aus dem Vorstand des Deutschen Zentralinstituts, um potentielle und tatsächliche Einflüsse auszuschalten. Über den Städtetag, den Berliner Senat und das Familienministerium in Bonn hinaus könnten die Bundesländer mit in die öffentliche Verantwortung und die Finanzierung genommen werden, eine Regelung, die der föderalistischen Struktur der bundesdeutschen Gesetzgebung angemessen wäre. Auch die verankerte Beratungsfunktion von Vertretern des Bundesrechnungshofes könnte hilfreich sein.

Ein anderer Weg: Die Trägerschaft des Berliner Instituts wird auf eine breitere Basis gestellt. Im Sinne der Mitverantwortung für einen sauberen Spendenmarkt beteiligen sich die Spendenvereine an der Arbeit des Instituts und sorgen damit für eine am ehesten durchzusetzende »freiwillige Selbstkontrolle«, die den Staat als mögliches »Aufsichtsorgan« vor der Tür läßt. Auch dies wäre im Interesse der Unabhängigkeit, der Freiwilligkeit und last not least der Spendermotivation. Denn die sollte langfristig erhalten und ausgebaut werden, bevor sie durch eine weitere Verwilderung der Sitten auf dem Markt in sich selbst zusammenbricht.

Keine dieser beiden Möglichkeiten allein aber birgt den Stein der Weisen. Zu viele Zweifel stellen sich auch bei dem ein, der diese Vorschläge macht. Das Deutsche Zentralinstitut für Soziale Fragen ist nämlich zu wichtig, als daß es zum Spielball zwischen den vielfältigen Interessen und zwischen der oft beinharten Konkurrenz der »Gemeinnützigen« zerrieben werden dürfte.

Vor der Klärung organisatorischer und struktureller Fragen einer denkbaren Reform des Instituts sollte die inhaltliche Zielprojektion stehen. Was soll in Zukunft unter maßgeblicher Mithilfe des DZI erreicht werden?

- Eine Bereinigung im Spendenmarkt, ohne das Engagement der Bürger einzuschränken.
- Dubiosen Spendenwerbern, die sich eines gemeinnützigen Vereins nur bedienen, um krumme Geschäfte zu machen, sollte der Zugang und die lukrative Existenz auf einem allzu freien Markt erschwert werden.
- Das Vertrauen der Spender in die Glaubwürdigkeit von gemeinnützigen Vereinen soll geschützt und gestützt werden. Dazu bedarf es einer Hilfestellung, denn allein hat kein Spender Überblick.
- Notwendig erscheinen einheitliche Beurteilungsmaßstäbe zu Fragen der Vergleichbarkeit der Bilanzen, wichtig sind auch moralisch-ethische Kriterien für die Qualität und die Wahrhaftigkeit der Werbung.

Das Ziel: der Spenden-TÜV

Die Idee ist nicht neu, aber dennoch aktuell. Immer wieder in den letzten Jahren kam von den verantwortlichen Personen im Deutschen Zentralinstitut für Soziale Fragen in Berlin die Anregung, darüber nachzudenken, ob in der Bundesrepublik nicht ein »Gütesiegel« für Vertrauenswürdigkeit seriöser Vereine eingeführt werden sollte, die sich einer umfassenden freiwilligen

Selbstkontrolle unterziehen. Nachdenkenswert fanden sie die Idee fast alle, ob sie wirklich nachgedacht haben, ist nicht nachzuprüfen. Denn durchsetzen konnten oder wollten die Verbände eine entsprechende Regelung nicht. So häufig der Vorschlag auch geäußert wurde, so rasch verschwand er wieder von der Tagesordnung. Offensichtlich ist, daß es seltsamerweise wiederum die großen Wohlfahrtsverbände waren und sind, die dem Deutschen Zentralinstitut für Soziale Fragen bis heute nicht die Möglichkeit geben, diese Idee in die Tat umzusetzen. Denn damit hätten sie sich gleichberechtigt mit anderen einer unabhängigen und, das muß ausdrücklich betont werden, freiwilligen Selbstkontrolle stellen müssen. Was hat die versammelte Wohlfahrt zu befürchten? Eine auch von den Einflüssen dieser Verbände unabhängige Prüfung würde zwangsläufig eher manchmal abenteuerlich anmutenden »Mischkalkulationen« aus öffentlichen Staats-Subventionen und privaten Geldspenden offenlegen. Sie müßten sich den gleichen Ansprüchen an Effizienz der Hilfe und Aufrichtigkeit der Werbung stellen und sich messen lassen, ebenso wie die kleineren Vereine, die um Spenden werben. Ihre Überheblichkeit läßt sie dagegen penetrant behaupten, sie hätten eine solche Kontrolle nicht nötig. So leben sie noch immer von ihrem offenbar unangreifbar guten Image. Das Rote Kreuz zum Beispiel will sich nicht auf einer Ebene behandelt sehen mit dem seriösen Verein »Komitee Cap Anamur/Notärzte«, und die Caritas meint, daß die Prüfung durch ihre eigene »Solidaris GmbH« ausreicht. Aber kein noch so gutes Image ist auf Dauer unerschütterbar.

Gemeinsam ist allen Vereinen, den großen wie den kleinen, die Scheu vor einem gegenseitigen Einblick in die Geschäftspolitik. Die Konkurrenz unter den Hilfsorganisationen konzentriert sich heute nicht auf einen durchaus möglichen konstruktiven Streit über Inhalte und Konzeptionen, sie ist vielmehr zu einem ausschließlichen Wettbewerb um Marktanteile und finanziellen Erfolg verkommen.

Dies alles müßte das Deutsche Zentralinstitut in Berlin veranlassen, stärker als bisher auf den Plan zu treten und einzugreifen. Daß es durchaus konkrete Wege zu einem »Gütesiegel« gibt, zeigt das Beispiel der Schweiz. Dem Deutschen Zentralinstitut vergleichbar arbeitet in Zürich die »Zentralauskunftsstelle für

Wohlfahrtsunternehmungen«, kurz ZEWO genannt. Mitglieder und damit oberstes Organ dieser demokratisch verfaßten Selbstverwaltung sind etwa 240 gemeinnützige Vereine, die sich an Statuten und an einem Reglement orientieren, das als richtungweisend, wenn auch nicht als Modell, für die Bundesrepublik Deutschland gelten kann. Die ZEWO vergibt an Vereine, die Spenden sammeln und die sich dem Reglement unterstellen, dieses Schutzzeichen:

Es muß auf allen Werbedrucksachen, Geschäftspapieren, Einzahlungsscheinen und Überweisungsvordrucken sowie auf Anzeigen sichtbar und deutlich zu erkennen sein. Für die Spender ist dies der Hinweis, daß der Verein, der Geld haben möchte, bestimmten Regularien unterworfen ist, die einen Mißbrauch weitgehend ausschließen. Zeitungsverlage können auf einen Blick prüfen, ob sie eine Anzeige kostenlos abdrucken oder nicht. Die Schutzmarke ist im Markenschutzregister eingetragen, eine mißbräuchliche Anwendung kann juristisch verfolgt werden. Vereine, die sich mit dem Schutzzeichen schmücken wollen, müssen folgende Bedingungen erfüllen:

- Die Leitung und die sonstigen Organe der Institution müssen Gewähr bieten, daß das angegebene gemeinnützige Ziel in zweckmäßiger Weise erstrebt wird.
- Die Institution hat eine einwandfreie, übersichtliche Buchhaltung zu führen, aus der die Verwendung der Mittel klar hervorgeht. Mindestens einmal im Jahr ist Rechnung abzulegen.
- Die Geschäftsführung ist durch ein unabhängiges, für eine einwandfreie Kontrolle gewährbietendes Organ zu überwachen.
- Die Gehälter der im Dienst der Institution stehenden Personen sollen den Umständen angemessen sein. Sie dürfen die Ansätze für Beamte und Angestellte im öffentlichen Dienstverhältnis mit ähnlicher Verantwortung und Arbeitsleistung nicht übersteigen.
- Die Vorstandsmitglieder, mit Ausnahme der eigentlichen

Geschäftsleitung, dürfen in keinem Anstellungsverhältnis zur Institution stehen, noch Entschädigungen erhalten, die über den Ersatz ihrer Spesen und eine angemessene Vergütung für die Besorgung besonderer Aufträge hinausgehen.

- Der Satz für die Verzinsung fremder und eigener Gelder soll möglichst niedrig sein.
- Auf Verlangen sind der ZEWO die Statuten und Reglemente, Verzeichnisse der Mitglieder und Organe, Tätigkeitsberichte und jährlich ein Rechnungsauszug einzureichen sowie Angaben über die bei der Ausübung der gemeinnützigen Tätigkeit zur Anwendung gelangenden Grundsätze zu machen.
- Der ZEWO ist jederzeit Einblick in die gesamte Geschäfts- und Rechnungsführung zu gewähren. Ebenso sind ihr alle gewünschten Auskünfte zu erteilen.
- Die Institution hat im Verkehr mit außen ihren Charakter zu kennzeichnen und wahrheitsgetreue Angaben zu machen...
- Der Vorstand der ZEWO ist berechtigt, nach vorgängiger Untersuchung und Anhören der Beteiligten, Institutionen, die den Vorschriften dieses Reglementes nicht nachkommen oder sonst den von der ZEWO erstrebten Zwecken zuwiderhandeln, das Recht auf Benutzung der Schutzmarke zu entziehen.

Warum sollte es ein »Gütesiegel« dieser Art nicht auch in der Bundesrepublik Deutschland geben? Ebensowenig wie in der Schweiz würde es sich sofort im Bewußtsein der Spender durchsetzen, das dauert viele Jahre, aber mit der breiten Unterstützung von Presse, Funk und Fernsehen könnte es gelingen. Ebensowenig auch ist es eine Garantie dafür, daß halbseidene Spendenmacher auf dem Markt keine Chance mehr haben. Mißbrauch gibt es weiterhin auch in der Schweiz, aber Vergleiche der Einnahmen von solchen Vereinen, die sowohl in der Bundesrepublik als auch in der Schweiz aktiv sind zeigen, daß im Verhältnis deren »Erfolg« im Nachbarland wesentlich schwächer ist als bei uns.

Der positive Ansatz des Schweizer Beispiels zeigt sich aber nicht nur an der Existenz einer »Schutzmarke«. Mehr als 120 Vereine fordern die ZEWO jährlich freiwillig zur Rechnungsprüfung ihrer Unterlagen auf, sie legen offen und haben nichts zu verbergen.

Hier ist also eine Form der Hilfestellung für all die gefunden, die helfen wollen. Auf freiwilliger Basis arbeitet man miteinander, ohne daß unterschiedliche Konzeptionen und Ideen für die gemeinnützige Arbeit verwischt werden. Die Konkurrenz unter den Hilfswerken bleibt auch in der Schweiz, aber allein durch das Bindeglied »ZEWO« wird sachlicher miteinander umgegangen. Im übrigen machen die großen Wohlfahrtsvereine in der Schweiz, unter anderem Rotes Kreuz und Caritas, ebenso mit wie die anderen Verbände, egal ob sie für den Tierschutz, für die Bergwacht oder die Leprahilfe sammeln.

In der Bundesrepublik Deutschland müßten für die Vergabe eines Gütesiegels noch strengere Maßstäbe beim »Spenden-TÜV« gelten, weil sich hier schon zu viele Personen mit krimineller Energie im Markt einen festen Platz erobert haben. Wenn es aber eine reale Aussicht gibt, ein entsprechendes Modell auch hier durchzusetzen, wären weitere Möglichkeiten für eine Bereinigung zugunsten der seriösen Vereine offen. Dann könnten nicht nur die Anzeigenabteilungen der Verlage leichter entscheiden, wem sie kostenlos Platz für Werbung öffnen. Denkbar und überlegenswert wäre auch, daß zum Beispiel die Deutsche Bundespost den als »sauber« ausgewiesenen Vereinen, die ein Gütesiegel besitzen, eine Portoermäßigung einräumt. Das Deutsche Zentralinstitut für Soziale Fragen in Berlin braucht die Unterstützung der Behörden, nicht zuletzt aber eine Öffentlichkeit, die darauf drängt, eine unabhängige und neutrale Kontrollinstanz zu verankern, damit verlorenes Vertrauen zurückgewonnen und neues Zutrauen in die Arbeit der gemeinnützigen Vereine geweckt werden kann. Wer angesichts der auch in diesem Buch geschilderten Fälle von dubiosen Spendenaktivitäten, die clevere Geschäftsleute veranstalten, nach dem Gesetzgeber ruft und von diesem verlangt, mit Vorschriften, Erlassen, Anweisungen und anderen Eingriffen für »Ordnung« zu sorgen, der macht es sich zu leicht und der verkennt, daß »Freiwilligkeit« und uneingeschränktes mögliches und vielfältiges Engagement zu den obersten Grundsätzen und Bedingungen einer freien und demokratischen Gesellschaft gehören.

Eine wie auch immer definierbare bessere Moral ist gerade auf dem Spendenmarkt nicht zu erzwingen. Zentralismus in der Wohltätigkeit, staatlich reguliert und auf Kurs gebracht, weckt nicht nur böse Erinnerungen an die gesteuerte »Gutmütigkeit« im Dritten Reich, sondern fördert für die Zukunft Mißbrauch geradezu heraus.

Berichte über Spendenskandale zeigen immer nur kurzfristige Wirkung. Aber jede Schlagzeile, die Mißbrauch entlarvt, trägt zum latenten Unwohlsein und zur Verunsicherung der Spender bei, die zwar weiter ihren Anteil zum Milliarden-Spenden-Markt beisteuern, aber ihre Zweifel nicht aufgeben, ob ihr Geld auch in die richtigen Hände gelangt. Ein »Gütesiegel« oder wie immer das Schutzzeichen genannt werden soll, kann also nur Hilfe sein, keinesfalls wird es den Spendern die Entscheidung abnehmen können, für welchen guten Zweck sie ihre Brieftasche öffnen. Ob für Behinderte, für die Krebsforschung, für Katastrophenhilfe, für langfristige Aufbau- und Entwicklungsarbeit in der Dritten Welt. Egal ob für kleine Vereine in der Nähe oder für größere bundesweit arbeitende Organisationen: Die Verantwortung und die Entscheidung bleibt beim Spender.

Aus der Mitverantwortung für den katastrophalen Zustand auf dem Spendenmarkt in dieser Republik können aber letzten Endes der Gesetzgeber und die ausführenden Behörden nicht entlassen werden.

Solange sich Juristen und Finanzbeamte gegenseitig die Schuld zuweisen für die mangelhafte Kontrolle, solange wirklich jeder Betrüger, der bereits erfaßt ist, immer wieder einen neuen Verein gründen und die Gemeinnützigkeit beantragen kann, solange es nicht die verbindliche Regelung für den Wettbewerb der Spendenorganisationen gibt, solange nicht ein Mindestmaß an öffentlicher Aufsicht und Koordination zwischen den einzelnen beteiligten bürokratischen Apparaten gewährleistet ist, solange besteht keinerlei Hoffnung für eine Bereinigung auf dem Markt der offenen Herzen.

Es bleibt viel zu tun für private Spender und die von ihnen beauftragten Hilfswerke. Eine aber auch weiterhin ansteigende Flut von Vereinen, die allesamt Retter der Welt sein wollen, muß zu einer Übersättigung führen, die langfristig mit einer Verweigerung der Spender enden kann. Nicht Zersplitterung ist gefragt, sondern Konzentration und Kooperation und vor allem: der Abschied von den schwarzen Schafen.

11 Tips für Spender

1. Vor jeder Entscheidung, wieviel Sie welchem Verein geben wollen, sollten Sie sich gründlich über die Organisation informieren. Jeder Spendenverein hält entsprechendes Material bereit, das bei aufmerksamer und kritischer Lektüre zahlreiche Hinweise gibt.
2. Überlegen Sie sorgfältig, für welchen Zweck Sie spenden wollen: für ein Projekt in der Dritten Welt, für die Krebsforschung in der Bundesrepublik Deutschland oder für Behinderte in unserem Land.
3. Lassen Sie sich nicht moralisch erpressen, wenn es heißt, daß Sie sofort und schnell spenden müssen, um zu helfen. Wenn Sie merken, daß man es nur auf Ihre Brieftasche abgesehen hat: bleiben Sie auf Distanz!
4. Betrachten Sie stets zurückhaltend skeptisch die Werbung der Vereine! Wehren Sie jede Sammlung oder auch Mitgliederwerbung an Ihrer Haustür ab. Weder amtlich genehmigte und abgestempelte Listen noch offiziell aussehende Uniformen bzw. »Dienstkleidung« der Werber garantieren Seriosität.
5. Sollten Sie Bettelbriefe bekommen, ohne daß Sie mit dem Verein, der Sie anschreibt, bisher Kontakt hatten: Vorsicht und Zurückhaltung sind geboten. Fragen Sie zurück, woher die Organisation Ihre Anschrift hat, und bestehen Sie darauf, daß Ihre Adresse gelöscht wird, falls Sie mit dieser Art der Spendenwerbung nichts zu tun haben wollen.
6. Fragen Sie auch bei spendensammelnden Vereinen nach der ausführlichen Abrechnung der Mittel. Bleiben Sie aber vorsichtig und lassen sich nicht blenden, wenn auf die Testate von Wirtschaftsprüfern verwiesen wird. Die beweisen nichts.
7. Erkundigen Sie sich nach der Organisationsstruktur des Vereins. Ist die Organisation nur die deutsche Filiale eines z. B. amerikanischen Spendenunternehmens, ist Vorsicht angebracht. Werden die Gelder erst in die USA transferiert und

von dort aus eingesetzt, ist auch die kleinste Kontrollmöglichkeit ausgeschlossen, und Sie als Spender werden in aller Regel nur das Opfer eines internationalen Spendenkonzerns, der auf Umsatzmaximierung setzt.

8. Viele Vereine sind »Familienbetriebe« mit nur wenigen Mitgliedern. Eine demokratische, interne Kontrolle für die Gewährleistung einer ordentlichen Arbeit ist damit nicht gegeben. Vorstand und Geschäftsführung sollten in jedem Fall getrennt sein. Informieren Sie sich über die Satzung, und besorgen Sie sich die Auszüge aus dem Vereinsregister bei dem zuständigen Amtsgericht. Diese Akten werden Ihnen gegen eine geringe Gebühr in Kopie zugeschickt.
9. Lösen Sie sich von der Vorstellung, daß angeblich ehrenamtlich geführte Vereine die beste Gewähr für eine saubere Spendenverwendung bieten. Häufig ist das Gegenteil der Fall, weil zuwenig Sachkenntnis vorhanden ist. Fragen Sie konkret auch nach der Kompetenz der Mitarbeiter. Akzeptieren Sie, daß Kompetenz und Sachkenntnis Geld kostet, Ihr Spendengeld. Die zur Verfügung stehenden Mittel werden aber meist überlegt und zielgerichtet eingesetzt und nicht wahllos von Laien.
10. Es gibt viele Vereine, die sich christlich nennen und in ihrer Werbung starke religiöse Emotionen zu Ihrer Motivation einsetzen. Bleiben Sie distanziert! Längst nicht jeder Verein ist ehrlich, sondern benutzt nur Ihre grundsätzlich aufgeschlossene christliche Überzeugung und das Etikett »christlich« als Ausweis für Seriosität. Fragen Sie nach, in welchem kirchlichen Spektrum die Organisation einzuordnen ist.
11. Hilfestellung gibt Ihnen nicht nur der kritische Ratgeber und »Führer« durch den Spendenmarkt im Anhang dieses Buches. Fragen beantwortet nach seinen Möglichkeiten auch das
    Deutsche Zentralinstitut für Soziale Fragen
    Miquelstraße 83
    1000 Berlin 33.
    Informieren aber auch Sie dieses Institut, falls Ihnen ein neuer, bisher unbekannter Verein auffällt, der von Ihnen Spenden haben will.

Kurzporträts der Spendenvereine

Quer durch den Spendenmarkt führen Sie die folgenden Seiten. Die wenigen Zeilen, die zur Vorstellung von gemeinnützigen und spendensammelnden Organisationen bleiben, sollen Informationen und Anregungen vermitteln und Ihnen, den Spendern und Interessenten, eine Orientierungshilfe sein. Die kritischen Kommentare und Bewertungen sollen aber auch Mut machen, nach Lektüre dieses Buches die Spendenvereine nicht mit weiteren Fragen zu verschonen. Nur die skeptische und mißtrauische Aufmerksamkeit ihrer Geldgeber kann die Organisationen dazu veranlassen, offener und ehrlicher Auskunft zu geben. Es werden nicht nur die schwarzen Schafe beim Namen genannt. Viele Organisationen verdienen das Prädikat »Spenden empfohlen«, weil sie aufrichtig bemüht sind, nicht nur ihren Auftrag zu erfüllen, der in den Satzungen festgeschrieben ist, sondern auch die Spender ernst nehmen und keine Schwierigkeiten damit haben, komplette und vollständige Rechenschaft abzulegen. Diese Bereitschaft habe ich gründlich getestet. Längst nicht alle Zahlen über Vereinsvermögen, Rücklagen, Zinserträge werden im Detail veröffentlicht. Weil nur die wenigsten Vereinigungen miteinander vergleichbar sind, würde dies zu unverantwortlichen Mißverständnissen führen und Fehleinschätzungen Vorschub leisten.

Es hat sich herausgestellt, daß die Vereine, die über eine nachweisbare Kompetenz und Konzeption für ihre Arbeit verfügen, in aller Regel sowohl eine seriöse Werbung und Öffentlichkeitsarbeit betreiben als auch ohne Probleme über ihre finanziellen Verhältnisse Rechenschaft abzulegen bereit sind. Die anderen, die ausschließlich auf das schlechte Gewissen der Wohlstandsbürger und auf die Vergeßlichkeit der Spender spekulieren, betreiben eine Politik der Verschleierung, die nur durchkreuzt werden kann, indem die Spender sich solchen Vereinigungen verweigern.

Die Wohlfahrtsverbände

Von allen gemeinnützigen Institutionen sind die Wohlfahrtsverbände mit am wenigsten bereit, ihre Finanzpolitik von einer unabhängigen Öffentlichkeit durchleuchten zu lassen. Sie verweisen auf eigene Publikationen, in denen allerdings mehr verschleiert und verschwiegen als offengelegt wird. Die großen Wohlfahrtsverbände leiden unter einem objektiven Dilemma: Auf der einen Seite sind sie abhängige halbstaatliche Dienstleistungsunternehmen, die einen öffentlichen Auftrag erfüllen, indem sie in einem erheblichen Umfang die Sozialarbeit »erledigen«, die nach den Gesetzen der Bundesrepublik zu den Fürsorgeaufgaben eines sozialen Rechtsstaats gehören. Auf der anderen Seite sind es mitgliederstarke Organisationen, die in großem Umfang immer noch ehrenamtliches Engagement von Menschen mobilisieren. Mitgliedern und Helfern aber die Geschäftsgrundlage von Wohlfahrt heute zu erklären und zu vermitteln, wagen die Verbände nicht. Zu verschachtelt ist das System der Finanzierung, als daß der Normalverbraucher nicht auf erhebliche Zweifel stößt, wenn zusätzlich zu Staatssubventionen und Leistungen der Krankenkassen auch noch um Spenden gebeten wird.

Unbestritten dagegen ist die in aller Regel qualifizierte Leistung der Auslandsabteilungen in den Wohlfahrtsverbänden, die insbesondere im Fall von Katastrophen sehr schnell zu reagieren in der Lage sind. Aber auch dort legen die Samariter ungern Rechenschaft über Spendeneinnahmen und über Ausgaben ab.

ARBEITERWOHLFAHRT e. V.
BUNDESVERBAND
Oppelner Straße 130
5300 Bonn 1

»Arbeiterwohlfahrt hilft in Afrika« – so wirbt der Verein bundesweit in Anzeigen, seit er anläßlich des »Afrika-Tages« darauf gekommen ist, auch Spenden für Entwicklungshilfe zu sammeln. Seit 1959 bereits gehört nach Vereinsangaben Entwicklungshilfe zu den Aufgaben des Wohlfahrtskonzerns, kaum jemand in der Öffentlichkeit hat davon Notiz genommen. Projektinformationen und inhaltliche Beschreibungen von möglichen Konzeptionen für die Hilfe gab und gibt es nicht. Entwicklungshilfe war über lange Zeit die Aufgabe einer einzigen Person in der AWO-Zentrale, die sich darauf konzentrierte, Zuschußanträge im zuständigen Bonner Ministerium zu stellen. Und Geld aus der Staatskasse kassierte die Arbeiterwohlfahrt überdurchschnittlich viel. Die Statistiken des Ministeriums belegen, daß jährlich zwischen 1,5 und 2,1 Millionen Mark gezahlt werden. Die strengen Voraussetzungen der Regierung für solche Subventionen scheinen für die AWO außer Kraft gesetzt worden zu sein. Denn das vorgeschriebene Verhältnis zwischen sogenannten Eigenleistungen des Vereins und dem Zuschuß ist nicht immer streng beachtet worden. 1983 berichtete das BMZ, daß die Arbeiterwohlfahrt bei eigenen Mitteln in Höhe von nur 73 000 DM einen Zuschuß von über 1,4 Millionen DM erhalten hat. Als Regel aber gilt, daß rund 25 Prozent Eigenleistung eingebracht werden müssen. »Fachliche Fähigkeiten« und »eigene Ressourcen« sind theoretisch ebenfalls Bedingung für die Genehmigung von Staatsgeldern. Erhebliche Zweifel sind zu beiden Punkten angebracht. Es muß also nicht wundern, daß die Organisation sich weigert, öffentlich Rechenschaft über ihre finanziellen Aktionen abzugeben. Die Spender allerdings können beruhigt sein, es waren bisher, ohne den »Tag für Afrika« 1985, der für die AWO einen warmen Regen von über DM 500 000 brachte, nie mehr als *DM 100 000* jährlich, die für Auslandsprogramme gesammelt wurden. Wegen starker Bedenken gegenüber der mangelhaften Transparenz der Finanzen:

Spenden nicht empfohlen

Wohlfahrtsverband

ARBEITERWOHLFAHRT e. V.
BUNDESVERBAND
Oppelner Straße 130
5300 Bonn 1

Fast 600 000 Mitglieder hat die Arbeiterwohlfahrt in über 3700 Ortsvereinen organisisert. Arbeiterwohlfahrt, das hieß bei der Gründung im Jahre 1919 durch Sozialdemokratie und Gewerkschaft: Hilfe für Arbeiter und tatkräftige Arbeit, um die Abhängigkeit von Almosen und Armenpflege für weite Teile der Bevölkerung zu überwinden und Rechte zu erkämpfen. Aus der Arbeiterbewegung entstand eine Selbsthilfe, von der viel Bewegung in der Sozialpolitik ausging. Nach der Zerschlagung der Organisation im Dritten Reich wurde die AWO nach dem Zweiten Weltkrieg wieder aufgebaut und ein perfektes Wohlfahrtsunternehmen, dessen Ursprünge allmählich in Vergessenheit gerieten, ein perfekter Apparat, der offenbar mehr daran interessiert war, sich Macht und Einfluß auf der politischen Bühne zu sichern, als sich um die »Klientel« zu kümmern. Veränderungen in der sozialen Arbeit wurden seitdem – wenn überhaupt – nur sehr spät wahrgenommen. Viele Selbsthilfegruppen akzeptieren die Arbeiterwohlfahrt heute nicht mehr als Partner. Zu schwerfällig, zu bürokratisch, ausschließlich darauf bedacht, sich um Finanzierungen und nicht um Konzeptionen zu kümmern. Arbeiterwohlfahrt heute, das heißt Verwaltung von Heimen, Kranken, Behinderten und Kindern. Die Behauptung, daß Spenden oder Mitgliedsbeiträge dafür notwendig sind, wird auch durch unablässige Wiederholung nicht glaubhafter. So lange jedenfalls nicht, bis auch die letzte Stelle hinter dem Komma in den Bilanzen der Firma offengelegt wird. Das zu tun und einer breiten Öffentlichkeit gegenüber Rechenschaft abzulegen, weigern sich die Verantwortlichen der Arbeiterwohlfahrt. Was es zu verbergen gibt? Daß der Verein ein reiches Unternehmen ist mit einem viele hundert Millionen umfassenden Vermögen und daß die Organisation eine verkrustete Funktionärsschicht nährt, die über das traditionelle Selbstverständnis der Arbeiterwohlfahrt nur noch bei Festtagen und Jubiläen redet.

Spenden nicht empfohlen

DEUTSCHER PARITÄTISCHER WOHLFAHRTSVERBAND e. V.
Heinrich-Hoffmann-Straße 3
6000 Frankfurt am Main 71

Der Deutsche Paritätische Wohlfahrtsverband ist der einzige große Wohlfahrtsverband, der als Verein selbständig keine Spendenaktionen durchführt. Er ist die Dachorganisation der gemeinnützigen Vereine, die sich überall im Bundesgebiet, regional oder überregional, in eigener Verantwortung in der Sozialarbeit engagieren und die sich weder konfessionell noch ideologisch in die Reihen der anderen Wohlfahrtsverbände einpassen lassen. Vom Hilfswerk für Blinde, der Frauengruppe für Krebsnachsorge, der privaten Kindergarten- oder Hort-Initiative, dem Hilfsverein für Schwerhörige bis zum Verband alleinstehender Mütter und Väter und lokalen Behindertengruppen – die bunte Palette von jetzt über 4000 Mitgliedsvereinen im Deutschen Paritätischen Wohlfahrtsverband (seit 1975 hat sich die Zahl verdoppelt) zeigt, in welchem Umfang die anderen traditionsreichen Verbände in der Sozialarbeit versagt haben. Diese Entwicklung beweist auch das wachsende Bedürfnis nach Selbstorganisation. Der Deutsche Paritätische Wohlfahrtsverband ist heute der einzige kompetente Ansprechpartner für »Selbsthilfe-Gruppen«, die nach Alternativen zur herkömmlichen Wohlfahrts-Versorgung suchen und die sich nicht verwalten lassen wollen. Der Dachverband mit seinen Landesorganisationen hat die Aufgabe, die Vereine »in ihrer fachlichen Zielsetzung und ihren rechtlichen, gesellschaftlichen und wirtschaftlichen Belangen« zu fördern und zu unterstützen. Der streng demokratische Aufbau des DPWV, der die notwendige Pluralität der Arbeit ermöglicht, macht allerdings eine zentrale Kontrolle über die Mitgliedsvereine, die in manchen Fällen sicher wünschenswert wäre, sehr schwer. Aber nicht jeder Verein kann sich beim DPWV als Mitglied anmelden, die Aufnahmebedingungen, insbesondere was die Vereinsstruktur betrifft, sind streng geregelt. Bei der nachfolgenden Kontrolle über Jahre hinweg sind dem Dachverband aber Grenzen gesetzt, die allzu weit gefaßt scheinen.

Auslandshilfe

DEUTSCHES ROTES KREUZ e.V.
Friedrich-Ebert-Allee 71
5300 Bonn 1

Das Deutsche Rote Kreuz kann zu Stolz berechtigende Berichte über seine Auslandsarbeit vorlegen. Beeindruckend ist die Bilanz der Hilfe, die rund um die Welt geleistet wird. Es ist weniger eine Spezialität des DRK, langfristige Entwicklungsprojekte selbständig zu organisieren und zu betreuen. Dies wird in wenigen Fällen in Zusammenarbeit mit den internationalen Dachverbänden des Roten Kreuzes abgewickelt. Schwerpunkt der Auslandsaktivitäten ist die Katastrophen-Hilfe und der Einsatz bei kriegerischen Konflikten. Angenehm fällt auf, daß das Deutsche Rote Kreuz nicht verschweigt, in welchem Umfang der Verband auch in der Auslandshilfe, insbesondere bei Nahrungsmittellieferungen, von staatlichen Subventionen abhängig ist. Das Rote Kreuz nutzt in diesen Fällen seinen unbestreitbaren Vorteil, daß über die jeweiligen internationalen und nationalen Rot-Kreuz-Gesellschaften eine meist rasche Abwicklung von Hilfe in den entsprechenden Ländern möglich ist. Bei einer Gesamtbilanz von erbrachter Leistung im Jahr 1984 in Höhe von 70,34 Millionen DM sind über 42,58 Millionen DM aus der Staatskasse bezahlt worden. Die zentrale Frage nach der Gesamt- und der Einzelabrechnung der eingegangenen Spendengelder, die bei Katastrophen auf ein zentrales Konto erbeten werden, wird nicht beantwortet. Das Rätsel ist zu lösen. Es gehen mehr Spenden ein, als zur Deckung der Differenz zwischen tatsächlicher Leistung und Staatszuschuß notwendig sind. So wird seit Jahren ein immer dicker werdendes Finanzpolster auf den Konten verwaltet, das nach vorsichtiger Schätzung derzeit mindestens 60 Millionen DM umfaßt. Keine Frage: Rücklagen für den Notfall sind erforderlich, die Hamster-Mentalität des DRK aber ist angesichts der stets garantierten Staatsgelder übertrieben ausgeprägt. Nur mit der Finanztransparenz hat das Rote Kreuz seine Probleme und ist nicht aufrichtig genug. Die knappen, aber präzisen Informationen über die Auslandshilfe lassen Kompetenz und Konzeption erkennen. Den Spendern ist aber geraten, detaillierte Abrechnungen zu verlangen.

Spenden empfohlen

Wohlfahrtsverband DEUTSCHES ROTES KREUZ e. V.
Friedrich-Ebert-Allee 71
5300 Bonn 1

Das rote Kreuz auf weißem Grund ist ein internationales Schutzzeichen, es soll »unangreifbar« sein, für alle Mächte und Waffen dieser Welt. Das rote Kreuz darf in keinem Fall zu kommerziellen, gewinnorientierten Zwecken benutzt werden. Niemand anderes aber beherrscht die Vermarktung des hehren Emblems so perfekt wie die Manager des DRK. Zu diesem Zweck wurde eine eigene Werbe-GmbH gegründet, die hemmungslos und nach allen Regeln der marktwirtschaftlichen Kunst den Umsatz fördert. Ob es nun die Produktion von Schallplatten ist, die zugunsten der Mildtätigkeit verkauft werden, oder ob es sich um die professionelle Werbung von Mitgliedern handelt: Der Mammon hat auch beim Deutschen Roten Kreuz über die Gemeinnützigkeit gesiegt. Über vier Millionen Mitglieder zahlen regelmäßig, jeweils etwa 60 DM im Jahr, im Glauben, der Wohlfahrtsverband setze das Geld für eine gute Sache ein. Für die Wohlfahrt und die Sozialarbeit in der Bundesrepublik braucht das DRK keine Spenden, das perfekte System der Finanzierung sorgt dafür, daß das Rote Kreuz im sozialen Netz gut versorgt ist. Damit aber wurde die Institution über die Jahre allmählich bürokratisiert. Die regionalen Gliederungen des Vereins sind heute in aller Regel nur noch Dienstleistungsbetriebe, die den Krankentransport und den Rettungsdienst, die Altenheime, die mobilen sozialen Dienste, Kinderheime, den Fahrtdienst für Behinderte abrechnen nach Kilometergeld, Pflegesätzen, Kostenerstattung, Tarifen. Die Sozialarbeit des Deutschen Roten Kreuzes ist verkümmert zur wirtschaftlichen Verwaltung von Not. Spender sollten also auf das Gerede der uniformierten Werber an ihrer Haustür nicht hereinfallen. Sie können sicher sein, daß sie dem Roten Kreuz auch schon mit dem Kauf eines Loses bei der Fernsehlotterie helfen, mit ihren Steuern und Krankenkassenbeiträgen.

Spenden nicht empfohlen

DIAKONISCHES WERK e. V.
Stafflenbergstraße 76
7000 Stuttgart 1

Das Diakonische Werk ist als Einrichtung der evangelischen Kirche Deutschlands eine weitere gemeinnützige Institution, die eine wesentliche Rolle im Wohlfahrtssystem spielt. Kindergärten, Seniorenheime, Sozialstationen, Beratungsstellen, mehr als 8000 Einrichtungen sind fast sämtlich eigenständige Wirtschaftsbetriebe. Sozialarbeit und Diakonie sind auch bei der Kirche kalkulierbare Größen geworden. Die dezentrale, stark an den örtlichen Kirchengemeinden orientierte Arbeit des Diakonischen Werkes ermöglicht im Unterschied zu einigen anderen Wohlfahrtskonzernen noch eine persönlich gestaltete Beratungsarbeit in zahlreichen Sozialstationen. Für den Großteil der Einrichtungen des Diakonischen Werkes gilt aber, daß die kirchliche Organisation »nur« Träger einer öffentlichen Aufgabe ist, die ihren Anspruch auf staatliche Finanzierung in vollem Umfang anmeldet. Mit öffentlichen Spendenaufrufen tritt das Diakonische Werk immer dann in Erscheinung, wenn es um Katastrophen-Hilfe geht. Es erleichert die Einsätze und die Organisation von Hilfeleistung, daß die Zentrale des Diakonischen Werkes in enger Verbindung mit den Fachleuten von Brot für die Welt arbeitet, deren Büros auch im selben Hause sind. Positiv fällt auf, daß das Diakonische Werk noch niemals eine Katastrophen-Spendenstimmung erzeugt hat, mit der die Spendenbereitschaft der Bürger ausgenutzt werden soll. Im Gegenteil: Immer wieder wird darauf verwiesen, daß die Notfallhilfe zwar wichtig ist, aber nicht isoliert betrachtet werden darf von den Aufgaben, die notwendig sind, um die Folgen solcher Unglücke zukünftig zu mindern und um in den betreffenden Ländern Bedingungen zu schaffen, die nicht zu einer ewigen Spendenabhängigkeit führen. 1984 hat das Diakonische Werk für Katastrophenhilfe *DM 25,5 Millionen* Spenden eingenommen. 12 Millionen DM kamen als Zuschuß aus der Kasse von Brot für die Welt hinzu, die Bundesministerien zahlten noch einmal 2,4 Millionen DM. Für die Katastrophenhilfe des Diakonischen Werkes gilt:

Spenden empfohlen

ZENTRALWOHLFAHRTSSTELLE DER JUDEN IN DEUTSCHLAND e. V.

Hebelstraße 6
6000 Frankfurt am Main

In der Bundesarbeitsgemeinschaft der Freien Wohlfahrtspflege sitzen die jüdischen Wohlfahrts-Planer heute mit den Vertretern der Organisation an einem Tisch, die während der Nazi-Herrschaft einen nicht unerheblichen Anteil an der Zerschlagung jüdischer Sozialeinrichtungen hatte: das Deutsche Rote Kreuz, dessen verantwortliche Funktionäre damals mitmachten in der Diskussion um wertvolles arisches und unwertes jüdisches Leben. Schamhaft verschwiegen wird dieses Kapitel der Rot-Kreuz-Geschichte. Es gilt die Tagesordnung der Wohlfahrt in der Bundesrepublik Deutschland, in der die jüdische Zentralwohlfahrtsstelle zwangsläufig nur noch am Rande eine Rolle spielt. Es sind heute kaum mehr als 27000 Mitglieder jüdischer Gemeinden, die in der Bundesrepublik und in West-Berlin leben. Auch die institutionalisierte jüdische Fürsorge hat bis heute unter den Folgen des Dritten Reiches zu leiden, obwohl sie wieder aufgenommen wurde in den mächtigen Lobby-Verein der Wohlfahrt. Weil die jüdischen Gemeinden stark überaltert sind (mehr als 30 Prozent sind über 60 Jahre alt), steht die Betreuung von Senioren im Vordergrund aller Aktivitäten. Aus der Not der Schwäche wurde eine Tugend. Statt großangelegter Heimprojekte widmet sich die Zentralwohlfahrtsstelle mehr als die anderen Verbände der offenen Sozialarbeit und Fürsorge. Kindergärten, Jugendzentren und Beratungsstellen, aber nicht zuletzt Hilfen für jüdische Aussiedler aus der Sowjetunion und anderen Ostblock-Staaten, die in die USA oder nach Israel weiterreisen wollen, machen heute den relativ bescheidenen Arbeitsalltag der Zentralwohlfahrtsstelle aus. Leider hat sich der Verband dem Druck des Deutschen Roten Kreuzes und der anderen Wohlfahrtsorganisationen gebeugt und ebenfalls jede Auskunft über seine Finanzen abgelehnt.

Spenden nicht empfohlen

Die kirchlichen Hilfswerke

Anders als die klassischen Wohlfahrtsverbände haben insbesondere die kirchlichen Hilfswerke, die in der Dritten Welt Entwicklungsarbeit leisten, sehr viel dafür getan, die Notwendigkeit von Spenden sachlich zu vermitteln und Vertrauen aufzubauen. Evangelische und katholische Organisationen sind es, die auch einen unschätzbaren Beitrag dazu leisten, uns die Dritte Welt durch eine seriöse Informationsarbeit näherzubringen und über die spontane Betroffenheit hinaus Engagement zu wecken. Durchgängig beispielhaft ist auch die transparente Finanzpolitik dieser Hilfswerke, die Vertrauen rechtfertigt.

ADVENIAT
BISCHÖFLICHE AKTION
Postfach 100 152
4300 Essen 1

Adveniat ist das katholische Missionswerk für die Kirche in Lateinamerika. Die 1961 zum ersten Mal durchgeführte Kollektenaktion für die Ausbildungsförderung von Theologiestudenten in Südamerika sollte einmalig bleiben, wird nach dem großen Erfolg allerdings seitdem jährlich zu Weihnachten wiederholt. Mit weit über 1,5 Milliarden Mark wurden bisher von Argentinien bis Venezuela zahlreiche kirchliche Missionsprojekte gefördert.

Schwerpunkt sind Bildungsprogramme, die nicht darauf ausgerichtet sind, eine westliche beziehungsweise europäische Theologie zu transportieren, sondern die einheimischen Partner in ihrem Streben nach Unabhängigkeit und Selbständigkeit zu unterstützen.

Mission ist im Verständnis von Adveniat »Entwicklungshilfe«, und das wachsende Gewicht der Kirche in Lateinamerika auf dem Gebiet der Sozialpolitik und der Parteilichkeit für die Armen gibt der Konzeption recht. Selbstvertrauen und Mut brauchen Hilfe – Adveniat leistet sie partnerschaftlich orientiert und solidarisch, ohne Bedingungen, ohne Diktat. Die Werbung der Organisation zielt nicht auf die breite Bevölkerung. Katholische Gottesdienstbesucher sind in aller Regel die Spender, die auch regelmäßig über ihre Gemeinde mit Informationsmaterial versorgt werden, das sachlich, informativ und eher dezent gestaltet ist. Keine Probleme hat Adveniat mit seinen Abrechnungen, die selbstverständlich den Spendern und der Öffentlichkeit zur Verfügung gestellt werden. Die letzte Spendenaktion 1984/85 erbrachte Einnahmen in Höhe von *DM 125,658 Millionen.*

Spenden empfohlen

BROT FÜR DIE WELT
Stafflenbergstr. 76
7000 Stuttgart 1

Es gibt wohl kein anderes Hilfswerk, das so viel an Engagement und Überzeugung in die Vertrauensbildung gegenüber den Spendern »investiert«. Brot für die Welt ist eine Einrichtung des Diakonischen Werkes in der Evangelischen Kirche. Partner der Organisation sind in der Regel die eigenständigen Kirchen sowie nichtkirchliche Selbsthilfegruppen, die sich »solidarisch am Kampf gegen Hunger, Krankheit, Unwissenheit und wirtschaftliche Unterentwicklung beteiligen«.

Die Entwicklungsprojekte in der Dritten Welt zielen in Schwerpunkten auf die Förderung von Landwirtschaft und Handwerk, der medizinischen Basisversorgung und die Einrichtung von Sozialstationen sowie auf Ausbildungsprogramme, die an den praktischen Bedürfnissen der Bevölkerung orientiert sind und nicht Eliten züchten sollen. Allen Projekten von Brot für die Welt liegt eine entwicklungspolitisch durchdachte Konzeption zugrunde. Auf die fachliche Kompetenz der Mitarbeiter, die über die Mittelverwendung entscheiden, kann sich jeder Spender verlassen. Die Spendenwerber drücken mit ihrer Öffentlichkeitsarbeit nicht auf die Tränendrüse, sondern verlangen eine intensive Beschäftigung des Spenders mit den politischen und wirtschaftlichen Realitäten in der Dritten Welt. Nach Meinung der Organisation bergen »sensationell aufgemachte Hilfsappelle eine große Gefahr«. Jede Euphorie, was den möglichen Erfolg von Hilfeleistungen betrifft, fehlt bei Brot für die Welt. Statt dessen bekommt der Spender fast nüchterne und sachliche Hintergrundinformationen vermittelt, die kritische Fragen zur eigenen Arbeit und zum allgemeinen System der Hilfe nicht verschweigen: Elend, Hunger und Not sind danach keine Naturereignisse, und Katastrophen haben dort fatale Folgen, »wo das Sozialsystem versagt, den Herausforderungen zu begegnen«. Und an diesem Versagen sind nicht zuletzt »wir« mitschuldig, die internationalen Wirtschaftsstrukturen, die egoistische Agrarpolitik, die Industriestaaten, die durch Rüstungsexporte »helfen«, Kriege und Kämpfe in Entwicklungsländern möglich zu machen. Hilfe heißt Lernen, und das Spenden will Brot für die Welt den Spendern nicht so leicht machen. Der Griff zum Geldbeutel soll eine bewußte, eine solidarische Entscheidung sein, mit der das Nachdenken nicht beendet ist. Die Projektbeschreibungen, die in verständlicher Kurzfassung jedem Spender und Interessenten zur Verfügung stehen, sind Musterbeispiele für einen seriösen Umgang mit denen, die Geld für den guten Zweck geben.

In den Jahresberichten kann sich jeder darüber informieren, mit wieviel Geld welches Hilfsprojekt finanziert wurde. Die Finanzpolitik von Brot für die Welt ist transparent, Fragen zu Rücklagen und Zinserträgen und zu langfristigen Projektverpflichtungen werden detailliert beantwortet. Die Aktion Brot für die Welt sammelte 1983/84 inklusive des »Afrika-Tags« Spenden in Höhe von *DM 112 Millionen.*

Spenden empfohlen

DEUTSCHE BIBELGESELLSCHAFT
Balinger Straße 31
7000 Stuttgart 80

»Die Bibelmacher« nennen sie sich selbst, die Mitarbeiter dieser kirchlichen Stiftung, die in der Tradition der 1710 gegründeten »Cansteinischen Bibelanstalt« steht, die es zum Ziel hatte, die Luther-Bibel zu einem billigen Preis zu verbreiten. Die Deutsche Bibelgesellschaft ist in diesem Sinne heute ein riesiger Dienstleistungsbetrieb, von dem die Texte der Heiligen Schrift in alle Sprachen übersetzt werden. »Aktion Weltbibelhilfe« heißt die Anstrengung, die noch immer wachsende Nachfrage nach dem Buch der Bücher zu befriedigen. Allein in deutscher Sprache werden jährlich annähernd 500 000 Exemplare gedruckt. Die fremdsprachigen Übersetzungen werden nach Afrika, nach Asien und bis in die Sowjetunion geliefert. Die Spendenwerbung, die sich durchaus der modernen Methode des Mailings bedient, zielt ausschließlich auf Christen, die sich mit der Idee der Bibelverbreitung identifizieren können. Die Deutsche Bibelgesellschaft ist in der Ansprache der Spender sehr sachlich und verzichtet auf Druck oder Nötigung. Es sind immerhin 100 000 Menschen in der Bundesrepublik Deutschland, die der Stiftung mit regelmäßigen Spenden helfen. Das ergibt eine stolze Bilanz. Die Einnahmen aus Spenden betrugen zuletzt *DM 10,42 Millionen.* Hinzu kommen Kollekten und Zuschüsse der Kirche in Höhe von weiteren 5,6 Millionen Mark. Die Finanz- und Rechenschaftsberichte der Organisation liegen offen. Spender, die eine solche Bibel-Mission für unterstützenswert halten, sollten darauf achten, daß es viele andere Vereine, vor allem amerikanische gibt, die vorgeben, ähnliches zu tun. Die Deutsche Bibelgesellschaft mit ihrer »Aktion Weltbibelhilfe« ist aber die einzige, deren Seriosität als unbestritten gelten kann. Deswegen:

Spenden empfohlen

DEUTSCHES INSTITUT
FÜR ÄRZTLICHE MISSION e. V.
Paul-Lechler-Straße 24
7400 Tübingen

Das weithin unbekannte Institut arbeitet eng mit der Evangelischen Kirche zusammen und wird von dieser auch maßgeblich finanziell unterstützt. Hauptziel ist die Beratung und die praktische Förderung der medizinischen Arbeit der Kirchen in der Dritten Welt. Wesentlich aber ist die Ausbildung von Mitarbeitern in einem eigenen Tropenheim, die sich auf den Einsatz in Übersee vorbereiten. Als Selbstverständnis gilt die Erkenntnis, daß Gesundheit keine lieferbare Ware ist. Kirchliche Mission wird von den Verantwortlichen des Instituts heute längst nicht mehr als Einbahnstraße Richtung armer Welt verstanden. »Heilung«, »Krankheit«, »Gesundheit« – diese Begriffe haben in Entwicklungsländern durchaus andere Inhalte, und der Tübinger Verein versucht mit bescheidenen Mitteln, diese mit der kulturellen und religiösen Identität verbundenen Werte auch hier begreifbar zu machen und als Herausforderung für die europäische Medizin zu verstehen. »Gemeinschaftsbezogene Medizin« heißt die Formel, die sich noch lange nicht bei allen Entwicklungshilfeorganisationen durchgesetzt hat. »Wie Krankheit nicht bekämpft werden kann, wenn der Kranke dagegen ist, so kann Entwicklung ohne Beteiligung nicht gelingen«, so lautet eine zentrale These des Vereins. Christliche Mission, das beweist die Sachlichkeit der Informationen des Deutschen Instituts, kann heute auch ohne aufdringlichen Eifer und mit der Achtung vor den Menschen, ihrer Würde und ihrer Identität durchgeführt werden. Über die Finanzen wird gründliche Rechenschaft abgelegt. An Spenden standen dem Verein 1984 *DM 1,2 Millionen* zur Verfügung. Hinzu kamen stattliche Finanzierungshilfen von Brot für die Welt und Diakonischem Werk und von den evangelischen und katholischen Kirchen in Höhe von insgesamt 3,2 Millionen Mark.

Spenden empfohlen

JOHANNITER UNFALLHILFE e. V.
Sträßchenweg 14
5300 Bonn 1

Der christlichen Nächstenliebe fühlen sich die Johanniter verpflichtet, die das evangelische Pendant zum katholischen Malteser-Hilfsdienst sind. Auch hier ist der Vorstand traditionell von Adligen besetzt. Hinter dem weißen Johanniter-Kreuz auf rotem Grund verbirgt sich ein Dienstleistungsbetrieb, der sich seine Arbeit auf Heller und Pfennig bezahlen läßt. Die ehrenamtlichen Helfer des Vereins, die im Gegensatz zu den blaublütigen Repräsentanten wirklich helfen und anpacken, in allen Ehren: Mit Gemeinnützigkeit haben nur noch die Sprüche zu tun, die gemacht werden, um Spenden oder Mitgliedsbeiträge zu kassieren. Schwerpunkt der Johanniterarbeit ist der Krankentransport und der Rettungsdienst, der wohl umsatzträchtigste und bekannteste Geschäftsbereich des Vereins. Staatliche Zuschüsse und Leistungen der Krankenkassen sichern jeden mit oder ohne Blaulicht gefahrenen Kilometer mit großzügigen Beträgen ab.

Auf jede Anfrage nach den finanziellen Verhältnissen und nach dem Vermögen wird mit hartnäckiger Verweigerung reagiert. Es gibt keine Rechenschaft bei den Johannitern über Spenden, über staatliche Subventionen, ob für den Krankentransport oder für die Katastrophen- und Auslandshilfe. Wie sehr wirtschaftliche Erwägungen und vor allem die Konkurrenz zu DRK und ASB bei den Rettern im Vordergrund stehen, zeigt die Bauernfängerei in der kommerziell betriebenen Mitgliederwerbung. Seit 1982 hat sich die Zahl der Mitglieder vervierfacht, es sind heute über 180 000, von denen etwa 75 Prozent an der Haustür überredet wurden, ohne von den wirklichen Hintergründen zu erfahren. Vor diesen Werbern kann nur gewarnt werden! Die Gesamteinnahmen der Bundes-Johanniter können auf über *DM 100 Millionen* geschätzt werden. Allein an Spenden und Beiträgen dürften es über 10 Millionen DM sein. Weil nicht nur der Öffentlichkeit, sondern auch den zahlenden Mitgliedern eine ausführliche Bilanz vorenthalten wird und weil die gesamten Finanzen undurchsichtig sind:

Spenden nicht empfohlen

KOLPING-Werk e. V.
SOZIAL- und ENTWICKLUNGSHILFE
Kolpingplatz 5–11
5000 Köln 1

Adolph Kolping, ein katholischer Priester, gründete 1849 dieses Hilfswerk, das sich vor allem mit der Lösung der sozialen Fragen im 19. Jahrhundert auseinandersetzte. Nach dem Ersten Weltkrieg begann mit Einzelinitiativen die personelle Hilfe in Entwicklungsländern. Erst nach dem Zweiten Weltkrieg wurde organisiert mit der Unterstützung der in vielen Ländern arbeitenden »Kolping-Familien« (jeweils vor Ort arbeitende Organisationen) begonnen. Schwerpunkte des Engagements heute sind die armen Staaten in Lateinamerika. In Boliven, Brasilien, Argentinien und Chile wird gezielt Handwerksförderung betrieben. Das Kolping-Werk unterhält Berufsbildungszentren, fördert nicht zuletzt damit die ländliche Entwicklung, indem selbständige Handwerker unterstützt werden. »Keimzelle« aller Anstrengungen, die Selbsthilfe zu initiieren, ist jeweils die regionale Kolping-Familie. Die Aktivitäten aber bleiben nicht auf den engen Kreis der katholischen Gemeinden beschränkt, sondern sie münden in der Gründung von Genossenschaften und Organisationen, die sich als Interessenverband für die Armen zu bewähren haben. Dem Kolping-Werk geht es aber nicht nur um den Aufbau einer florierenden Wirtschaftsstruktur. In den lesens- und bedenkenswerten »entwicklungspolitischen Leitlinien« des Kolping-Werkes heißt es: »Ziel aller entwicklungspolitischen Bemühungen muß es sein, die notwendigen Voraussetzungen zu schaffen, um Menschenrechte in allen Teilen der Welt zu sichern und zu erhalten ... Dabei ist die Eigenart der jeweiligen Völker und Kulturen zu achten und das Bewußtsein zu fördern, daß für den wirtschaftlichen Fortschritt und die Gestaltung einer gerechten Gesellschaftsordnung in erster Linie den Völkern selbst eine Verantwortung zukommt.« Jedem, der sich näher mit Problemen der Entwicklungshilfe befassen möchte, kann die Lektüre des sehr sachlichen und klugen Informationsmaterials empfohlen werden. Nicht die Kontonummer des Vereins steht im Vordergrund, sondern der Versuch, mit einer durchdachten Konzeption zu überzeugen. Das Kolping-Werk ist auch ein Beweis dafür, daß mit relativ bescheidenen Mitteln und ohne viel Rummel eine Menge geleistet werden kann, wenn im Mittelpunkt nicht die geldsammelnde Organisation steht, sondern die Menschen, denen geholfen wird. 1984 hat das Kolping-Werk für seine internationale Arbeit *DM 2,2 Millionen* Spenden erhalten. Mit 4 Millionen DM wurden die Projekte vom Entwicklungshilfeministerium, der Europäischen Gemeinschaft und dem Land Baden-Württemberg unterstützt. Wegen hervorragender inhaltlicher und konzeptioneller Arbeit und wegen der Versuche, die Probleme der Entwicklungsländer auch in der Bundesrepublik auf beispielhafte Weise deutlich zu machen und nicht zuletzt aufgrund des offenen Umgangs mit den Finanzen:

Spenden empfohlen

MALTESER HILFSDIENST e. V.
Postfach 29 01 40
5000 Köln 1

Der Malteser-Verein, der ein Fachverband der katholischen Caritas ist, arbeitet nach dem gleichen Muster wie die Johanniter: Viel Adel in den hochrangigen Positionen und viele einfache ehrenamtliche Helfer und Zivildienstleistende, die den lukrativen Schwerpunkt des Geschäfts erledigen, den Krankentransport und den Rettungsdienst. Mit derselben Masche wie bei DRK, ASB und Johannitern werden Mitglieder geworben. Mit Hilfe mehrerer Firmen konnten die Malteser die Zahl ihrer Dauerzahler seit 1983 fast verdreifachen, es sind jetzt über 140 000, die glauben, daß der Verein auf ihre Beiträge von jeweils zwischen 40 und 120 DM pro Jahr angewiesen ist. Von den Werbepraktiken erfahren die Mitglieder ebenso wenig wie von der tatsächlichen finanziellen Situation. Auch über die wenigen Auslandsaktivitäten, etwa in Äthiopien oder in Thailand, werden Bilanzen nicht veröffentlicht, die Informationen dazu sind dürftig. Die »Jahresberichte« der Malteser enthalten zwar viel beeindruckende Statistiken über die Kilometerleistungen der Krankenwagen und Auskünfte über den Kfz-Bestand und über die Zahl der für den Notstands- und Kriegsfall ausgebildeten Schwesternhelferinnen, es fehlen aber alle Angaben über die Finanzen und eben darüber, wie viele Millionen die Firmen einnehmen. Präsidium, Vorstand und Geschäftsführung der Malteser wissen, daß ihr sorgfältig gepflegtes Image der reinen Nächstenliebe und Opferbereitschaft nur so lange Bestand haben kann, wie die Buchhaltung unter Verschluß gehalten wird. Ohne Berechnung der Einnahmen aus den Malteser-Servicebetrieben kann geschätzt werden, daß allein an Beiträgen und Spenden pro Jahr mindestens *DM 10 Millionen* zur Verfügung stehen. Weil eine ausreichende Transparenz nicht gegeben ist:

Spenden nicht empfohlen

MISEREOR e. V.
Mozartstraße 9
5100 Aachen

Misereor ist das Bischöfliche Hilfswerk der katholischen Kirche für die Dritte Welt. Ausschließlich längerfristig angelegte Projekte mit den Schwerpunkten Ausbildung, Gesundheitswesen, Landwirtschaft und ländliche Entwicklung werden gefördert. Über 25 Jahre Arbeit in der Entwicklungshilfe, das bedeutet für Misereor trotz des großen finanziellen Erfolges der Spendenaktionen nicht selbstherrlich geworden zu sein. Im Gegenteil: Die kritischen Fragen zum System der Weltwirtschaft und zur Unterdrückung der Armen in der Welt werden lauter. Die Arbeit wird getragen von der Hoffnung, daß Solidarität und Gerechtigkeit keine Leerformeln bleiben. Zur Umkehr, zum Kurswechsel ruft Misereor die Menschen in der Bundesrepublik auf. Im Anspruch an die Werbung und die Öffentlichkeit sind viele Parallelen und eine konzeptionelle Übereinstimmung mit dem evangelischen Partner Brot für die Welt festzustellen. Die auch gemeinsam durchgeführten Informationskampagnen sind eine wohltuende, sachliche Alternative zu vielen anderen marktschreierischen Werbeaktivitäten. Sensibel beschriebene, unaufdringliche Berichte aus der Dritten Welt über Projekte und Pläne, stehen im Vordergrund. Die Spender werden nicht für dumm gehalten, sondern akzeptiert als Menschen, die zum Lernen fähig sind, ebenso wie sich die Verantwortlichen bei Misereor nicht als allwissende Experten präsentieren, sondern als Mittler und Treuhänder. Zu einem solchen Selbstverständnis gehört es, daß ohne Hemmungen den Spendern und der Öffentlichkeit gegenüber detailliert Rechenschaft abgelegt wird über die Verwendung des Geldes. 1984 hat Misereor aus Spenden und Kollekten *DM 146,10 Millionen* eingenommen. Knapp 125 Millionen kamen als Zuschüsse von Staat und Kirche hinzu. Weil Misereor auf der Basis einer durchdachten entwicklungspolitischen Orientierung arbeitet, die ihre Entsprechung in einer verständlichen und seriösen Informations- und Öffentlichkeitsarbeit findet und weil mit den Spenden sorgfältig umgegangen wird:

Spenden empfohlen

MISSIO
INTERNATIONALES KATHOLISCHES MISSIONSWERK e. V.

Pettenkoferstr. 26–28	Hermannstraße 14
8000 München 2	5100 Aachen

Das päpstliche Missionswerk ist nach der innerkirchlichen »Arbeitsteilung« zuständig für Afrika, Asien und Ozeanien, während Adveniat als Bischöfliches Hilfswerk allein die pastoralen Aufgaben für Lateinamerika übernommen hat. Die kompliziert wirkende Struktur katholischer Organisationen hat historisch-klerikale Gründe, ebenso wie die Tatsache, daß es Missio zweimal gibt, in Aachen und in München. Es gibt jedoch nur die Trennung in der juristischen Konstruktion, nicht aber in der Konzeption der Arbeit. Mehr als ein Drittel aller Katholiken lebt heute in der Dritten Welt. Junge unabhängige Kirchen sind dort meist auch die einzige »Lobby« der Armen. Mission im Verständnis von Missio ist längst nicht mehr »das Betätigungsfeld kirchlicher Spezialisten«. Die geistige und geistliche Unabhängigkeit der jungen Kirchen in der Dritten Welt und ihr Eintreten gegen »Überfremdung durch westliches Denken und westliche Zivilisation« wird von Missio tatkräftig unterstützt, eine kolonialistisch wirkende Bekehrungsstrategie gibt es nicht. Die finanziellen Leistungen aus Spenden dienen vor allem dem Aufbau und der Durchführung von Ausbildungsprogrammen der einheimischen Kirchengemeinden. Die Werbung von Missio ist sehr aufwendig gestaltet, sie wirkt teuer, aber die kompetent und sachlich vermittelten Inhalte der Vereinsarbeit, auch im Sinne der Bewußtseinsbildung hier, rechtfertigen dies durchaus. Professionell gemacht ist die Zeitschrift für die eine Million Missio-Mitglieder. Eindrucksvolle Berichte, Lebensbilder über die Arbeit der Organisation und ihre Partner in der Dritten Welt wecken Verständnis, Toleranz und überlegtes Engagement. Beispielhaft ist die umfangreiche Offenlegung der Finanzen gegenüber Spendern und Öffentlichkeit. Allein an Spenden standen Missio 1984 *DM 117 Millionen* zur Verfügung. Mit zusätzlich rund 60 Millionen DM wurde der Etat aus Kirchensteuermitteln aufgefüllt.

Spenden empfohlen

MISSIONSZENTRALE DER FRANZISKANER e. V.
Albertus-Magnus-Straße 39
5300 Bonn 2

Wenn es einem Glaubenswerk gelungen ist, glaubhaft und überzeugend klarzumachen, daß Mission heute keine Einbahnstraße mehr ist von der reichen in die arme Welt, daß den Menschen dort nichts »beizubringen« ist, sondern daß auch wir eine Menge zu lernen haben, dann kann sich die Missionszentrale der Franziskaner dieses Verdienst zurechnen.

Es sind Franziskaner-Mönche gewesen, die 1969 ihre »eigene« Hilfsorganisation gegründet haben. Franziskaner waren es in der Vergangenheit und sind es in der Gegenwart, die in der katholischen Kirche so manches »gegen den Strich« gebürstet haben, die Vordenker waren nicht zuletzt für das, was Verständnis von Kirche in der Dritten Welt bedeutet. Kirche buchstabiert sich unterschiedlich, in den Ländern der Dritten Welt anders als »in der weithin vergreisten europäischen Kirche«, sagen die Franziskaner. Die Missionszentrale hat aus solchen Erkenntnissen die Konsequenzen gezogen. Ihre Mitarbeiter in aller Welt, Schwerpunkt ist Lateinamerika, leben und praktizieren eine »Theologie der Befreiung« des Menschen, die nicht zuletzt von dem Franziskaner Leonardo Boff über die Grenzen Lateinamerikas hinaus zum Begriff gemacht wurde. Die in der heiligen katholischen Amtskirche umstrittenen und oft auch gründlich mißverstandenen und fehlinterpretierten Thesen der Franziskaner in Südamerika werden allein von der Missionszentrale in Bonn theologisch kompetent verbreitet und bekanntgemacht. Während Leonardo Boff vom Vatikan einen Maulkorb erhielt, schweigen die deutschen Franziskaner in der Missionszentrale nicht. Sie wehren sich nicht dagegen, wenn ihre Brüder draußen auf der Seite der Armen auch von namhaften kirchlichen Würdenträgern »Revolutionäre im Mönchsgewand« genannt werden. Was eher abfällig gedacht ist, akzeptieren die Franziskaner als Entwicklung für sich selbst, wünschen es für ihre Kirche auch in Europa, ohne dabei zu dogmatischen Prinzipienreitern zu werden. »Kirche kann nicht neutral sein, wenn Menschenrechte verletzt werden«, so heißt eine der Grundregeln für die Arbeit der Missionszentrale. Wie bei kaum einem anderen Hilfswerk sind hier Konzeptionen und Kriterien für die Förderung von Projekten erkennbar, einsehbar, transparent und nachvollziehbar. Die Bilanz der Hilfe ist eindrucksvoll. Vom Aufbau von Schulen und Werkstätten bis zur Einrichtung von Krankenhäusern, Sozialstationen, von der Förderung der Selbstorganisation über den Bau von Brunnen und Wasserleitungen bis hin zur Gründung von Genossenschaften – alle Projekte folgen der These des heiligen Franziskus, daß Gettos aufzubrechen sind, daß Mut gemacht werden soll, daß die Beziehung von Herren und Knechten umgewandelt werden soll, durch eine Revolution der Liebe, der Versöhnung. Entwicklung und Mission sind für die Franziskaner kein Gegensatz. Ohne das christliche Fundament ihrer täglichen Arbeit zu vernachlässigen, leisten sie mit ihrer Entwicklungshilfe und der Unterstützung von »Basisgemeinden« einen wichtigen Beitrag zur Emanzipation der Menschen, die es zu unterstützen gilt. Gesellschaftliche Strukturen und Ursachen von Unterentwicklung werden von diesen Missionaren nicht ausgeklammert, im Gegenteil: Die Ordensbrüder sind mitten in der Welt und sich damit ihrer unmittelbaren Verantwortung als Christen bewußt. Weil sie Sprachrohr sein wollen für die Armen, deren Sorgen und Nöte noch immer nicht verstanden werden, hat die Missionszentrale eine Informations- und Öffentlichkeitsarbeit in der Bundesrepublik aufgebaut, die an Professionalität und Seriosität kaum zu überbieten und im Bereich der Spendenwerbung beispielhaft ist. Jedem, der mehr wissen will über die Dritte Welt und über die Arbeit der Franziskaner in Lateinamerika, kann die Lektüre der Publikationen, die von der Missionszentrale herausgegeben werden, nur empfohlen werden. Mehr als 100 000 Menschen haben sich in der Bundesrepublik davon bereits überzeugen lassen und gehören heute zu den »Stammspendern« des Vereins. 1984 hat die Missionszentrale der Franziskaner *DM 8,3 Millionen* Spenden eingenommen. Der Nachweis über die Verwendung der Gelder ist einwandfrei.

Spenden empfohlen

PÄPSTLICHES MISSIONSWERK DER KINDER IN DEUTSCHLAND
Stephanstraße 35
5100 Aachen

»Hallo, liebe Kinder! Habt Ihr im Fernsehen die Bilder über die neue, anhaltende Dürrekatastrophe in Äthiopien gesehen? Sie bringt viel Leid über die Bevölkerung. Fast 50 Prozent der Menschen, die dort leben, sind Kinder. Wollt Ihr mithelfen, daß sie überleben? Wenn Ihr von Eurem Taschengeld jede Woche 50 Pfennig spendet, können wir vielen Kindern dort wenigstens einmal am Tag ein Essen reichen...« Sie haben richtig gelesen. Ein Spendenaufruf an Kinder von einem katholischen Hilfswerk. Alle getauften Kinder sind »kleine Missionare«, heißt es in den bunten Werbebroschüren des Vereins, die vornehmlich über Priester und Lehrer verteilt werden. Kinderpatenschaften werden vermittelt, zum Preis von DM 30 monatlich, Kinder in der Bundesrepublik werden durch eine preiswerte Mitgliedschaft von 4 DM jährlich langfristig an das Missionswerk gebunden, die Eltern erhalten eine steuerabzugsfähige Spendenquittung. Außer daß Hunger und Not herrschen, erfahren die geschickt umworbenen Kinder nichts von der Dritten Welt. Sie sollen mit ihrem Geld dafür sorgen, daß es immer mehr Christenkinder gibt, und sammeln sollen sie bei jeder Gelegenheit, bei Geburtstagen und allen Familienfeiern. Wie das Geld ausgegeben wird? Kinderbibeln in vielen Sprachen werden gedruckt, Heime unterstützt, in denen eine strenge Mission den Alltag diktiert. Kinder als Lockmittel sind erfolgreich. 1,1 Millionen sind Mitglieder des Vereins, und für ihre Eltern fehlt in der Selbstdarstellung der Organisation nicht der diskrete Hinweis, daß Testamente zugunsten der Mission »entgegengenommen« werden. Allzu plump scheint die Masche, zu simpel und verdummend ist die Werbung, aber immerhin oder trotzdem sind 1984 *DM 26,5 Millionen* Spenden in die Kassen geflossen, von Kindern gesammelt, die noch nicht beurteilen können, was mit dem Geld geschieht und ob damit nicht etwas Sinnvolleres gemacht werden kann als Kinderbibeln an hungernde Kinder zu verteilen.

Spenden nicht empfohlen

Freie christliche Hilfsorganisationen

»Christlich« ist ein beliebtes Etikett für gemeinnützige Institutionen. In diesem Marktbereich tummeln sich viele Vereine, und hier ist der Sumpf auch am tiefsten. Viele nennen sich einfach christlich und nutzen den damit verbundenen Werbeeffekt. Es gilt nicht immer, aber in vielen Fällen, daß streng religiös missionarisch ausgerichtete Vereine die größten Probleme haben, offen über ihre Finanzen zu reden. Wenn es um clevere Werbestrategien geht, sind diese Organisationen nicht zurückhaltend, im Gegenteil. Nicht jeder Verein, der in den Prospekten mit Bibelsprüchen wirbt, ist zuverlässig und vertrauenswürdig.

ADVENT-WOHLFAHRTSWERK e. V.
Am Elfengrund 50
6100 Darmstadt

Das Advent-Wohlfahrtswerk ist die Hilfsorganisation der »Sieben-Tags-Adventisten«. Die Mitglieder dieser freikirchlich organisierten Gemeinden glauben an die Wiederkunft von Jesus Christus auf Erden und verstehen sich selbst als »reformatorische Endzeitgemeinde«, die nicht den Weltuntergang prophezeit, aber die Auferstehung Jesu herbeisehnt. Weltweit fühlen sich über vier Millionen Menschen den Adventisten verbunden. Sie leben in einer sehr zurückgezogenen Gemeinschaft, scheuen die breite Öffentlichkeit. So ist das Advent-Wohlfahrtswerk nicht bereit, über seinen finanziellen Rahmen Auskunft zu geben. Fragen danach werden als unschicklich zurückgewiesen.

»Adventisten sind freigebig«, heißt es dazu lediglich. Die Werbung um Spenden richtet sich denn auch ausschließlich an den eigenen Zirkel der Gläubigen. In der Bundesrepublik sind das etwa 25 000 Menschen. Hilfe bei internationalen Katastrophen und Entwicklungshilfe-Programmen in Äthiopien, Zaire, Kamerun und Südafrika werden ausschließlich von der Dachorganisation »ADRA-Adventist Development and Relief Agency« in Washington organisiert. Ohne direkten Einfluß leitet der deutsche Zweig Spendengelder dorthin weiter. In dem spärlichen Informationsmaterial der Adventisten werden nur die Leistungen von »ADRA« genannt. Danach sollen 1984 insgesamt 14 Millionen Dollar für internationale Hilfsprogramme ausgegeben worden sein. Schätzungen auf der Grundlage einzelner Daten aus den zwölf Landesverbänden des Wohlfahrtswerks in der Bundesrepublik ergeben, daß hier jährliche Spenden in Höhe von *DM 2,5–3 Millionen* zusammenkommen. Wie viele Mittel für die Wohlfahrtsarbeit in der Bundesrepublik, etwa für Alten- und Seniorenheime, aus dem Sozialetat in die Kassen der Adventisten fließen, ist nicht zu erfahren.

Solange Spenden, staatliche Zuschüsse und Erstattungen nicht getrennt öffentlich ausgewiesen werden und kein Einblick in die Verwendung der gesammelten Gelder möglich ist:

Spenden nicht empfohlen

ALLIANZ-MISSION e. V.
Auf der Weide 17
6344 Dietzhölztal-Ewersbach

Die Allianz-Mission gehört zum Bund der freien evangelischen Gemeinden. In Brasilien, in Mali, auf den Philippinen wird eine strenge Missionsarbeit im klassischen Sinne betrieben. Fast als militant ist der Stil zu bezeichnen, mit dem bibeltreue Missionare versuchen, das Christentum zu verbreiten. »Helfen Sie mit, Japan für Jesus zu gewinnen«, heißt es in einem Werbeprospekt. »Noch herrschen Buddhismus und Shintoismus in Japan«, klagen sie und wollen Geld für die Bekehrung. Die Japaner werden sich allein schon wegen ihrer wirtschaftlichen Unabhängigkeit gegen solch rücksichtsloses Begehren wehren können. Im afrikanischen Mali aber, das laut Allianz-Mission zu den »vom Evangelium unerreichten Völkern« zählt, haben die von Armut geplagten Menschen dazu keine Chance. Nichts gegen Mission und Ausbreitung des Christentums in aller Welt. Wer aber, wie die Allianz-Prediger, einen Alleinvertretungsanspruch begründet und wer eher vom »Hunger nach Gott« als vom tatsächlichen und spürbaren Hunger redet, der hat nichts begriffen von der Armut und den Ursachen der Not. Mit der auch von den großen christlichen Kirchen beider Konfessionen betriebenen Mission hat das nichts zu tun. Bedenklich erscheint, daß aus den Unterlagen des Vereins nicht abzulesen ist, wieviel Spendengeld für religiöse Mission und wieviel für materielle und direkte Hilfe, etwa für Nahrungsmittel und Medizin, ausgegeben wird. Auch über die Gesamtsumme der Spendeneinnahmen schweigt sich die »Allianz« aus. Es kann aber als gesichert gelten, daß jährlich Spenden in Höhe von *DM 3,5 Millionen* gesammelt werden. Aus dem »Kulturfonds« des Außenministeriums wird der Verein mit DM 21 000 unterstützt. Vorstand und Geschäfts- beziehungsweise Missionsleitung des Vereins sind nicht strikt voneinander getrennt.

Spenden nicht empfohlen

BRUDERSCHAFT SALEM e. V.
8652 Stadtsteinach

Ob der Verein des Gottfried Müller in Bayern nur ein Verein und gemeinnützig ist oder auch eine GmbH und ein gemeinnütziges Sozialwerk oder eine GmbH & Co. KG, das alles ist nicht mehr zu durchschauen. Der heute 71jährige Gründer Müller hat es verstanden, viele diffuse Unternehmenszweige miteinander zu verknüpfen. Sogar Finanzämter und Amtsgerichte haben offenbar kapituliert und lassen den Verein weitermachen. Äußerst seltsam ist die Formulierung in der Satzung, die dem Verein die Aufgabe zuweist, »die gemeinnützigen Ziele der Bruderschaft Salem GmbH zu fördern«. Der Verein sammelt Spenden für angebliche Projekte in Uganda und im »früheren Deutsch-Südwest-Afrika«. Eine andere Unterabteilung ist das »Salem-Hilfswerk für Tiere«, denn auch der Tierschutz ist als Zweck in der Satzung festgeschrieben. Wie er an das Geld von gutgläubigen, meist religiös motivierten Leuten herankommt, hat Müller in einem Konglomerat wirrer Konstruktionen perfekt systematisiert. Er scheut sich auch nicht, seine Spender aufzufordern, ihr Testament zu machen – zugunsten von Salem-Müller: »Zu Lebzeiten ein Hilfswerk wie Salem in sein Testament aufzunehmen ... Man soll die Sache regeln, solange man lebt; heute leben Sie noch, lieber Leser und Salem-Freund!« Müller unterhält in Stadtsteinach auch die Biokurklinik »Lindenhof«, für die er ebenfalls in seinen Bettelbriefen wirbt. Versprochen wird von der »Darmsanierung« bis zur »Krebsnachsorge« fast alles. Bei »Verdacht auf Krebs« kündigt Müller »gezielte Ursachenforschung« an, aber auch für »Streß« existiert ein Behandlungsprogramm. Ohne ärztliche Leistungen kostet ein Tag im Lindenhof rund 115 DM, wer eine Woche »Bio-Urlaub« buchen möchte, zahlt DM 406 in der »anerkannten privaten Krankenanstalt«. Gottfried Müller hat die Ökowelle entdeckt: Bio-Landwirtschaft auf dem eigenen Salem-Gutshof. Warum nur Spenden sammeln, wenn sich Ideen auch verkaufen lassen? Eine weitere Firma ist im Spiel: Die »Salem-Verwaltungs-GmbH & Co. Beteiligungs KG«, die unter derselben Telefonnummer und Adresse wie der eingetragene Verein zu erreichen ist. Dieser Betrieb ist die Bezugsquelle für »Vollwert-Lebensmittel« und

»Vollwert-Körperpflegemittel«. Das Programm bietet zum Beispiel »5 Dosen Vollkornbrot für DM 22,85« oder »Salem-Soja, 2,5 kg, DM 34,50«, 5 Pfund Salem-Spaghetti kosten 21,60 DM, die »Salem-Getreidemühle« ist für 275 DM zu haben. Der Müller-Konzern wäre unvollständig beschrieben, wenn nicht der Salem-Buchversand und das Salem-Forschungsinstitut erwähnt würden, mit denen die wirtschaftlichen Verhältnisse weiter kompliziert werden. Den Salem-Verein als Konstrukt eines gestörten Phantasten abzutun, wäre zu einfach. Denn Müllers Kontakte und Verbindungen zu eindeutig rechtsradikalen Kreisen sind offensichtlich. Auch darum hat sich noch keine Behörde gekümmert, obwohl Salem bis heute in Kinderdörfern, gegen Abrechnung versteht sich, Kinder und Jugendliche amtlich genehmigt betreut, um sie »charakterlich zu festigen« – und vegetarisch zu ernähren. 1977 durfte Salem-Mitglied und Müller-Freund Kinderarzt Prof. Dr. H. Mommsen aus Frankfurt sich in der Salem-Zeitung über »des deutschen Sprachraums Aufgabe« auslassen: »Deutschland hatte sich gegen eine Welt von Freunden zu wehren. Es erlag heldenhaft sowohl 1918 wie 1945.« Der Alt-Nazi Mommsen hat, ebenfalls 1977, in dem Blatt der rechtsextremen »Vereinigung verfassungstreuer Kräfte« (VVK) seine Ideologie weiter verbreitet: »Persönlichkeiten, die dem deutschen Sprachraum entstammen, sind in der Welt führend, um das biologische Zeitalter einzuleiten. Und auf diese Weise wird Deutschland, das die Mitte Europas darstellt, wieder die ihm gebührende Stellung erlangen.«

Gottfried Müller zählte auch den SS-Oberst Kappler zu seinen Freunden. Der in Italien von seiner Frau aus der Haft befreite Nazi konnte sich der Hilfe von Salem sicher sein, ebenso wie der »Kriegsgefangene« Walter Reeder in Italien. »Beten wir für ihn«, schrieb Müller in seiner Postille an die Spender. Daß Gottfried Müller seine Nazi-Sympathien nicht zu verbergen sucht, zeigt auch die Einrichtung des »Salem-Arbeitsdienstes«. Im Juli 1976 kündigte er das große Werk an: »Junge Leute, innerlich und äußerlich saubere Burschen und Mädchen, erhalten auf Anfrage weitere Auskunft durch Salem Abt. Arbeitsdienst.« Mit Salem will Müller »die Jugend retten«, einen altbekannten neuen Menschen kreieren.

»Statt Abtreibung – Hilfe.« Schwangeren Frauen und Mädchen rät er: »Laßt um Gottes Willen nicht Euer Kindlein ermorden. Habt es von jetzt an herzlich lieb. Ihr könnt es in Ruhe zur Welt bringen, wo und wie, das sagen wir Euch gerne! Wir werden später gerne für Euer Kind sorgen, wenn Ihr es nicht könnt oder nicht wollt.«

Der Salem-Trust läßt nichts aus. Nur über die Finanzen von Verein, GmbH und GmbH & Co. KG schweigt Müller beharrlich. Daß der caritative Unternehmer aber kein kleiner Fisch im Teich der Spendenhaie ist, zeigt die Auflage seiner Salem-Zeitung. 500 000 Exemplare in jedem Quartal. Von über 100 000 Mitgliedern hat Müller selbst einmal gesprochen. Niemand weiß, ob das stimmt. Der Werbeaufwand des Vereins allerdings ist riesig, und deswegen kann auf der Grundlage von Schätzungen davon ausgegangen werden, daß jährlich etwa *DM 4–5 Millionen* Spenden in die Müller-Kasse gezahlt werden. Das Diakonische Werk in Stuttgart: »In allen Organisationen und Firmen ist Müller alleinverfügungsberechtigt, so daß bei Spenden und Mitgliedsbeiträgen nie zu übersehen ist, in welche seiner vielen Einrichtungen das Geld fließt.«

Spenden nicht empfohlen

CHRISTLICHE OSTMISSION
DEUTSCHES MISSIONSZENTRUM e. V.
INTERNATIONALER HILFSFONDS
Otto-Hahn-Straße 10–14
6382 Friedrichsdorf 2

Diese Organisationen mit den wohlklingenden Namen, die Kompetenz versprechen, gehören zu den nach reinen Marketing-Gesichtspunkten und Werbestrategien arbeitenden Hilfswerken. Der Internationale Hilfsfonds ist ein Zweig des Deutschen Missionszentrums, ebenso wie die ebenfalls um Geld bettelnde Christliche Ostmission. Alle diese Vereinigungen gehören dem Amerikaner Joe Bass, dessen Rolle auf dem Spendenmarkt in diesem Buch ausführlich gewürdigt wird (siehe Seite 69). In Friedrichsdorf im Taunus haben Manager ihren Arbeitsplatz, die ausschließlich dafür hochdotiert sind, Spenden einzutreiben. Einen direkten Einfluß, wie die Millionen zweckentsprechend in Entwicklungsländern eingesetzt werden, haben die deutschen Mitarbeiter nicht. Joe Bass entscheidet. Seine Organisation in der Bundesrepublik Deutschland ist in großem Umfang mit hohen Investitionen auf dem Gebiet des Adressenhandels aktiv. Die gesamte Konstruktion des Unternehmens und die Allmacht des Joe Bass mit seinen umstrittenen Beratern und seinen diversen Firmen und Verlagen kann Skepsis und Mißtrauen nur verstärken. Verwirrend sind auch die Angaben – soweit sie überhaupt gemacht werden – über die Finanzen des Vereins, weil immer andere Zahlen genannt werden, die sich häufig widersprechen und so kein einheitliches Bild ergeben. Der Spendenkonzern hat offenbar absichtlich für eine derartige große Konstruktion gesorgt, um jede Überprüfung unmöglich zu machen. Erkenntnisse und Informationen lassen die realistische Schätzung zu, daß der Gesamtbetrieb in der Bundesrepublik 1984 Spenden in Höhe von *DM 24 Millionen* erwirtschaftet hat.

Die niveau- und informationslose Werbung, die undemokratische Vereinsstruktur und die weitgehend undurchsichtigen Finanzverhältnisse des Vereins lassen derzeit nur ein Ergebnis zu:

Spenden nicht empfohlen

CHRISTOFFEL-BLINDEN-MISSION e. V.
Nibelungenstraße 124
6140 Bensheim 4

Über die Spenden-Praxis dieses Vereins, der zu den ältesten gemeinnützigen Verbänden in der Bundesrepublik zählt, ist in diesem Buch ausführlich berichtet worden (siehe Seite 58). Die Seriosität dieser Hilfsorganisation muß ernsthaft bezweifelt werden. Bisher war es stets gelungen, im stillen und verborgenen zu arbeiten. Jetzt ist eine gründliche Durchleuchtung des Finanzgebarens unumgänglich geworden. Ein gefälschter Spendenaufruf und eine fragwürdige internationale Rechtskonstruktion mit einer »Holding«-Gesellschaft in der Schweiz haben die Blindenmission ins Zwielicht getaucht. In den über 700 Projekten in 93 Ländern der Erde, in Ausbildungs-, Heil- und Pflegestätten für Blinde und Behinderte wird zu einem erheblichen Teil auch nach Auskunft anderer Hilfswerke eine hervorragende Arbeit geleistet. Die 38 Vereinsmitglieder und der Vorstand der Christoffel-Mission haben aber ihren »Missions-Chef« und Direktor Siegfried Wiesinger nicht genug kontrolliert. Wiesingers Machtfülle hat mit einer demokratischen Vereinsstruktur bei gleichzeitig vorhandenem riesigem finanziellem Volumen der Organisation nichts mehr zu tun. Wohlgemerkt: Die Geschäfte und Geldverschiebungen sind legal, aber moralisch in höchstem Maße angreifbar, besonders bei einem Verein, der sich so gern auf sein christliches Fundament beruft. Allein in der Bundesrepublik Deutschland werden jährlich über *DM 77,6 Millionen* Spenden gesammelt. Weltweit dürften es über DM 100 Millionen sein.

Weil Geldausgabe und Geldausgabenkontrolle de facto in einer Hand liegen, kommt das Deutsche Zentralinstitut für Soziale Fragen zu dem Ergebnis: »Insgesamt können wir den ordnungsgemäßen und effektiven Einsatz aller Spenden nicht oder nur unvollkommen nachvollziehen.«

Spenden nicht empfohlen

CHRISTUSTRÄGER WAISENDIENST e.V.
Langeckweg 6
7500 Karlsruhe

»Es ist nicht im Sinne unserer Bruderschaft, in irgendeinem Buch öffentlich dargestellt zu werden!« Mit diesen kargen Worten hat der Verein jede Auskunft über sich verweigert. Drei Schwestern der evangelischen Bruderschaft Christusträger leben zusammen und »machen« nebenbei den Verein, in »engster häuslicher Gemeinschaft«. Patenschaften werden vermittelt, in Pakistan, Indien, Argentinien, Brasilien, Kolumbien. 1400 Kinder sind es etwa, für die monatlich je 40 DM oder 50 DM an die Schwestern gezahlt werden müssen. Schwester Margarete Knauber ist im Vorstand und »Generalsekretär«. Sie behauptet, der Verein betreibe keine Werbung. Im Prospekt und in Handzetteln aber heißt es: »Weitere Kinder warten auf Pateneltern.« Die Werbung ist dürftig. Völlig unklar bleibt, wieviel Geld aus Spenden für die direkte materielle Hilfe in den Projekten und wieviel für religiöse Bekehrungsarbeit ausgegeben wird. Aus den Akten des Amtsgerichts in Karlsruhe geht der kuriose Umstand hervor, daß Mitgliederversammlungen des Vereins auch »auf schriftlichem Wege« stattfinden, was immer das heißen mag. In den angefertigten Protokollen ist dann belegt, daß der Vorstand des Vereins weitgehend unter sich tagte. Es wird öffentlich keine Rechenschaft abgelegt; über Vermögen und Anlagewerte schweigt sich der christliche Klüngel in Karlsruhe aus. Aus der Zahl der Paten mit regelmäßigen Spenden kann geschätzt werden, daß der Verein pro Jahr mindestens über *DM 800 000* Spenden verfügt. Wegen der Form der Werbung, der Vereinsstruktur und mangelnder finanzieller Transparenz sind:

Spenden nicht empfohlen

DEUTSCHER HILFSFONDS e. V.
Am Kirschenberg 53
6360 Friedberg/Ockstadt

Der Deutsche Hilfsfonds ist eine Abspaltung vom »Deutschen Missionszentrum« und dessen Spendenvereinen »Internationaler Hilfsfonds« und »Christliche Ostmission« (siehe Seite 183). Vor wenigen Jahren erst hat Heinrich Floreck den Konzern des Amerikaners Joe Bass mit einem Eklat verlassen und kurzerhand seinen eigenen Verein gegründet, der zum Verwechseln ähnlich und mit denselben Prinzipien in der Werbung arbeitet. Auch Floreck hat seiner Organisation eine »Christliche Ostmission« angegliedert, die angeblich verfolgte Christen in kommunistischen Ländern und eine »geheime« Bibeldruckerei in der Sowjetunion unterstützt. Mit Massendrucksachen betreibt der Deutsche Hilfsfonds eine massive Hungerpropaganda auf niedrigstem Niveau, die sich stets an den in den Medien gerade schlagzeilenträchtigen Sensationen und Katastrophen orientiert. Floreck, früher Direktor einer Bausparkasse, hat zwar das Verdienst, zur Aufklärung über den dubiosen Bass-Verein beigetragen zu haben, seine eigene Organisation aber ist heute ähnlichen Zweifeln ausgesetzt, was den Nachweis über die seriöse Verwendung von Spendengeldern betrifft. Eine öffentliche Rechenschaft wird nicht abgelegt. Vorstand und Geschäftsführung des nur wenige Mitglieder umfassenden Vereins sind nicht voneinander getrennt. Alles in der Organisation ist auf die Person Florecks zugeschnitten. Einblick und Kontrolle sind nicht in ausreichendem Maße gewährleistet. Nur auf der Grundlage von Schätzungen und internen Informationen muß davon ausgegangen werden, daß jährlich mindestens *DM 1,5 Millionen* Spenden eingezahlt werden. Die gesamten Umstände und die nur wenig demokratischen Zustände im Verein, von der Werbung bis zur Organisationsstruktur und der fehlenden Kontrolle lassen nur ein Fazit zu:

Spenden nicht empfohlen

DEUTSCHE MISSIONSGEMEINSCHAFT e. V.
Buchenauerhof
6120 Sinsheim

Als »Mission im alten Sinne« versteht sich der Verein, der 170 Prediger und Missionare von Äthiopien bis Zaire, von Benin bis Pakistan im Einsatz hat. Die Mitarbeiter sind nicht nur verpflichtet, Bibelschulen aufzubauen, sie sollen auch praktische Nächstenliebe üben, indem sie sich an medizinischen, landwirtschaftlichen und handwerklichen Projekten beteiligen. Ziel aber ist in erster Linie, christliche Gemeinden zu gründen. Jeder Missionar ist schon in der Bundesrepublik gehalten, eine »Heimatgemeinde« oder einen »Freundeskreis« zu finden. Es wird zwar keine bestimmte Summe festgelegt, erwartet wird allerdings, daß die Heimatgemeinde oder der Freundeskreis die Finanzierung des Missionars mitträgt. Das ausführliche Informationsmaterial der Missionsgemeinschaft über die Länder, in denen Missionare arbeiten, ist sachlich gestaltet und beschränkt sich auf wenige historische, wirtschaftliche und demographische Daten. Von politischen Analysen über die Situation der Entwicklungsländer hält der Verein Abstand, weil es seiner Auffassung nach zu einfach ist, »Systeme, Machtstrukturen und Verhältnisse« als alleinige Ursachen von Unterentwicklung zu benennen. »Grundübel sind Habsucht, Machtstreben und die Sünde des Menschen«, heißt es in den Mitteilungen des Vereins, der »durch Christus neue Menschen gewinnen und nicht nur neue Umstände schaffen« will. Ob ein solches Verständnis von Theologie, Glauben und Religion im Interesse der Menschen ist, um die es geht, oder ob diese Individualisierung der Probleme nicht die Aufrechterhaltung von Ausbeutung und Ungerechtigkeit ermöglicht, das ist die zentrale politische und theologische Auseinandersetzung um den richtigen Weg zur Befreiung des Menschen. Ein Streit, an dem sich die Geister noch lange scheiden werden. Die Deutsche Missionsgemeinschaft ist ein seriös und offen wirtschaftender Verein. 1984 wurden Spenden in Höhe von *DM 6 827 819* eingenommen. Die Spender werden nicht darüber getäuscht, wofür sie spenden, für eine »Mission im alten Sinne«. Für die, die das in Ordnung finden:

Spenden empfohlen

HILFE FÜR BRÜDER e. V.
Dobelstraße 14
7000 Stuttgart 1

»Christen« sind die Zielgruppe dieses Vereins, der in enger Verbindung mit der Deutschen Evangelischen Allianz arbeitet. Und für Christen ist auch die Hilfe dieser Organisation gedacht, die seit 1980 im konservativ-evangelikalen Spektrum Spenden sammelt. Hilfe heißt in diesem Fall die Verbreitung des Evangeliums, der Aufbau von Bibelschulen, die Ausbildung von Pfarrern und die Unterstützung einheimischer Kirchen in der Welt, von Bolivien bis Zaire. Hilfe heißt aber auch materielle Leistungen für die Hungergebiete in Äthiopien und anderen Ländern Afrikas. Hilfe für Brüder unterscheidet sich in mancher Hinsicht von vielen anderen Missionsgesellschaften. Die Werbung des Vereins ist sachlich, informativ und aufrichtig. Umfangreich werden den Spendern die Projekte vorgestellt, und es wird klar gesagt, für welche Aufgaben Geld gesammelt wird. So wissen die Menschen genau, ob sie für Missionsarbeit oder für Hungerhilfe ihre Spenden geben.

Was immer man von der Meinung der Mission halten mag, die davon ausgeht, daß allein Jesus Christus die Lösung der Probleme in der Dritten Welt bieten kann, Hilfe für Brüder wirbt um Geld für eine deutlich umrissene Arbeit und versucht nicht, unter falschen Voraussetzungen in den allgemein humanitären Markt einzudringen. Die Spender erhalten gute und wichtige Informationen, die ihnen eine Entscheidung ermöglichen. Nicht zuletzt: Die Abrechnungen und die Finanzen werden nicht geheimgehalten. Das ist nicht selbstverständlich bei Missionsvereinen. Spenden in Höhe von *DM 3 846 000* wurden 1984 eingenommen. Über 3,2 Millionen Mark zahlte die Kirche in Württemberg an projektgebundenen Zuschüssen. Für Menschen, die in dieser Missionsarbeit eine gerechtfertigte Aufgabe sehen, sind

Spenden empfohlen

KINDERWERK LIMA e. V.
Fasanenstraße 4
7920 Heidenheim-Brenz

Das streng christlich ausgerichtete Hilfswerk konzentriert sich mit seinen Aktivitäten auf die Unterstützung einer Kinderheimstätte im Elendsviertel von Lima in Peru. 770 Kinder werden dort betreut und versorgt. Es sind Kinder, für die in der Bundesrepublik Deutschland Paten geworben wurden, die pro Kind DM 40 zahlen. In Peru wird versucht, die Mission mit der praktischen Fürsorge zu verbinden, wobei der Anspruch, die Kinder und deren Familien zum Christentum zu bekehren, absolut im Vordergrund steht. Es gelten für die Erziehung und Betreuung der Kinder die kulturellen und religiösen Prinzipien und Werte der Europäer, die das Geld bereitstellen, um den Auftrag zu erfüllen. Ein entwicklungspolitischer Hintergrund fehlt dem Kinderwerk Lima und somit auch die Einsicht und die Toleranz in die natürlich-gewachsene Lebensweise der Menschen, denen man helfen will. Die Mitarbeiter der Mission haben ein sehr einfaches Weltbild. Sie unterteilen die betroffenen Menschen in zwei Kategorien: in die, die für das Evangelium offen sind und in die, die ihrer Tradition folgen. In den Mitteilungen des Vereins heißt es dann, daß »wir gegen den Traditionalismus religiöser Art ankämpfen« müssen. Eine solche Hilfe, die ausschließlich und offenbar engstirnig dem Missionsauftrag Jesu folgt, ist am Ende rücksichtslos. Sie ist nicht überlegt, obwohl sicher gut gemeint. Diese Art der Verkündigung ist besessen von einem Alleinvertretungsanspruch auf religiöse Werte, mit Hilfe zur Selbsthilfe hat dies nur noch im Interesse der Macher zu tun. Die Werbung ist schlicht, und über die große kulturelle und historische Tradition des Landes Peru erfahren die Spender nichts. Die finanziellen Verhältnisse des Vereins werden offengelegt. Es ist aber nicht erkennbar, wieviel Geld allein für Mission und wieviel für direkte caritative Hilfe ausgegeben wird. 1984 kassierte das Kinderwerk *DM 1,34 Millionen* Spenden. Für Menschen, die mit ihrem Geld nicht nur christliche Mission fördern wollen:

Spenden nicht empfohlen

KINDERNOTHILFE e. V.
Düsseldorfer Landstraße 180
4100 Duisburg 28

Die Kindernothilfe ist die größte deutsche Patenschaftsorganisation. Mehr als 100 000 Pateneltern haben ein Kind in einem Entwicklungsland »übernommen« und zahlen dafür DM 50 im Monat. Allein 40 000 Kinder sind es in Indien, die in Einrichtungen der dortigen christlichen Kirchen leben und betreut werden. Die Kindernothilfe ist ein perfekt gemanagtes Unternehmen. Ein ehrenamtlicher Verwaltungsrat beruft den hauptamtlich tätigen Vorstand. Über die Probleme von Patenschaftsprogrammen ist in diesem Buch ausführlich auch am Beispiel der Kindernothilfe berichtet worden (siehe Seite 102). Es muß an dieser Stelle aber darauf hingewiesen werden, daß die Kindernothilfe keinerlei Spenden auf Umwegen über die USA in die Einsatzgebiete leitet, wie dies bei den großen anderen Patenschaftsvereinen der Fall ist. In Duisburg arbeiten Menschen, die ihr Konzept der Arbeit mit Argumenten vertreten und verteidigen können. Die Kindernothilfe jedenfalls hat in den letzten Jahren gezeigt, daß sie lernfähig ist. Sie hat sich von einem allzu dogmatischen Konzept der Heimpatenschaft gelöst und sucht auch nach anderen Möglichkeiten der projektorientierten Hilfe. Die Werbung aber in der Bundesrepublik ist noch immer auf die scheinbar individuelle Hilfe von reichen Menschen für arme Menschen ausgerichtet. Ein erhebliches inhaltliches Problem ist neben der gesamten Struktur von Patenschaftsprogrammen, daß die Arbeit in Entwicklungsländern allzu stark an westlichen Erziehungs- und Glaubensidealen orientiert ist. Die Rechenschaftsberichte und Bilanzen werden gründlich offengelegt, die Vereinsstruktur mit 750 Mitgliedern ist demokratisch aufgebaut. 1984 hat die Kindernothilfe Spenden in Höhe von *DM 63,18 Millionen* eingenommen. Trotz Bedenken gegen Patenschaftsvermittlung und zwar, weil die Kindernothilfe der einzige Patenschaftsverband ist, bei dem eine verantwortungsvolle und vertrauenswürdige Verwendung der Spendengelder gesichert scheint, sind für Menschen, die von dieser Form der Hilfe überzeugt sind:

Spenden empfohlen

INTER-MISSION e. V.
Köstnerstraße 20a
3000 Hannover 1

In der Bundesrepublik Deutschland, der Schweiz, in Holland und in England sammelt dieser Verein Spenden. Inter-Mission zählt zu den Missionsgesellschaften, die sich sowohl der Verkündigung des Evangeliums als auch der praktischen, materiellen Hilfe verschrieben haben. Schwerpunkt der Arbeit ist Indien. Dort werden in rund 80 Heimen und Tagesstätten 3000 Kinder unterstützt, die Paten in der Bundesrepublik Deutschland haben. Zwischen 50 und 100 DM kostet eine Patenschaft, die übrigens nicht nur für ein bedürftiges Kind, sondern auch für einen Missionar übernommen werden kann. Das Patenschaftsprogramm wird den Spendern als Lösung gegen Unterentwicklung angeboten. Aus der weitgehend sachlichen Werbung des Vereins ist allerdings zu entnehmen, daß über die Probleme der Heimerziehung und deren Funktion in der traditionellen, eben nichtchristlichen indischen Gesellschaft überhaupt nicht nachgedacht wird. Zu eng scheint bei Inter-Mission der ausschließlich christliche Horizont zu sein, der weniger entwicklungsorientiert als vielmehr missionarisch ist, mit einem sehr traditionellen Konzept. Der religiöse Anspruch zeigt sich weiter in dem Versuch, neben der Arbeit in Indien auch in der Bundesrepublik Deutschland das Evangelium zu verbreiten. Mit einer Teestube »Jesus-Treff« in Hannover wird versucht, Alkoholiker, drogengefährdete Jugendliche und Prostituierte von der Straße zu holen. Inter-Mission ist ein begrenzter Zirkel von durchaus engagierten Menschen. Aber humanitäre und christliche Ideale allein garantieren noch kein schlüssiges Konzept. Vor allem die Organisation der Patenschaften durch den Verein ist unreflektiert und ohne Überlegung. Ausdrücklich anerkannt werden muß die detaillierte Offenlegung der Bilanzen. Es wird solide abgerechnet. *DM 2,06 Millionen* Spenden sind 1984 eingegangen. Weil guter Wille allein aber noch keine wirkungsvolle Entwicklungs- und übrigens auch Missionsarbeit garantiert und weil sich der Eindruck aufdrängt, daß hier an den tatsächlichen Bedürfnissen der Menschen eher »vorbeigeholfen« wird:

Spenden nicht empfohlen

INTERNATIONALER MISSIONS-
HILFSDIENST
Lüneburger Str. 10
2000 Hamburg 90

Unter diesem Namen sammelt Günter Tesch Spenden. Der vom Finanzamt anerkannte Verein heißt allerdings Evangelistic Team. Von der Geschichte dieser Organisation und den Verwicklungen der Tesch-Familie ist in diesem Buch berichtet worden (siehe Seite 44). Trotz vieler Gerichtsverfahren und Ermittlungen, trotz Verurteilung wegen Betrugs, ist Günter Tesch nach wie vor als Sammler auf dem Markt und betreibt eine Werbung, auf die immer noch viele Menschen hereinfallen. Nicht nur in der Bundesrepublik Deutschland, sondern auch in der Schweiz, wo der Verein ein Postfach und ein Postscheckkonto unterhält, werden Millionen Bettelbriefe verschickt, die keinerlei sachliche Informationen vermitteln, sondern in denen Hunger, Elend und Not in Wort und Bild zu einer fast kitschigen Humanitäts-Schnulze zusammengeschludert werden. Auch Patenschaften fehlen im Angebot des Gemischtwarenhändlers Tesch nicht. Wie bei kaum einem anderen Verein bleiben beim Evangelistic Team und dem Internationalen Missions-Hilfsdienst die Finanzen im verborgenen. Auch die Briefe an die Spender enthalten niemals konkrete Informationen darüber, wie das gesammelte Geld verwendet wurde. Die maßgebliche Beteiligung des Tesch-Vereins an dubiosen Adressengeschäften wirft ein weiteres Schlaglicht auf die »Seriosität« der Organisation. Weil sämtliche Angaben über Einnahmen und Mittelverwendung verweigert werden, ist nur eine vorsichtige Schätzung des Umsatzes möglich. Es kann vermutet werden, daß in der Schweiz und in der Bundesrepublik Deutschland etwa *DM 4 Millionen* pro Jahr zusammenkommen.

Spenden nicht empfohlen

SILOAH BLINDEN- UND
AUSSÄTZIGEN-MISSION e. V.
Postfach 31 03 01
5900 Siegen

Nicht einmal die vielen streng evangelikalen Missionsgesellschaften in der Bundesrepublik wollen mit diesem Verein etwas zu tun haben, dessen Chef eine eigene Kirche gegründet hat und, Sektenvertretern nicht unähnlich, seine Missionare ausschickt, um Heil über die Welt zu bringen. Auch die Evangelische Kirche in Deutschland beobachtet das Treiben dieses Vereins mit Erschrecken. Karl Becker, der Vorsitzende und Missionsleiter, ist in zahllose dubiose Affären verstrickt, die in diesem Buch ausführlich dokumentiert sind (siehe Seite 49). Der Staatsanwalt ermittelt gegen ihn und seine engsten Freunde. Vornehmlich in Indien unterhält der Verein christliche Heime, und dort auch ist Karl Becker in den Verdacht geraten, durch mangelhafte Kontrolle Korruptionsfälle zumindest begünstigt zu haben. Aber auch den fragwürdigen Zahlungen aus Spendengeldern für dubiose Zwecke innerhalb der Bundesrepublik ist die Justiz auf der Spur. Der Verein bedient sich des Adressenkaufs in erheblichem Umfang. Wie das Geld verwendet wird, darüber rechnet Siloah öffentlich nicht ab. Die Kosten für Werbung und Verwaltung sollen nach Berichten ehemaliger Mitarbeiter unvorstellbare Ausmaße erreichen. Jede notwendige Entscheidung in dem Millionen-Unternehmen ist auf den Vereinschef Becker konzentriert, die Zahl der Mitglieder wird bewußt klein gehalten, und sie stammen alle aus dem engsten Familien- und Freundeskreis. Der Sektierer und selbsternannte Kirchenpräsident hat vor allem die Spendenmaximierung zu seinem Prinzip erhoben. Die Justiz wird viel Arbeit haben, um den »Fall Siloah« aufzuklären. Weil es strikt abgelehnt wird, über Spendeneinnahmen und -ausgaben Rechenschaft abzulegen, kann der Umsatz nur geschätzt werden. Zwischen *DM 13 und 15 Millionen* Spenden pro Jahr werden auf die Konten eingezahlt. Solange die staatsanwaltschaftlichen Ermittlungen nicht zu einer einwandfreien Klärung der erheblichen Vorwürfe geführt haben, sind

Spenden nicht empfohlen

WORLD VISION e. V.
Postfach 18 48
6370 Oberursel/Ts.

Ein »Verdienst« kann sich der amerikanische Spendenkonzern zurechnen: eine Werbung, die an Erpessung und Nötigung grenzt. Mit aller Macht und mit viel Geld hat sich der Verein in der Bundesrepublik zu den Spitzenreitern im Markt »geboxt«. Kinderpatenschaften wurden erst durch World Vision zu einem lukrativen Geschäft. »Hilfe direkt« wird den Spendern und den Paten versprochen. Die internationale Verschachtelung des Konzerns mit Zweigstellen von Australien über Kanada bis zur allmächtigen Zentrale in den USA berechtigt zu großen Zweifeln und läßt Fragen nach dem tatsächlichen Weg oder Umweg der Spendengelder offen. Um die hohen Startkosten des deutschen Vereins zu verschleiern, hieß es, daß sämtliche Verwaltungs- und Werbungskosten von der »Europa-Zentrale« in London übernommen wurden – ein bei vielen anderen international organisierten Verbänden beliebtes Täuschungsmanöver. Was die professionelle Werbung als inhaltliches Konzept zu verkaufen sucht, ist in der Bundesrepublik nichts anderes als ein florierender Geldbeschaffungsbetrieb. Über 34 000 Patenschaften hat das »christliche Hilfswerk« bisher vermittelt, weltweit sind es fast 400 000 Kinder in 32 Ländern, die eine – so der Anspruch – »christliche Erziehung« erhalten sollen. Unklar bleibt, wieviel Geld für klassische Mission und wieviel für tatsächliche materielle Hilfe ausgegeben wird und wieviel Geld die Verwaltung der Patenschaftsprogramme in den Ländern der Dritten Welt selbst kostet. In jüngster Zeit bemüht sich World Vision verstärkt, für »Katastrophenhilfe« zu sammeln. Hilfreich war dabei der Einstieg in das umstrittene Adressengeschäft. Fragen nach den tatsächlichen finanziellen Verhältnissen des Vereins und nach den Kosten für die aufwendige Werbung werden nicht beantwortet. Nur soviel ist sicher: Im Geschäftsjahr 1984 hat World Vision nur in der Bundesrepublik mindestens *DM 25 Millionen* Spenden eingenommen. Wegen großer inhaltlicher Bedenken auch gegen die internationale Konstruktion des Vereins:

Spenden nicht empfohlen

Konfessionell unabhängige Hilfswerke für die Dritte Welt

Es gibt viele private, kleine Initiativen, die mit persönlichem Engagement aus Betroffenheit angefangen haben und aus denen stattliche Hilfsorganisationen wurden. Weil ihnen weitgehend die starke und finanzkräftige Lobby der Kirchen fehlt, sind sie allein auf ihre Spontaneität und Intelligenz angewiesen, auch wenn es um die beste Strategie der Spendenwerbung geht. Einige davon aber verstehen mehr von Werbung als von Hilfe und wie sie geplant und organisiert werden muß.

ÄRZTE FÜR DIE DRITTE WELT e. V.
Elsheimer Straße 9
6000 Frankfurt am Main 1

Es waren Ärzte, die den Verein gegründet haben, um ihren Beitrag zu leisten bei Hilfseinsätzen in medizinischen Notstandsgebieten der Dritten Welt. Gesucht werden in der Bundesrepublik Ärzte, die ihren Urlaub und ihre Freizeit dafür verwenden, für einige Wochen in kleineren Gesundheitszentren in Entwicklungsländern auszuhelfen. Solche kurzfristigen Einsätze haben für den Verein durchaus einen Sinn, weil – so behaupten die Mitarbeiter – auch in sechs bis acht Wochen eine Menge an Aufklärung und präventiv-medizinischer Behandlung geleistet werden kann. Bewußt werden die Ärzte nicht in Großprojekte oder in komplett eingerichtete Krankenhäuser geschickt, sondern in die Slums der Städte. In Kalkutta arbeitet ein Team in einem Sozialzentrum des Elendsviertels, in Manila wird in der dort so genannten »Pestbeule« der Stadt auf einfachste Weise versucht, bei der medizinischen Grundversorgung zu helfen, und das heißt ganz bescheiden anzufangen, von der Wundversorgung bis zur Impfaktion. Die Ärzte, die einen solchen Einsatz anstreben, müssen die Hälfte ihrer Kosten für den Flug aus eigener Tasche bezahlen. Diese Art der Hilfe wirkt auf den ersten Blick aktionistisch und unüberlegt-spontan, zumal dem Verein jeder sonst übliche Verwaltungsapparat fehlt. Weil es aber beabsichtigt ist, unmittelbar und persönlich die Erfahrungen von medizinischen Experten zu vermitteln und nicht die perfekte Planung von neuen Krankenhäusern im Vordergrund steht, ist mit dieser Spontaneität durchaus auch ein Konzept verbunden. Nicht zuletzt die hier hochqualifiziert ausgebildeten Mediziner, die mit den Menschen in den Slums leben, lernen bei ihrer Arbeit in den Elendsvierteln eine Menge über sich, ihr Leben hier und ihre Medizin. 1984 hat der Verein Spenden in Höhe von *DM 406 693,86* eingenommen. Die Finanzen werden detailliert und vorbehaltlos offengelegt.

Spenden empfohlen

AKTION FRIEDENSDORF e. V.
Pfeilstraße 35
4200 Oberhausen 14

Als der Begriff »Bürgerinitiative« noch keine modische Formel war, wurde 1967 das Friedensdorf gegründet. 1967: das hieß »Vietnamkrieg«, Ohnmacht gegenüber der Unmenschlichkeit. 1967, das hieß aber auch: Ob christlicher Verein junger Menschen oder sozialistische Jugend, Die Falken, viele machten mit, um kriegsverletzten Kindern aus der napalmverseuchten Wüste Vietnams in der Bundesrepublik eine Chance auf medizinische Heilung und Betreuung zu geben. Vietnamkrieg – damals –, das hieß auch eine Welle der Hilfsbereitschaft. Spenden ermöglichten den Aufbau des Friedensdorfes als Zeichen praktischer Völkerverständigung. 1975 war der Krieg zu Ende, aber nicht die Folgen grausamer Verstümmelungen. Vietnam verschwand aus den Schlagzeilen, der Spendenstrom versiegte allmählich, dem Friedensdorf droht seitdem immer wieder der Bankrott. Daß bis heute 65 Kinder und Jugendliche aus Vietnam in Oberhausen Betreuung finden, daß es bis heute Menschen in Vietnam gibt, deren Körper von starken Verbrennungen gezeichnet sind, das alles ist für die Medien nicht mehr von Interesse. Einer Idee, der früher alle Beifall zollten, droht der Untergang. Menschlichkeit scheint vom aktuellen Tagesgeschäft der Presse abhängig zu sein. Die Aktion Friedensdorf arbeitet weiter, obwohl der Verein heute ständig mit schikanösen bürokratischen Maßnahmen zu kämpfen hat. Aus den Erlösen von Altkleidersammlungen wurde die Arbeit lange Jahre finanziert. Die Behörden verlangten daraufhin von dem Verein, daß er Steuern zahlt. Während andere, etwa das Deutsche Rote Kreuz und kommerzielle Unternehmen erhebliche Gewinne aus Altkleidersammlungen absahnen und von den Finanzbeamten verschont bleiben, weil sie eben die besseren Tricks kennen und über politische Verbindungen verfügen, wird der kleine Verein in Oberhausen zur Kasse gebeten.

Die Aktion Friedensdorf verfügt über ein Spendenaufkommen in Höhe von *DM 1 138 600.* Hinzukommen Bußgelder in Höhe von 118 800 DM. Die Bilanzen liegen offen.

Spenden empfohlen

AKTIONSGEMEINSCHAFT
SOLIDARISCHE WELT e. V.
Friedrichstraße 236
1000 Berlin 61

Die anspruchsvolle und konzeptionell streng durchdachte Arbeit der Aktionsgemeinschaft Solidarische Welt ist wohl mit verantwortlich dafür, daß es nicht gewaltige Summen sind, die »untergebracht« werden müssen. Es zählen nicht das »Marketing« und die Spendenmaximierung, es zählen die Inhalte – und damit gehört die ASW zu den heute selten gewordenen Vereinen in der Bundesrepublik, die mit sehr bescheidenen Mitteln eine vorzeigbare, ja beispielhafte Arbeit in Entwicklungsländern leisten. Nicht Mammutprojekte, die schlagzeilenträchtig und oft fälschlicherweise Erfolg und Leistung suggerieren, werden gefördert. Es sind – und das beweist der Alltag der Organisation – nicht sofort Millionenbeträge erforderlich, um in einzelnen Ländern Selbsthilfeinitiativen zu unterstützen und diesen einen Anstoß zu geben, unabhängig und frei nach ihrem Willen, selbstbestimmt eben, zu arbeiten. Die Beträge, die pro Jahr für einzelne Projekte ausgegeben werden, sind nur selten höher als DM 40 000. Es täuschen sich alle, die glauben, daß damit nichts bewirkt werden kann. Von der Bauern-Selbsthilfe-Initiative in einem Dorf an der Elfenbeinküste über die Landarbeitergewerkschaft oder die gezielte Förderung eines Frauenhilfeprojekts in Südindien bis zur Hühnerfarm in Nicaragua – stets sind es die kleinen Anfänge, die mit Spenden finanziert werden. Die Projektinformationen und die Zeitschriften beweisen, daß der Verein einer klaren Konzeption folgt. Berichte aus den Projektgebieten enthalten jede Menge an Hintergrundinformationen und problematisieren häufig das System der Entwicklungshilfe, die nicht immer Hilfe ist. Es versteht sich fast von selbst, daß die ASW detailliert über ihre Finanzen Auskunft gibt. Weil vor vielen Jahren bereits die anfänglich propagierten Patenschaften für einzelne Kinder als Irrweg erkannt wurden, geht das Spendenaufkommen in den letzten Jahren deutlich zurück. 1984 hat die Aktionsgemeinschaft Solidarische Welt *DM 1,8 Millionen* Spenden gesammelt.

Spenden empfohlen

AMREF
GESELLSCHAFT FÜR MEDIZIN UND FORSCHUNG IN AFRIKA e. V.
Mauerkircherstraße 155
8000 München 81

Erst mit dem »Afrika-Tag« der ARD wurde dieser Verein bekannt, als er sich in die spendensammelnden Organisationen einreihte. Gegründet aber wurde AMREF bereits 1963. Es ist das einzige Hilfswerk, das seine unmittelbare »Organisationsbasis« in Afrika direkt hat. Von Kenia aus werden in vielen Ländern des Kontinents mit vorwiegend afrikanischen Mitarbeitern basismedizinische Projekte erarbeitet und durchgeführt. Die Beratung von Regierungen beim Aufbau der öffentlichen Gesundheitspflege ist ein Schwerpunkt. AMREF ist ein kompetentes medizinisches Allroundunternehmen. Als »Flying Doctors« haben sich die Mitarbeiter des Vereins in Ostafrika einen Namen gemacht: Kranke Menschen werden über den Luftweg von Ärzten versorgt. Substantielle Aufklärungskampagnen zur Gesundheitserziehung sind ein weiteres Arbeitsgebiet. Bisher hat AMREF vor allem auch anderen staatlichen und nichtstaatlichen Entwicklungshilfeorganisationen mit ihrem »Know-how« geholfen. Die Informationen des Vereins über seine Arbeit sind leider immer noch fast ausschließlich in englischer Sprache nachzulesen. Die Werbung in der Bundesrepublik steckt in den Kinderschuhen, und der Erfolg des Afrika-Tages hat selbst AMREF überrascht. Die substantielle Arbeit des Vereins lohnt es aber durchaus, über den Kreis der rein fachlich Interessierten hinaus bekannt zu werden. Noch hat die Organisation große Hemmungen, über ihre Finanzen zu reden, weil dem großen Anspruch nur geringe Spendeneinnahmen gegenüberstehen und weil die Leistungen und Zuschüsse von anderen, vor allem staatlichen Entwicklungshilfeträgern um ein Vielfaches höher sind als der Spendenertrag. Der belief sich 1984 auf *DM 250 000.* Mit dem Afrika-Tag erzielte AMREF 1985 ein Aufkommen in Höhe von DM 800 000. Die zur Verfügung gestellten Zahlen und Abrechnungen lassen keinen Zweifel an der Aufrichtigkeit des Vereins zu.

Spenden empfohlen

ANDHERI-HILFE e. V.
Mackestraße 53
5300 Bonn 1

In Andheri, einem Vorort von Bombay, fing es 1960 an. Als Privatinitiative, ausschließlich von Not und Elend beim Anblick von Heimkindern geprägt, starteten einige wenige Menschen, zunächst aus eher naivem Drang zu helfen, eine Aktion zur Unterstützung elternloser und verlassener Kinder. Heute beweist die Arbeit des Vereins in Bangladesch und Indien, daß die Andheri-Hilfe sich selbst »entwickelt« und gelernt hat. Von der Einzelunterstützung durch Kinderpatenschaften hat sich die Organisation in einem langwierigen Prozeß gelöst und gehört jetzt zu den fundiert argumentierenden Kritikern solcher Programme. »Die Ursachen (nicht nur die Symptome) des Kinderelends müssen mittel- und langfristig bekämpft werden. Das kann nicht durch isolierte Kinderhilfsprogramme oder für ausgesuchte Kindergruppen erreicht werden. Kinder sind Teil ihrer Familie, ihrer Sippe, ihrer Dörfer, ihrer Gesellschaft.« Das hervorragende Andheri-Konzept, das gemeinsam mit den indischen Partnern erarbeitet wurde, sieht zum Beispiel die allmähliche Auflösung von Kinderheimen vor, während andere deutsche Spendenorganisationen mit ihrem Geld immer neue bauen. Die Kinder sollen ihren Platz in der Familie haben, und deswegen unterstützt der Verein Programme zur Stärkung der ländlichen Agrarstruktur, der Dorfentwicklung und der Gesundheitsdienste. In den frei gewordenen Heimen und anderen Einrichtungen werden Ausbildungsstätten geschaffen und keine Eliteschulen. Es wird bedürfnisorientierte Berufsbildung organisiert, auch indem örtliche Handwerksbetriebe Unterstützung erhalten, um Arbeitsplätze zu schaffen. Ein weiterer Schwerpunkt, vor allem in Bangladesch, ist die Blindenhilfe. Für Andheri bedeutet dies nicht nur die Möglichkeit in Basis-Hospitälern Heilung zu erreichen (70 Prozent der Kranken sind heilbar). Neben der Therapie wird mit Aufklärungsarbeit und Vorsorgemaßnahmen im Land ein Beitrag dazu geleistet, Blindheit, die aufgrund von Vitaminmangel und Ernährungsfehlern entsteht, zu bekämpfen. Die entwicklungspolitische Konzeption des Vereins ist aus einem Guß. Das Werbematerial der Andheri-Hilfe ist sehr sachlich und äußerst informativ gestaltet. Die Menschen, für die Spenden erbeten werden, sind Partner und nicht auf entwürdigende Weise vorgeführte Objekte. Die Spender werden ebenfalls ernst genommen und auf seriöse Weise auch über das Finanzgebaren des Vereins informiert, die Zahlen werden offengelegt. 37 000 Stammspender honorieren diese Art der inhaltlichen und finanziellen Glaubwürdigkeit mit jährlichen Spenden in Höhe von *DM 6 242 314.* Das Entwicklungshilfeministerium gab einen projektgebundenen Zuschuß von 758 000 DM.

Spenden empfohlen

BACOLOD PATENKINDER e. V.
Jungwirthstraße 6
8000 München 40

»Bacolod«, eine Insel, eine Stadt auf den Philippinen. Nur hier ist dieser Verein aktiv als Vermittler regelmäßiger Zahlungen, die von 3000 »Paten« in der Bundesrepublik monatlich aufgebracht werden. In mehrfacher Hinsicht ist Bacolod Patenkinder e. V. ungewöhnlich. Dieser Verein ist als reine Privatinitiative von »Amateuren« gegründet worden. Anlaß war der persönliche Eindruck einzelner vom konkreten Elend einerseits und von Mammut-Projekten großer Organisationen andererseits, deren Hilfe die Armen oft gar nicht oder nur unvollkommen erreicht. Bacolod will, trotz der Vermittlung von Patenschaften, über die Einzelfallhilfe hinaus etwas bewirken und den Familiengemeinschaften helfen. Kinder werden nicht aus ihrem familiären Zusammenhang gerissen und in Heime gepfercht. Projektpartner und Geldempfänger ist eine Ordensgemeinschaft der Benediktiner-Schwestern. Die Werbung des Vereins ist sehr schlicht. Positiv anzumerken ist, daß die Kinder von Bacolod nicht entwürdigend »vorgeführt« werden, dies unterscheidet den Verein von anderen Paten-Maklern. Völlig unbefriedigend allerdings ist der Informationsgehalt der Briefe an die Spender. Über die Philippinen wird nur wenig berichtet. Nur daß dort Armut herrscht und wie gut die Hilfe funktioniert, ist zu lesen. Kritisch anzumerken bleibt auch die Vereinsstruktur. Die Verantwortung ist zu sehr auf die Mitglieder einer Familie konzentriert. Die finanziellen Verhältnisse werden nicht in genügendem Umfang offengelegt. So kann nur geschätzt werden, daß die 3000 Pateneltern in der Bundesrepublik für jährliche Spendeneinnahmen in Höhe von *DM 1,3 Millionen* Sorge tragen. Wegen der Bedenken gegen die Vereinsstruktur und weil die Organistion ihre Bilanzen auch gegenüber den Spendern nicht gründlich offenlegt, sind

Spenden nicht empfohlen

CARE-Deutschland e. V.
Wesselstraße 12
5300 Bonn 1

Das »Care-Paket«, für viele Menschen in der Bundesrepublik ist es auch heute noch ein Begriff. Neun Millionen Pakete mit Lebensmitteln, Kleidung und Werkzeugen schickte Care aus den USA nach dem letzten Weltkrieg nach Deutschland. 1979 kehrte Care nach Europa zurück und eröffnete in Bonn ein deutsches Büro. Care-Deutschland arbeitet heute hauptsächlich für medizinische Programme in Afrika. Dabei werden nicht nur »Gesundheitspakete«, die in der Werbung des Vereins aus eher nostalgischen Gründen zu sehr herausgestellt werden, verschickt, sondern fachlich sehr durchdachte Projekte mit einheimischen Partnern aufgebaut. Die Beteiligung der Bevölkerung in der Dritten Welt ist ein wichtiges Prinzip der Arbeit von Care-Deutschland. Hervorragende Beispiele für eine grundlegende und konzeptionelle Arbeit sind in Mali und Ruanda zu finden. Dem deutschen Verein ist es glücklicherweise gelungen, eine weitgehende Unabhängigkeit von der amerikanischen Muttergesellschaft durchzusetzen. Über die Verwendung und den Einsatz der Spenden kann direkt von hier entschieden werden, ohne daß Geld-Transfers über die USA Einwände und Zweifel nahelegen. Konzeptionell ist zwischen Care-International und Care-Deutschland ein durchaus qualitativer Unterschied zugunsten des deutschen Vereins erkennbar. Die Werbung ist immer noch viel zu sehr auf die Paket-Nostalgie fixiert. Das stellt die ansonsten fundierten und sachlichen Informationen oft in den Schatten. Kritisch anzumerken ist, daß Vorstand und Geschäftsführung von Care-Deutschland nicht strikt genug voneinander getrennt sind. In den Rechenschaftsberichten sind in den letzten Jahren häufig sich widersprechende Zahlen über die Spendeneinnahmen genannt worden. Eine Unterscheidung von Sach- und Geldspenden wäre für die Transparenz hilfreich. Aber Care-Deutschland hat nichts zu verbergen. Neben Zuschüssen zum Beispiel vom Entwicklungshilfeministerium in Höhe von über DM 1,2 Millionen sind 1984 Spenden in Höhe von *DM 2,8 Millionen* eingegangen.

Spenden empfohlen

CCF-KINDERHILFSWERK
DEUTSCHER PATENKREIS e. V.
Strohstraße 8
7440 Nürtingen

CCF steht für »Christians Children's Fund«. Und das ist einer der größten amerikanischen Patenschaftsmakler mit Sitz in Richmond/Virginia. In der Bundesrepublik Deutschland arbeitet der deutsche Patenkreis seit 1978 und steht in Konkurrenz zu den anderen Amerikanern von »World Vision«. Rund 350 000 Kinder hat CCF weltweit vermittelt, in der Bundesrepublik sind es fast 17 000 Menschen, die regelmäßig DM 45 pro Monat für ihr Patenkind zahlen. Die Werbung hier folgt sehr stark dem amerikanischen Muster, die Kinder sind Objekte.

»Drei lachen – 40 000 sterben Tag für Tag.« Die drei lachenden Kinder sind natürlich Patenkinder. »Liebe ist – einem Kind zu helfen.« Vielen reicht das offenbar aus, um sich per Unterschrift zu einem Dauerauftrag zu verpflichten. CCF legt Wert darauf, daß »seine Kinder« nicht automatisch in Heime verfrachtet werden. Mit »Familienprogrammen« soll ein Beitrag dazu geleistet werden, Dörfer zu erhalten und für ein besseres Ausbildungs- und Gesundheitswesen zu sorgen. Der deutsche Patenkreis hat keine Probleme, seine Finanzen offenzulegen. Es wird ehrlich gesagt, daß für Werbung und Verwaltung 20 Prozent der Spenden aufgewendet werden, allein in der Bundesrepublik. Der wesentliche Einwand gegen den Verein: Die Gelder werden direkt nach Amerika zur Zentrale abgeführt, von hier aus besteht kein unmittelbarer Einfluß und keine direkte Kontrollmöglichkeit. 1984 hat der Verein mehr als *DM 10,2 Millionen* aus Spenden erhalten. Die jährlichen Wachstumsraten sind erstaunlich hoch. Weil Patenschaften hier eher eine Masche für den Erfolg sind und weil das Geld zunächst direkt in die USA transferiert wird:

Spenden nicht empfohlen

DEUTSCHE ÄRZTEGEMEINSCHAFT FÜR MEDIZINISCHE ZUSAMMENARBEIT e. V.
Platz der Luftbrücke
1000 Berlin 42

Der Verein hat sich die Aufgabe gestellt, »in Not befindlichen Kranken, die ihren Wohnsitz außerhalb des Währungsgebiets der D-Mark haben, zusätzliche medizinische Hilfe angedeihen zu lassen sowie medizinische Einrichtungen in Ländern der Dritten Welt zu unterstützen«. Das klingt nicht nur verwirrend, es ist so. Informationen über die Arbeit dieser Ärztegemeinschaft sind spärlich, vieles ist sehr geheimnisvoll, denn absoluter Schwerpunkt der Arbeit ist die Hilfe für Besucher aus der DDR, der Versand von Medikamenten in die DDR und in andere Länder des Ostblocks. Der Verein finanziert sich weitgehend aus Zuschüssen der »für den Osten zuständigen« Ministerien – die Summen sind ebenfalls geheim. Wo immer aber Geld »aus öffentlicher Hand« fließt, läßt der Verein seine guten politischen Beziehungen spielen und kassiert. Das gilt auch für die medizinische Arbeit in der Dritten Welt. Wie die Praxis in den Entwicklungsländern Burkina Faso, Sierra-Leone und in der Türkei aussieht, ist mangels Projektbeschreibungen nicht erkennbar. Entwicklungshilfeministerium und EG aber zahlen. Ein Blick in die Protokolle des Vereins, z. B. in die Notizen vom 29. 11. 1979 offenbart aber ein heilloses Chaos in der Auslandsarbeit, für die jede Konzeption zu fehlen scheint. Die Kombination von Hilfe für »Ost« und »Süd« stiftet auch deshalb Verwirrung, weil differenzierte Kostenrechnungen nicht vorgelegt werden, wiederum unter Berufung auf den »Geheimnisschutz«. Die Einnahmen und Ausgaben von Geldspenden und Sachspenden werden nicht sorgfältig genug voneinander getrennt. Nach eigenen Angaben hat die Deutsche Ärztegemeinschaft 1984 Spenden in Höhe von *DM 15,5 Millionen* eingenommen. Weil zuwenig Transparenz bei den Finanzen herrscht und auch weil die Vereinsstruktur keine Trennung von Vorstand und Geschäftsführung vorsieht:

Spenden nicht empfohlen

DEUTSCHES AUSSÄTZIGEN-
HILFSWERK e. V.
Dominikanerplatz 4
8700 Würzburg

Tradition, modernes Management, gute Werbung und eine herausragende Projektarbeit in weit über 200 medizinischen Entwicklungshilfeprogrammen der Welt sind die Kennzeichen dieses Vereins, der 1957 gegründet wurde. Das Deutsche Aussätzigen-Hilfswerk ist die heute auch international in bestem Ruf stehende Organisation, die sich dem Kampf gegen die Lepra verschrieben hat. Etwa 15 Millionen Menschen sind leprakrank. Daß diese Krankheit geheilt werden kann und heute nachweisbare Erfolge zu verzeichnen sind, ist nicht zuletzt dem Deutschen Aussätzigen-Hilfswerk zu verdanken, das aus Spenden das Lepra-Forschungsinstitut in Borstel (bei Hannover) unterstützt und damit zum wissenschaftlichen und praktischen Fortschritt beiträgt. Lepra befällt die Allerärmsten in der Dritten Welt, und so wundert es nicht, daß sich die wirtschaftlich potente Pharmaindustrie in der Lepraforschung äußerst zurückhält, weil dieser »Markt« die hohen Kosten nicht wieder einspielt. Neben der möglichen Therapie mit speziellen Präparaten bemüht sich das DAHW um Vorsorge- und Aufklärungsprogramme sowie um die soziale Wiedereingliederung und die Rehabilitation von Patienten. Die Projekte zielen sämtlich darauf ab, daß Kranke nicht abhängig von Hilfe werden oder bleiben. Als vorbildlich können Versuche gelten (in Indien zum Beispiel), die einheimische Mittel- und Oberschicht auf das Lepraproblem hinzuweisen und damit im Land selbst Unterstützung für die Projekte zu finden. Beispielhaft auch ist die Informations- und Werbearbeit des Vereins. Insbesondere die Unterrichtsmaterialien, die Schülern und Lehrern angeboten werden, sind gelungen. Es überrascht nicht, daß das Deutsche Aussätzigen-Hilfswerk auch über seine Finanzen offen Rechenschaft ablegt. Fast 140 000 Stammspender haben 1984 dazu beigetragen, daß *DM 31,4 Millionen* Spenden eingegangen sind. Die Europäische Gemeinschaft und die Bundesregierung gewährten Zuschüsse in Höhe von 1,3 Millionen Mark.

Spenden empfohlen

DEUTSCHES INTERNATIONALES HILFSWERK e. V.
Dollweg 4
5165 Hürtgenwald 3

Dieser Verein ist eine besonders exotische Blüte auf dem Spendenmarkt. Vorsitzende ist die Hausfrau Käthe Kaplan. Sie gibt ihren Namen für weinerliche Spendenaufrufe, die sie mit ungelenker, kindlicher Handschrift unterzeichnet. Elendsbilder, auf denen meist Kinder zu sehen sind, sollen Mitleid wecken. Bei der Anmeldung des Vereins ist dem Amtsgericht in Düren offenbar nicht aufgefallen, daß das Hilfswerk mit dem großen Namen nichts anderes als ein kleiner Familienbetrieb ist. Nach Auskünften über die tatsächliche Arbeit und die Verwendung der Spendengelder fragt man vergebens. Die erste Vorsitzende verweist am Telefon auf ihren Mann, der sich allerdings stets im Hintergrund hält, aus gutem Grund offenbar. Denn Günter Kaplan hat seine eigene Geschichte und kann auch im Zusammenhang zum Beispiel mit Altkleider-Sammelgeschäften nicht gerade gute Referenzen vorweisen. Die Bettelbriefe zeichnen sich durch Belanglosigkeiten, unverbindliche Sprüche, niveaulose Informationen und Geschwätzigkeit aus. Sachaussagen, wie konkret mit wieviel Geld wo geholfen wird, fehlen ebenso wie ein offengelegter Nachweis über die Verwendung der Spenden. Als einzige »Konzeption« scheint der Verein die Lieferung von Feldhacken nach Uganda vorweisen zu können. Aber sogar dort, in einem angeblich vom Deutschen Internationalen Hilfswerk betreuten Projektgebiet, haben andere deutsche Organisationen, wie sie glaubhaft versichern, von einer Aktivität der Kaplan-Familie noch nichts bemerkt. Es kann auf der Grundlage der umfangreichen Werbeaktivität des Vereins in jüngster Zeit (auch mit Presseanzeigen) nur geschätzt werden, daß es knapp *DM 500 000* an Spenden sind, die 1984 eingenommen wurden. Sicher dagegen ist, daß rund 40 Prozent der Einnahmen für »Werbung, Öffentlichkeitsarbeit und Verwaltung« ausgegeben werden. Weil der Verdacht nicht ausgeräumt werden kann, daß hier ein Selbstbedienungsladen als gemeinnütziger Verein fungiert, und weil die Finanzen nicht durchsichtigt sind:

Spenden nicht empfohlen

Deutsche Stiftung für
UNO-FLÜCHTLINGSHILFE e. V.
Simrockstraße 23
5300 Bonn

Was der Verein allen anderen voraus hat, ist der klangvolle Name »UNO«. Die Vereinten Nationen leisten mit ihrem »Hohen Kommissar für Flüchtlinge« in wichtigen Programmen in aller Welt erste, dringend benötigte Hilfe für mehr als zehn Millionen Menschen, die außerhalb ihrer Heimat leben müssen. Der Flüchtlingskommissar bietet den einzig vorzeigbaren Hinweis auf Seriosität, den der deutsche Verein zu bieten hat, denn der ist nichts weiter als ein Sammelbüro, das sich auf die Kompetenz der internationalen Organisation verlassen muß und wohl auch kann. In der Bundesrepublik steht der Verein vergleichsweise bescheiden in der Reihe der millionenschweren Hilfswerke. Zwar ist im Präsidium eine illustre Runde versammelt: von Otto Schily von den Grünen bis zu Carl-Dietrich Spranger von der CSU ist viel Prominenz Aushängeschild für eine Organisation, die außer großen und ehrenwerten Zielen nicht viel vorzuweisen hat. Eine Zumutung ist es, wenn die in dem Verein verantwortlichen Politiker den Spendern in der Werbung sagen: »Sie sind nicht dafür verantwortlich, wenn jemand Flüchtling wird, Sie sind es, wenn er es bleibt!« Fragwürdig ist, daß der Verein in Bonn offensichtlich nur eine Pro-forma-Konstruktion mit dem begehrten Siegel »gemeinnützig« ist. Es gibt viele andere Organisationen in der Bundesrepublik, die mit dem Flüchtlingskommissar der Vereinten Nationen projektgebunden zusammenarbeiten, aber sehr viel mehr an Informationen über die Arbeit vermitteln können als dieser unmittelbare UNO-Verein in Bonn. Der nicht gerade mit einer idealen demokratischen Struktur ausgestattete Verein, in dem Vorstand und Geschäftsführung in einer Hand liegen, hat noch keinen Nachweis für eine eigene konzeptionelle Arbeit erbracht. 1984 hat die UNO-Flüchtlingshilfe *DM 250 000* Spenden eingenommen, aber nur DM 108 000 für Satzungszwecke ausgegeben, der Rest wurde gespart für größere in der Zukunft geplante Aufgaben. Weil zu wenig Substanz zu erkennen ist:

Spenden nicht empfohlen

DEUTSCHE TIBETHILFE e. V.
Wrangelstraße 19
2000 Hamburg 20

Patenschaften für »Kinder« und »Alte« zugunsten von Flüchtlingen aus Tibet in Indien vermittelt dieser Verein, Kinder von DM 30 pro Monat, Alte von DM 25 an. Es ist ein ziemlich hilfloses Programm, das von den Spenden finanziert wird. Kriterien für die Entscheidung, wohin und für was Geld gegeben wird, sind bei der Tibethilfe nicht zu erkennen.

Neben Patenschaften, deren Abwicklung in den einzelnen Projekten nicht näher erläutert wird, gibt der Verein Geld dafür aus, Kühe für Altenheime zu kaufen, Geld für den Bau eines Kindergartens, für Schulen und für Betten. Das Angebot der Hilfeleistungen wirkt wie ein konfuses Sammelsurium aus dem vielfältigen Katalog liebgemeinter Humanität. Die Organisation in der Bundesrepublik ist heute der Zusammenschluß von zwei früher voneinander unabhängigen Vereinen in Hamburg und in München. Die Rundbriefe, die der Verein an seine Spender verschickt, zeigen eine totale Konzeptionslosigkeit, der nur noch der unverbindliche und emotionale Appell an die Betroffenheit angesichts von Not und Elend bleibt.

Vorstand und Geschäftsführung des Vereins sind nicht strikt voneinander getrennt.

Nur auf der Basis von Schätzungen kann davon ausgegangen werden, daß 1984 knapp *DM 600 000* Spenden eingenommen wurden.

Spenden nicht empfohlen

Deutsches Komitee für
UNICEF e. V.
Steinfelder Gasse 9
5000 Köln 1

Das Kinderhilfswerk der Vereinten Nationen in der Bundesrepublik Deutschland ist nicht Träger eigenständiger Projekte in der Dritten Welt. Das Komitee hat die Aufgabe, Mittel für die Finanzierung der internationalen Programme von UNICEF zu beschaffen. Die Projekte des weltweit arbeitenden Kinderhilfswerks der UN können sich sehen lassen. Es sind nicht auf Prestige zielende Projekte, die gefördert werden. Gesundheitswesen, Hygiene, Wasserversorgung, Ernährungsprogramme, Bildung und angepaßte Technik sind Stichworte für den UNICEF-Versuch, lokalen Initiativen Hilfe, Mut und Anstoß zu geben für eine selbstbestimmte Entwicklung. Das Kinderhilfswerk vermittelt keine Einzelpatenschaften, sondern will Kindern und ihren Familien in ländlichen Regionen und Dorfgemeinschaften Hilfe anbieten. Es ist die alltägliche Not von Kindern, auf die UNICEF aufmerksam machen will. Werbung und Öffentlichkeitsarbeit in der Bundesrepublik versuchen mit Hilfe eines ausgezeichneten Informationsmaterials die Spender davon zu überzeugen, daß über die aktuellen Nachrichten von Not und Elend hinaus geholfen werden muß. Die verständlich formulierten Berichte über Projekte und Kinder in der Dritten Welt richten sich nicht nur an zahlungskräftige Erwachsene, sondern versuchen auch schon bei Kindern und Jugendlichen Verständnis und Solidarität zu wecken. 80 Arbeitsgruppen mit über 5000 Mitgliedern unterstützen UNICEF alljährlich in der Vorweihnachtszeit, wenn mit dem Verkauf von UNICEF-Grußkarten die Spenden-Hochkonjunktur anbricht. In der letzten Jahresrechnung des Deutschen Komitees für UNICEF sind *DM 35,24 Millionen* Spenden verbucht worden. Wegen der internationalen Projektarbeit und herausragenden qualifizierten Information der Öffentlichkeit und der Spender:

Spenden empfohlen

DEUTSCHE WELTHUNGERHILFE e. V.
Adenauerallee 134
5300 Bonn 1

»Hungerhilfe« bedeutet nicht zwangsläufig und ausschließlich die Lieferung von vielen Tonnen Nahrungsmitteln aus Europa in die arme Welt. Für die Deutsche Welthungerhilfe, die zu den größten deutschen Hilfswerken zählt, bedeutet dies die Förderung der landwirtschaftlichen Produktion durch Unterstützung von Kleinbauern und Handwerkern. In der Bundesrepublik ist die Organisation ein Verein, bei dem Einzelmitglieder nicht zugelassen sind, sondern nur die »gesellschaftlich relevanten Gruppen«, von den Parteien über Arbeitgeberverbände und Gewerkschaften bis hin zum Deutschen Roten Kreuz, das auch hier, wie so oft, Posten besetzt und Einfluß nimmt. Diese Vereinskonstruktion macht es schwer, die eigene Einordnung der Welthungerhilfe als nichtstaatliche Organisation ohne Einschränkung und Bedenken zu bestätigen. In der praktischen Arbeit allerdings beweist der Verein Kompetenz und zeichnet sich nicht zuletzt durch eine weitgehend hervorragende Informations- und Öffentlichkeitsarbeit aus. Dieser ist es wohl auch zu verdanken, daß die Welthungerhilfe im Vergleich zu anderen Vereinen sehr viele junge Spender gewonnen hat, die sich für die Unterstützung eines bestimmten Projekts entschieden haben. Basisgruppen, Bauerngenossenschaften und auch Frauenkooperativen in Afrika, Asien und Lateinamerika sind die Projektpartner der Welthungerhilfe. Ziel ist es in jedem Fall, die jeweilige Dorfgemeinschaft zu unterstützen. Nach langen und schwierigen Diskussionen hat sich die Welthungerhilfe erst in jüngster Zeit auch von der plakativen Vermittlung von Einzelpatenschaften gelöst. Kinder, so heißt es heute, dürfen nicht zu »spendenträchtigen Objekten herabgewürdigt werden«. Etwa 350 000 Stammspender sowie öffentliche Aufrufe zur Soforthilfe in Katastrophenfällen brachten 1984 einen Ertrag in Höhe von *DM 48,7 Millionen.* Beachtliche staatliche Zuschüsse von 28,3 Millionen Mark machten den Jahresetat 1984 mit 77 Millionen Mark komplett. Projektkonzeptionen, sachliche Werbung sowie Offenlegung der Finanzen bürgen für eine solide Arbeit.

Spenden empfohlen

DEUTSCH-INDISCHES
KINDERHILFSWERK e. V.
Heisterbachstraße 17
5000 Köln 41

Ein Nachruf wird es wohl werden, dieser knappe Bericht über einen Verein, der im Spendengetümmel geschickter Marketing-Strategen keine Überlebenschance mehr hat. Das Deutsch-Indische Kinderhilfswerk ist heute ein »Ein-Frau-Betrieb«. Helga Tucker versucht, einen Betrieb aufrechtzuerhalten, der als Verein, nicht nur was die Mitgliederzahl von gerade sieben Personen betrifft, kurz vor dem Ende steht. Es ist aber nicht nur mangelndes Werbegeschick, sondern eine fehlende Konzeption, derentwegen der Verein keine Zukunft hat. Leprahilfe und Patenschaften sind die praktische Arbeit der Organisation. Was dies für die notwendige Kontrolle gerade in Indien bedeutet, ist den Verantwortlichen des Vereins offensichtlich nicht bewußt. Patenschaften vermittelt das Deutsch-Indische Kinderhilfswerk für die »Children's Garden School« in Madras, eine Einrichtung, die übrigens gleichzeitig von vielen anderen deutschen Hilfsorganisationen unterstützt wird. 95 Pateneltern in der Bundesrepublik zahlen ihre monatlichen Beiträge im Vertrauen, daß der Verein kompetent genug ist. Das Deutsch-Indische Kinderhilfswerk nimmt von Jahr zu Jahr weniger Spenden ein und hat es wohl auch nicht anders verdient. Im Jahr 1984 waren es *DM 180 000.* Mangel an Konzeption, eine undurchsichtige Vereinsstruktur, die auf eine Person allein zugeschnitten ist, lassen die Beurteilung zu:

Spenden nicht empfohlen

EIRENE e. V.
INTERNATIONALER
CHRISTLICHER FRIEDENSDIENST
Engerser Straße 74 b
5450 Neuwied 1

Das griechische Wort »Eirene« bedeutet Frieden, und Eirene e. V. ist ein christlicher Friedens- und Entwicklungsdienst. In Marokko, Tschad, Senegal, Bangladesch, Nicaragua und Peru werden kleinere Projekte in den Bereichen Gartenbau, Bewässerung, landwirtschaftliche und handwerkliche Ausbildung sowie medizinische Versorgung gefördert. Die Helfer, die von Eirene in die Dritte Welt geschickt werden, sind keine Entwicklungs-Technokraten, wie sie häufig im Dienst von staatlichen Entwicklungsorganisationen stehen. »Solidarischer Lerndienst« heißt ein Experiment des Vereins, mit dem neben den traditionellen Programmen Freiwillige aus Europa »das Leben und Arbeiten mit der Bevölkerung der armen Welt« teilen sollen, um einen Dialog zwischen Erster und Dritter Welt möglich zu machen. Weil die Ursachen und Wurzeln vieler Konflikte in der Dritten Welt in den Industrienationen zu finden sind, will Eirene mit seinem »Nord-Programm« auch Friedens- und Versöhnungsarbeit in Europa und den USA leisten. Etwa 25 freiwillige Helfer arbeiten in vielen »entwickelten« Ländern mit Randgruppen, Alten und Jugendlichen. Eirene spricht den Traum von einer gerechteren Welt an, geträumt nicht nur von jungen engagierten Christen, die mit sehr wenig Geld erstaunlich viel leisten. Das Informationsmaterial – Werbung kann man es kaum nennen – ist hervorragend und informativ gestaltet. Für viele Schulen wäre dies, ebenso wie auch persönliche Erfahrungsberichte von Eirene-Mitarbeitern, eine hilfreiche Unterstützung, wenn es im Unterricht um Entwicklungspolitik und um den Nord-Süd-Konflikt geht. 1984 hat der Verein *DM 432 000* Spenden eingenommen. Zuschüsse in Höhe von DM 905 000 kamen von verschiedenen anderen Organisationen und dem Entwicklungshilfeministerium in Bonn. Die Mittelverwendung wird einwandfrei offengelegt.

Spenden empfohlen

HERMANN-GMEINER-FONDS DEUTSCHLAND e. V.
SOS-KINDERDÖRFER
Menzinger Straße 23
8000 München 19

Vier Millionen Menschen in der Schweiz, in Frankreich, in Skandinavien, England, in Kanada und den USA unterstützen regelmäßig mit Spenden die Arbeit des SOS-Kinderhilfswerks. Allein in der Bundesrepublik Deutschland sind es 1,5 Millionen Spender. Der weltweit geschätzte und verehrte Hermann Gmeiner ist heute der Übervater einer internationalen Organisation, die sich aus 113 SOS-Kinderdorf-Vereinen in 76 Ländern zusammensetzt. Es ist ein kaum noch überschaubares Konstrukt, von dem über 500 Kinderdörfer und Sozialeinrichtungen verwaltet und betreut werden. Hermann Gmeiner hat seinen unaufhaltsamen Aufstieg, der sich in Zuwachsraten von nicht selten 30 Prozent mehr Spenden jährlich ausdrückt, im Griff behalten, ist dabei nicht zum kühlen Manager geworden, sondern er propagiert seine Idee, Kindern eine Familie zu geben und sie eben nicht nur sozial verwalten zu lassen. Die Konzeption der Kinderdörfer ist häufig scharf kritisiert worden, weil sie angeblich isolierte »Inseln der Menschlichkeit« seien, wo einige wenige Kinder privilegiert und herausgehoben leben. Diese Kritik hat allerdings ihre nicht unwesentliche Ursache in der Eigenwerbung des Vereins. Von »grünen Inseln in einer verwüsteten Welt« oder von »Oasen inmitten einer Welt von Not und Elend« ist die Rede. Zu »trivial« ist diese Propaganda, die für die Neuwerbung von Spendern eingesetzt wird, zu oberflächlich und oft phrasenhaft. Zum Konzept der Spendenwerbung gehört beim SOS-Verein auch die recht problematische Vermittlung von Kinderpatenschaften. Obwohl diese nicht nach klassischem Muster amerikanischer Organisationen abgewickelt werden, muß als äußerst bedenklich gelten, daß ein Kind in der Dritten Welt bis zu vier Pateneltern haben kann, wobei nicht sicher ist, ob die zahlenden Spender davon informiert sind, daß neben ihnen jeweils noch andere das Kind unterstützen. Zu »teuer« ist der dafür betriebene Werbeaufwand, denn damit wird die tatsächlich vorhandene, durchdachte Konzeption weit »unter Wert verkauft«. Die Wirklichkeit entspricht nicht der Kritik und auch nicht der »Oasen- und Heile-Welt-Euphorie« in der Werbung. Ein Merkmal ist, daß der SOS-Verein in der Dritten Welt bei der Einrichtung und Organisation von Kinderdörfern behutsam auf die kulturellen und religiösen Eigenständigkeiten der Völker achtet, daß keine isolierte Erziehung und Ausbildung betrieben wird. Tatsache ist, daß die meisten Kinderdörfer offene Einrichtungen sind und daß die dort angebotene soziale und medizinische Fürsorge den Dorfgemeinschaften zur Verfügung steht, daß von den Kinderdörfern »Entwicklung« ausgeht. 1984 hat der Verein über *DM 82 Millionen* Spenden erhalten. Eine sachgerechte Verwendung des Geldes ist gewährleistet.

Spenden empfohlen

HILFSAKTION VIETNAM e. V.
Bismarckstraße 33
4000 Düsseldorf

Es war der Appell an die Solidarität mit den vom Krieg betroffenen Menschen, der aus der 1965 gegründeten Aktion eine große Hilfsorganisation machte, solange die Zerstörung des Landes Vietnam täglich auf den Bildschirmen zu sehen war. Nach dem Krieg begann der Aufbau, ohne spektakuläre Schlagzeilen, aber die Hilfsaktion Vietnam hat sich bis heute einen zahlenmäßig geringen, vor allem aber politisch motivierten Spenderkreis erhalten können. Kleine, aber offensichtlich behutsame Projekte sind nach Kriegsende in Angriff genommen worden. Eine Nähnadelfabrik in Hanoi konnte erfolgreich mit der Produktion beginnen, 250 Arbeiter werden es sein, die dort Beschäftigung und Lohn finden. Geplant ist die Einrichtung einer Spezialklinik für die unzähligen Opfer der Napalmbomben. Längst ist der Verein über die Grenzen Vietnams hinaus aktiv, in Laos und in Kampuchea – immer wieder mit einzelnen Medikamenten- und Nahrungsmittelhilfen. Die Hilfsaktion wirbt zielgerichtet in eng eingegrenzten Gruppen der politischen Linken und versucht nicht, einen breiteren Kreis von Spendern anzusprechen. Die Berichte, die Informationen und die Spendenaufrufe enthalten sensible Beschreibungen zur Lage in Vietnam, die erkennen lassen, wie vertraut die Mitarbeiter des Vereins seit über zwei Jahrzehnten mit der Entwicklung des Landes sind. Kritisch anzumerken ist, daß Vorstand und Geschäftsführung nicht strikt genug voneinander getrennt sind. Einen Anlaß zu Zweifeln über die saubere Verwendung der Spenden gibt es allerdings in diesem Fall nicht. Es waren 1984 *DM 1,35 Millionen* Spenden, die auf die Konten eingezahlt wurden.

Spenden empfohlen

INTERMEDICA e. V.
Juliusstraße 28
3340 Wolfenbüttel

Aus den Abfalleimern von Apothekern, Ärzten und Pharmaindustrie existiert dieser Verein. Medikamentenhilfe für Entwicklungsländer heißt das anspruchsvoll klingende Konzept. In der Praxis bedeutet das aber nichts anderes, als daß Medikamentenmuster, die die Vertreter der Pillen-Branche zu Werbezwecken mengenweise bei den Ärzten hinterlassen, auf den Weg in die Dritte Welt geschickt werden. Die Idee schien gut und sinnvoll, ist aber nicht unbedingt hilfreich für die, denen die Medikamentengabe gilt. Zwar bemühen sich die Mitarbeiter von Intermedica, für eine qualifizierte Sortierung der Medizin zu sorgen, aber der damit verbundene Aufwand steht in keinem Verhältnis zur Wirkung. Diese Methode der medizinischen Entwicklungshilfe ist heute veraltet, die bunten Päckchen aus Deutschland mit den stets wechselnden Präparaten und Markennamen können nur dort sachgerecht eingesetzt werden, wo deutschsprachiges Personal die Anwendung kontrolliert. Aufwendig ist auch der Transport, dessen Kosten bei dieser Hilfe oft höher liegen als der Wert der Ware, der – oft recht beliebig – festgesetzt wird, obwohl es sich um Sachspenden handelt. Nach eigenen Angaben hat der Verein 1984 im Wert von 2,026 Millionen Mark Medikamente in die Dritte Welt geliefert. 15,2 Tonnen teure Luftfracht mußte finanziert werden. Nicht zuletzt dafür wird das Spendengeld eingesetzt. 1984 waren es *DM 273 000.* Vorstand und Geschäftsführung sind nicht voneinander getrennt. Vor allem weil die Arbeit zwar gut gemeint, aber entwicklungspolitisch unsinnig ist, sind

Spenden nicht empfohlen

ERITREA HILFSWERK e. V.
Hohenstaufenring 39
5000 Köln 1

Viele Flüchtlinge aus Eritrea arbeiten in der Hilfsorganisation mit, um ihren Landsleuten in Äthiopien Unterstützung zukommen zu lassen. Eritrea ist heute eine Provinz in Äthiopien. 1962 hat Kaiser Haile Selassie die ehemalige italienische Kolonie, die lange Zeit unter britischem Protektorat stand, mit Gewalt seinem Reich einverleibt, und seitdem kämpfen die Menschen in Eritrea für ihre Unabhängigkeit. In der Bundesrepublik wurde die 1976 gegründete Hilfsorganisation erst bekannt, als das Thema »Hunger in Äthiopien« die Schlagzeilen beherrschte. Neben der Soforthilfe mit Nahrungsmitteln, die vom benachbarten Sudan aus beispielhaft organisiert, aber leider auch vom äthiopischen Militärregime häufig behindert wird, leistet das Hilfswerk seit Jahren Aufbau- und Entwicklungsarbeit in Eritrea. Schulen, Ausbildungsprogramme und Krankenstationen stehen auf dem Plan sowie Betreuung von behinderten und oft auch verletzten Menschen, denn noch immer herrscht nicht nur Hunger, sondern auch Krieg in Eritrea.

Die Informationsarbeit des Vereins in der Bundesrepublik Deutschland, mit der über die Geschichte des Landes und die Ursachen des Eritrea-Konflikts aufgeklärt wird, ist sachlich und spekuliert nicht billig auf Emotionen.

Selten legt ein Verein seine Bilanzen so gründlich offen wie das Eritrea-Hilfswerk. Sach- und Barspenden werden detailliert und getrennt aufgeschlüsselt, die Abrechnungen sind äußerst korrekt. *DM 1 058 000* Spenden hat der Verein 1984 eingenommen. 1985 wird dank des »Afrika-Tages« die Grenze von 2 Millionen Mark überschritten.

Spenden empfohlen

KOMITEE CAP ANAMUR
NOTÄRZTE e. V.
Kupferstraße 7
5210 Troisdorf

Das Komitee wurde 1979 gegründet – mit einer spontanen Rettungsaktion für Flüchtlinge im südchinesischen Meer. Als »boat-people« machten diese Menschen vor allem auch deshalb Schlagzeilen, weil die private Hilfsaktion nicht aufhörte, auf die Not der Flüchtlinge aus Vietnam aufmerksam zu machen, die in ihren brüchigen Booten auf dem Meer in immer größerer Zahl zu ertrinken drohten. Über 9500 Personen konnten von dem eigens dafür eingesetzten Schiff Cap Anamur in Sicherheit gebracht werden. Anlaß für die Hilfe des Komitees war nicht zuletzt auch die Untätigkeit anderer Hilfsorganisationen. Die Bemühungen des Vereins um vietnamesische Flüchtlinge im südchinesischen Meer sind übrigens nicht beendet, ebensowenig wie die Auseinandersetzung mit der deutschen Bürokratie. Die erhebliche Akzeptanz, die die Arbeit der Organisation in der Bundesrepublik gefunden hat, führte zu einer Ausweitung der Aktivitäten. Heute sind acht medizinische Teams, Ärzte und Krankenschwestern im Sudan, in Somalia, in Uganda, im Tschad, in Äthiopien und in Moçambique im Einsatz. Neben der medizinischen Versorgung in kleineren Basis-Projekten werden aus Spenden die Grundvoraussetzungen für eine bessere Hygiene wie etwa die Wasserversorgung von Dörfern und Gemeinschaften finanziert. Tag für Tag beweisen die Mitarbeiter an vielen Brennpunkten der Not, daß spontane Hilfe nicht unbedingt von einem aufgeblähten Apparat organisiert werden muß. Daß »Bürokratie« für das Komitee Cap Anamur trotz des großen Erfolges ein Fremdwort geblieben ist, gehört zu der erstaunlichen Bilanz des Vereins. Eine eher negative Begleiterscheinung davon ist sicher, daß es gründliches Informationsmaterial und Projektbeschreibungen für die breite Öffentlichkeit kaum gibt. 1984 hat das Komitee Cap Anamur *DM 17,5 Millionen* Spenden eingenommen. An der zweckentsprechenden Verwendung der Gelder besteht keinerlei Zweifel.

Spenden empfohlen

MEDICO INTERNATIONAL e. V.
Hanauer Landstraße 147–149
6000 Frankfurt am Main 1

Am Anfang war medico international eine reine Katastrophenhilfsorganisation. Wann immer etwas los war auf der Welt, wurden Spendenaufrufe veröffentlicht und Medikamente verschickt. Humanitär engagiert, aber doch sehr wahllos wurde geholfen. Vor zehn Jahren etwa begann die große Umstrukturierung. Medizin blieb das »Spezialgebiet« des Vereins, aber von der ziellosen Katastrophenhilfe sagte man sich los, weil es keinen Sinn mehr hatte, nur Pillen und Verbandsmaterial in die Dritte Welt zu schicken. Heute ist medico international die wohl profilierteste und eine über die Landesgrenzen hinaus anerkannte medizinische Entwicklungshilfeorganisation. Wichtige konzeptionelle Schritte für eine basismedizinische Versorgung sind von ihr entwickelt und durchgesetzt worden. Eine gezielte und überlegte Projektauswahl sorgt dafür, daß Spenden nicht wirkungslos bleiben. Der relativ kleine Verein mit einem demokratisch kontrollierbaren Aufbau will dort mit Hilfe anfangen, »wo soziale Widersprüche aufbrechen und wo die betroffenen Menschen daran gehen, die ihnen aufgezwungenen Verhältnisse nach eigenen Vorstellungen zu verändern«. Nicaragua, El Salvador, Chile, Libanon und die Philippinen sind der Schwerpunkt der Projekte von medico. Und weil viel Wissen und Kompetenz hinter der Arbeit steckt, ist es möglich, daß mit relativ wenig Geld sehr viel bewirkt und in Gang gesetzt wird. Ein Beispiel dafür: Auf den Kapverdischen Inseln vor der westafrikanischen Küste wurde mit bescheidenen Mitteln die lokale Produktion von Arzneimitteln begonnen, ein wichtiger Schritt für die betreffenden Regionen, von teuren, aus Europa importierten Medikamenten unabhängig zu werden. 50 Präparate aus einfachen Rohstoffen können dort heute sehr viel billiger hergestellt werden. 160 Arbeitsplätze wurden geschaffen. Jetzt wird selbst exportiert in andere afrikanische Länder, die noch vom teuren Weltmarkt abhängig sind. Hilfe zur Selbsthilfe als Muster. Die Informationsarbeit des Vereins richtet sich zielgruppenorientiert an Dritte-Welt-Initiativen, die entwicklungspolitisch in hohem Maße motiviert sind. Das Informationsmaterial von medico international ist ein Beispiel für inhaltsreiche und seriöse Werbung, die kompetent und sachlich Auskunft gibt. Öffentlichkeitsarbeit und Bewußtseinsbildung in der Bundesrepublik bilden den zweiten großen und qualifiziert ausgewiesenen Schwerpunkt der Organisationsarbeit. Spendenwerbung bedeutet für medico international fast konservativ: Überzeugungsarbeit in kleinen Schritten – ohne jede marktschreierische Vermarktung von Elendsbildern. Keine Probleme hat der Verein mit der Offenlegung seiner Buchhaltung. Die Bilanzen sind detailliert aufgeschlüsselt, einsehbar und transparent. 1984 wurden *DM 3,158 Millionen* Spenden gesammelt. Hinzugerechnet werden müssen Zuschüsse in Höhe von 1,818 Millionen Mark, unter anderem vom Bundesministerium für wirtschaftliche Zusammenarbeit.

Spenden empfohlen

MENSCHEN FÜR MENSCHEN e. V.
Neuhauser Straße 49
8000 München 2

Es war nicht nur eine Wettlaune, mit der der Schauspieler Karlheinz Böhm ein Spiel begann, aus dem Ernst wurde. Die »Stiftung Menschen für Menschen« ist das Produkt aus Wut, Enttäuschung und dem Gefühl, etwas tun zu müssen für Hungernde. Der Schauspieler Böhm hat freimütig zugegeben, anfangs »sehr naiv« gewesen zu sein, selbst nicht viel gewußt zu haben von der Dritten Welt, außer daß dort Menschen leiden. Sehr emotional erfährt Böhm bis heute den »Wahnsinn«, wenn er die Kosten für Rüstung und Aufrüstung sieht und gleichzeitig erlebt, daß Millionen Menschen qualvoll sterben müssen. Heute ist Böhm rund sechs Monate im Jahr in Äthiopien und organisiert dort Siedlungsprojekte für Menschen aus Hungergebieten, den Aufbau von Farmen und neuen Dörfern, in denen die Betroffenen nicht nur überleben, sondern besser leben sollen. Er hat allein mit seiner Popularität einen erheblichen Vertrauensvorschuß von seinen Geldgebern in Deutschland, in Österreich und in der Schweiz erhalten, auf ihm allein scheint auch die große Verantwortung zu lasten, daß mit den Spenden sorgsam umgegangen wird.

Die Spendenlawine hat den jungen Verein aber auch überrollt und unter Druck gesetzt. Das Kapital für die Werbung heißt Karlheinz Böhm, die Medien drängeln sich geradezu nach dieser Persönlichkeit, die Vertrauen bildet, Identifizierung möglich macht. Problematisch ist, daß sich die gesamte Arbeit allein auf diesen Mann zu stützen scheint. Außer zwei Fachkräften im Ausland und dem zum Experten avancierten Böhm gibt es niemanden im Verein, der über die Probleme von Entwicklung und Hilfe Bescheid weiß und der dies in der Bundesrepublik vermitteln könnte.

Diese Abhängigkeit von dem Initiator des Hilfswerkes macht es allerdings auch möglich, daß die Ausgaben des Vereins für Spendenwerbung und Verwaltung in der Tat verschwindend gering sind. Ein wenig neidvoll blicken andere Organisationen auf die wachsenden Spendenumsätze des Böhm-Vereins. Unabhängig von möglichem Neid und Kritik erkennen aber die meisten skeptischen Beobachter des Vereins »Menschen für Menschen« dessen Aktivitäten respektvoll an. Karlheinz Böhm ist binnen kurzer Zeit in seinem Projekt in Äthiopien etwas gelungen, von dem andere lange träumen: Hilfe zur Selbsthilfe. Das Siedlungsprojekt und eine Farm sind jetzt unabhängig von Spenden, die Menschen dort können sich nun selbst helfen.

Probleme hat die Organisation, wenn nach einem Einblick in die Bilanzen gefragt wird. Der Grund dafür ist ohne Zweifel, daß sich auf den Konten die Spenden schneller häufen, als sie vernünftig ausgegeben werden können. Die Furcht geht um, der Verein könnte als »reich« dargestellt werden: mit der Folge, daß Spenden ausbleiben. Seit der Gründung im Jahr 1981 hat »Menschen für Menschen« über *DM 63 Millionen* Spenden eingenommen. Mehr als 40 Millionen sind derzeit zu verwalten und zu verplanen. Weil keine Zweifel bestehen, daß sehr sorgfältig mit den Geldern umgegangen wird und weil »dunkle Kanäle« ausgeschlossen werden können:

Spenden empfohlen

KINDERHILFSWERK FÜR DIE
DRITTE WELT e. V.
Valentinskamp 88
2000 Hamburg 36

»Hilfe ohne Umweg« verspricht die Organisation und betreibt dafür eine sehr konventionelle Werbung. Mali in Westafrika, Haiti, Brasilien und Südafrika sind die Länder, in denen der Verein offensichtlich ohne richtige Konzeption die Spenden unterzubringen versucht. In den Bettelbriefen müssen immer wieder Elendsbilder von hungernden Kindern herhalten, um Spender zu mobilisieren. Der Informationsgehalt in den Prospekten ist sehr dürftig. Es werden Medikamente geliefert, und es wird behauptet, die einheimische, die traditionelle Medizin fördern zu wollen. Nur wie das geschehen soll, darüber wird den Spendern und der Öffentlichkeit nichts mitgeteilt. Warum T-Shirts mit dem Emblem der Organisation in die Dritte Welt geschickt und dies auch noch als Hilfeleistung ausgegeben wird, ist völlig unverständlich.

Die Partnerorganisationen des Kinderhilfswerks in der Dritten Welt, wie etwa die Nationale Frauenorganisation in Mali, haben sämtlich einen guten Ruf und sind bekannt für einen seriösen Umgang mit ausländischem Spendengeld, und so kann man nur hoffen, daß die Arbeit »vor Ort« besser ist als die Darstellung und Werbung des Vereins bei seinen Spendern. Der Verein bemüht sich, seine Finanzen offenzulegen, auch wenn kritisiert werden muß, daß Sach- und Barspenden nicht deutlich genug voneinander getrennt ausgewiesen werden. 1984 hat das Kinderhilfswerk für die Dritte Welt Spenden in Höhe von *DM 657 579* erhalten. Es sind heute etwa 10 000 Stammspender, auf die sich der Verein verlassen kann. Weil der Verein derzeit offenbar konzeptionslos arbeitet und die angebotenen Informationen und Werbebroschüren jeder informativen Qualität entbehren, sind:

Spenden nicht empfohlen

KOREAN RELIEF e. V.
Pforzheimer Straße 156
7505 Ettlingen

Der eingetragene Verein ist eine Pro-forma-Konstruktion, die großangelegte Sammlungsaktivitäten in die notwendige Rechtsform einbinden soll. Obwohl ein katholischer Pater Chef des Unternehmens ist, muß Korean Relief zu den unabhängigen Hilfswerken gezählt werden. Korean Relief in der Bundesrepublik ist das Werk eines Werbekaufmanns. Allein mit »Postwerbung« und angemieteten Adressen ist es der Organisation gelungen, sich binnen kurzer Zeit in die Reihe der finanziell erfolgreichen Vereine einzuordnen. An dem Handel mit »Spenderadressen« auf dem schwarzen Markt beteiligt sich Korean Relief übrigens nicht. Aber der Verein hat »Mailing« als Methode verfeinert und mit dazu beigetragen, diese Art der Spenderansprache salonfähig zu machen. Die Werbemethoden allerdings müssen als äußerst umstritten gelten, weil nicht die Information im Vordergrund steht, sondern allein der Spendenumsatz. Rührseligkeit und Tränendrüse sind Mittel zum Zweck. 4200 Waisenkinder in Korea, Heime, Schulen, Krankenhäuser – die Projektliste der Hilfsorganisation, von der die Spenden direkt nach Korea überwiesen werden, nicht auf dem Umweg über die USA, wo die Muttergesellschaft ihren Sitz hat. Sämtliche Bedenken gegen die wirtschaftliche Seriosität des Vereins werden zerstreut von dessen beispielhafter Offenlegung seiner Buchhaltung. Die erheblichen Kosten für die Werbung neuer Spender werden allerdings an der »deutschen Bilanz« vorbeigeschmuggelt. Die amerikanische Korean-Relief-Organisation zahlt diese – aus ihren Spendenmitteln. Für die Bundesrepublik steht fest, daß 1984 *DM 10,97 Millionen* Spenden eingenommen wurden. Obwohl die Finanzen sauber geregelt und nicht geheimnisumwittert sind, bleiben erhebliche Bedenken gegen die geschickte, aber sehr einfache Informations- und Werbearbeit des Vereins, die ausschließlich aufs Herz zielt und die Brieftasche trifft. Deswegen und wegen des Fehlens einer entwicklungspolitisch ausgewiesenen Konzeption:

Spenden nicht empfohlen

ORT DEUTSCHLAND e. V.
Hebelstraße 6
6000 Frankfurt am Main 1

ORT – das steht für Organisation Reconstruction Training. Ein Hilfswerk, das leider kaum bekannt ist, obwohl es eine hervorragende Arbeit leistet. Begonnen hat sie in Rußland. Russisch-jüdische Philanthropen gründeten 1880 ORT, um den in großer Not lebenden Juden Zugang zu Handwerk und Landwirtschaft zu ermöglichen. Im Mittelpunkt blieben die Anstrengungen für Ausbildung in Handwerk und Landwirtschaft. Zu Beginn der braunen Umnachtung in Deutschland, von 1933 an also, begann ORT mit der Umschulung von Juden, die aus ihren Berufen verdrängt wurden. Eichmann verbot ORT 1941 und ordnete die Auflösung an.

Heute ist ORT ein internationaler Verband, der in 28 Ländern der Erde seine Ausbildungsprogramme durchführt. Der deutsche Verein wurde erneut 1958 gegründet, führt aber in der Reihe der anderen 47 nationalen ORT-Verbände eher ein Schattendasein. Die Werbung ist äußerst zurückhaltend, und die Informationen über den Verein haben offenbar den nur noch kleinen Rahmen jüdischer Gemeinden in der Bundesrepublik nicht sprengen können. Zu verstehen ist dies kaum, weil sich die Konzeption des Vereins durchaus sehen lassen kann und die Organisation in aller Welt heute anerkannter Träger einer Entwicklungshilfe ist, die versucht, Technologie und von Humanismus bestimmte Aktivitäten in Einklang zu bringen. Ausbildungsprogramme in modernem Handwerk und Landwirtschaft sind Schwerpunkt des Vereins geblieben. ORT hat auch in Israel die Ausbildung der Juden aus Äthiopien übernommen, die mit der spektakulären »Operation Moses« auf dem Luftweg nach Israel gebracht wurden. Zum international vorhandenen jährlichen Spendenvolumen in Höhe von über 50 Millionen Dollar trägt der deutsche Verein nur *DM 252 140* bei.

Soviel genau wurde 1984 gespendet. Hinzu kommen allerdings noch erhebliche Zuschüsse von der Bundesregierung. Nicht nur weil es wichtig scheint, ORT-Deutschland bekannter zu machen, sind

Spenden empfohlen

PRO HUMANITATE e. V.
Sierichstraße 136
2000 Hamburg 60

Gegen den nicht gemeinnützigen Verein ermittelt der Staatsanwalt in Hamburg, aber etwa 1000 Dauerspender, die Paten von Kindern in Bolivien, Peru oder Pakistan sind, wissen davon nichts und zahlen weiter. Noch immer wird den Spendern versprochen, daß den armen Kindern ein Sparkonto gehört, auf das die Gelder eingezahlt werden. »Hilfe zur Selbsthilfe« heißt es in den Prospekten des Vereins, aber geholfen wird wohl vor allem der Organisation selbst, den Mitarbeitern und Vorstandsmitgliedern in Hamburg. Wie das Geschäft läuft, belegen die Zitate aus dem internen Schriftverkehr, die in diesem Buch abgedruckt sind (siehe Seite 83). Im Stadium der Ermittlungen gibt es keine Instanz, die dem Verein die weitere Spendenwerbung verbieten könnte. Den »Pateneltern« verschweigt der Verein seine Probleme mit der Justiz. In den Rundbriefen wird ihnen weiter »garantiert«, daß »Ihre Hilfe eine echte Hilfe ist«. In der großen Altbauwohnung in Hamburg, dem Büro von Pro Humanitate, wird konzeptionslos und ohne Sachverstand nur mit dem einen Ziel gearbeitet, den Verein zu retten. Keiner der Mitarbeiter verfügt über einschlägige Kenntnisse der Situation in Entwicklungsländern. Nicht einmal nur guten Willen kann man in Kenntnis der Vorfälle und versuchten oder tatsächlichen Betrügereien unterstellen. Es wundert auch nicht, daß Pro Humanitate seine Bilanzen nicht offenlegt. Zu viele Manipulationsversuche sind bekanntgeworden. Es sind nur Schätzungen, wenn als derzeitige, jährliche Spendeneinnahme *DM 1,2 bis 1,3 Millionen* angenommen werden.

Spenden nicht empfohlen

TERRE DES HOMMES e. V.
Ruppenkampstraße 11 a
4500 Osnabrück

Die Kinderhilfsorganisation terre des hommes ist ein Musterbeispiel dafür, daß auch ein relativ großer Verein demokratisch strukturiert und aufgebaut sein kann. 170 regionale Gruppen mit über 3500 aktiven, ehrenamtlichen Mitarbeitern praktizieren Mitbestimmung, Kontrolle und nicht zuletzt Engagement. Terre des hommes (Erde der Menschen) arbeitet im Gegensatz zu vielen anderen Vereinen, die Bilder von verelendeten Kindern nur zur Spendenwerbung nutzen, für die Interessen der Kinder in der Dritten Welt. Dies bedeutet, daß Kinder nicht »vorgeführt«, sondern als Partner vorgestellt werden. Terre des hommes fördert kleinere Projekte, vom Basisgesundheitsdienst, der Fischereigenossenschaft bis zu Bildungs- und Ernährungsprogrammen, die sämtlich ihren Ursprung bei den betroffenen Menschen haben und als Selbsthilfe im echten Sinn des Wortes gedacht sind.

Projektpartnerschaft heißt die Devise bei terre des hommes in Abgrenzung zu persönlichen Patenschaftsprogrammen, auf deren oft verheerende Folgen für eine eigenständige Entwicklung der »Empfänger« der Verein immer wieder aufmerksam macht. Mehr als die Hälfte aller Spenden für terre des hommes kommen von Menschen, die sich langfristig bereiterklärt haben, ein bestimmtes Projekt finanziell zu unterstützen. Diese Bindung von Spendern an eine entwicklungspolitisch und konzeptionell durchdachte Hilfe ist nicht zuletzt der Erfolg einer beharrlichen und kompetenten Informations- und Öffentlichkeitsarbeit, die sachliche und durchaus kritische Hintergrundberichte über Entwicklungsländer und Entwicklungsprojekte bietet. Weil terre des hommes nie den Eindruck vermitteln will, daß mittels Spenden das Elend aus der Welt geschafft werden kann, richtet sich ein weiterer Schwerpunkt der Aktivitäten auf das, was allgemein »Bewußtseinsbildung« im eigenen Land genannt wird. Aufklärungskampagnen, etwa über »Kinderarbeit in der Dritten Welt« oder über die Zusammenhänge von »Rüstung und Unterentwicklung« sind gute Beispiele dafür, daß unser Wohlstand nicht abgekoppelt werden darf von der »entfernten

Armut«. Hilfe für Kinder in der Bundesrepublik, das heißt für terre des hommes, daß Projekte für ausländische Kinder unterstützt werden. Terre des hommes: »Man kann nicht Mißstände in den Entwicklungsländern anprangern, zu Unrecht hier aber schweigen.« Der Verein legt nicht nur gegenüber seinen Mitgliedern seine Bilanzen offen. Die beharrliche und qualifizierte Öffentlichkeitsarbeit von terre des hommes zahlt sich allerdings nicht in stolzen Zuwachsraten bei den Spendeneinnahmen aus. 1984 hat terre des hommes Spenden in Höhe von *DM 12,9 Millionen* eingenommen. Zuschüsse von DM 910 000 erhielt der Verein von der Bundesregierung und von kirchlichen Organisationen.

Spenden empfohlen

WELTFRIEDENSDIENST e. V.
Friedrichstraße 236
1000 Berlin 61

Als »entwicklungspolitisch vorinformiert« bezeichnet der Verein seine Zielgruppe, wenn es gilt, um Spender zu werben. Schwerpunkt der Projektarbeit sind beispielsweise Anstrengungen für eine Selbstversorgung mit Nahrungsmitteln in Moçambique, Aufforstung auf den Kapverdischen Inseln, Handwerksförderung und Ausbildung im Senegal und in Zimbabwe. In erster Linie unterstützt der »WFD« die Selbsthilfeinitiativen durch Entwicklungshelfer, die für mindestens drei Jahre in die ausländischen Projekte geschickt werden und dort weniger als »weiße Experten«, sondern als Berater arbeiten. Der Weltfriedensdienst ist ein von der Bundesregierung anerkannter »Träger des Entwicklungsdienstes«, arbeitet aber mit einer völlig unabhängigen und mit einer eigenen, nicht an staatlichen Interessen orientierten politischen Konzeption, die große Prestige-Projekte ausschließt, sondern vielmehr die kleinen Schritte bevorzugt und die Alternativen zur traditionellen personellen Entwicklungshilfe aufzeigt. Die publizistische Arbeit in der Bundesrepublik wird in enger Zusammenarbeit mit der »Aktionsgemeinschaft Solidarische Welt« gestaltet. Gemeinsames Verständnis von beiden Vereinen ist, daß zur Solidarität mit der Dritten Welt auch die Erkenntnis gehört, »daß wesentliche Ursachen der Unterentwicklung und ihrer Fortdauer bei uns selbst liegen«. »Allgemeine humanitäre Motivationen« für eine Hilfe werden vom Weltfriedensdienst durchaus akzeptiert. Die Spender aber sollen mit Hilfe einer qualifizierten Informationsarbeit über die schnelle Betroffenheit angesichts von Not und Elend hinaus lernen, daß Frieden und Entwicklung in der Ersten und der Dritten Welt nicht voneinander zu trennen sind. Die Finanzen des Weltfriedensdienstes werden offengelegt. 1984 waren es Spenden und Beiträge in Höhe von *DM 293 000.* Hinzu kamen erhebliche Zuschüsse in Höhe von DM 2,78 Millionen, unter anderem vom Entwicklungshilfeministerium und der Europäischen Gemeinschaft.

Spenden empfohlen

WELTWEITE KINDERHILFE e. V.
Postfach 6760
8700 Würzburg

Vergeblich sucht man in den bunten Blättchen und Aufrufen dieses Vereins nach Hinweisen, wie viele Spenden für welchen Zweck eingenommen und ausgegeben wurden. Denn die Weltweite Kinderhilfe verspricht viel: »Kinderfamilienhäuser in der Pfalz und in Franken« gibt es und »Hilfe für Schwerpunkte in den Entwicklungsländern«. Genauere Informationen gibt es nicht, es sei denn der Hinweis genügt, daß ein Kind in »Südafrika, Chile, Indien oder Pakistan zum Leben monatlich durchschnittlich DM 24,22 benötigt«. Vereinsgründer Hans Goldschmitt trägt offensichtlich die alleinige Verantwortung. Insbesondere die Vermischung von Aufgaben im »eigenen Land« und in »Entwicklungsländern« ist mehr als bedenklich und fragwürdig. In den »Familienhäusern« in der Pfalz und in Franken für etwa 50 bis 60 Kinder wird nämlich nach amtlichen Pflegesätzen abgerechnet, die laut Vorschriften der zahlenden Kommunen und Sozialbehörden »kostendeckend« sein müssen. Hans Goldschmitt ist übrigens Zahlstellenleiter der Regierung von Unterfranken, die auch einige seiner Heime genehmigt hat. Spenden aber werden pauschal und undifferenziert gesammelt. Undurchsichtig bleiben die Finanzen und wirr die wenigen Angaben, die dem Verein zu entlocken sind. DM 500 000 fließen jährlich in die »Schwerpunkte der Entwicklungsländer«, mehr ist nicht zu erfahren. 150 000 Freunde und Förderer sollen es sein, die vierteljährlich mit dem Vereinsblatt zu Spenden und Beiträgen aufgefordert werden. Teurer Vierfarbdruck läßt unter anderem einen erheblichen Aufwand für diese Werbung befürchten. Weil die Weltweite Kinderhilfe alle Angaben über die Summe der Spendeneinnahmen und auch Verwendungsnachweise ablehnt, kann nur auf der Grundlage der umfangreichen Werbung geschätzt werden, daß der Verein pro Jahr etwa *DM 5 – 6 Millionen* Spenden einnimmt. Den Nachweis von Seriosität bleibt die Weltweite Kinderhilfe schuldig. Zu konfus wirkt der Gesamteindruck, der sich aus Publikationen und bruchstückhaften Informationen ergibt. Deshalb:

Spenden nicht empfohlen

Spendenvereine für soziale Aufgaben in der BRD

Neben den traditionellen und etablierten Wohlfahrtsverbänden werden immer mehr gemeinnützige Organisationen gegründet, die für Sozialarbeit im eigenen Land um Spenden werben. Es geht um Kinder, Kranke, Behinderte, Randgruppen. In der Spendenwerbung haben sie es schwerer als diejenigen, die über Katastrophen Mitleid mobilisieren können. Aber auch in dieser Sparte sind viele Vereine aktiv, die Gemeinnützigkeit mit Geschäft verwechseln.

AMNESTY INTERNATIONAL e. V.
Heerstraße 178
5300 Bonn 1

Amnesty international ist die wohl angesehenste Menschenrechtsorganisation. In mehr als 160 Ländern ist die Arbeit des Vereins anerkannt – oder auch gefürchtet. In 45 Staaten ist amnesty international mit eigenen Sekretariaten vertreten. Amnesty international bemüht sich weltweit um die Freilassung von »gewaltlosen« politischen Gefangenen, die wegen ihrer Überzeugung, ihrer Hautfarbe oder wegen ihres Glaubens in Haft sind. Die Organisation arbeitet gegen die Todesstrafe, die noch immer in über 100 Ländern gesetzlich verankert ist, gegen Folter, und sie kämpft für faire Gerichtsverfahren. Der Verein schickt beispielsweise Beobachter zu Prozessen und bemüht sich, daß Angeklagte eine juristisch ordentliche Verteidigung erhalten. In der Bundesrepublik Deutschland kümmert sich amnesty international jetzt verstärkt um die Verteidigung des bestehenden Asylrechts. Flüchtlinge, die ein Asylbegehren stellen, werden beraten.

In der Öffentlichkeitsarbeit, die einen wesentlichen Bestandteil der Aktivitäten ausmacht, bemüht sich amnesty um äußerste Sachlichkeit und eine Politik, die darüber informiert, wie schlecht es um die Menschenrechte in der Welt bestellt ist. 12 000 Mitglieder arbeiten aktiv in dem demokratisch aufgebauten Verein mit, weitere 10 000 Mitglieder und 16 000 »Stammspender« unterstützen mit ihren finanziellen Beiträgen eine Arbeit, die nicht mehr wegzudenken und nach wie vor dringend notwendig ist.

Der Organisation standen 1984 rund acht Millionen Mark zur Verfügung, davon waren *DM 5,093 Millionen* Spenden. Die Differenz erklärt sich durch Einnahmen aus Bußgeldern, Erlösen aus dem Verkauf von Informationsmaterial sowie aus Zinserträgen der im Vergleich mit anderen Organisationen nicht sehr üppigen finanziellen Rücklagen in Höhe von rund 1,5 Millionen Mark. Amnesty international macht Bilanzen und Abrechnungen ohne Probleme öffentlich.

Spenden empfohlen

ARBEITER-SAMARITER-BUND e. V.
Sülzburgstraße 140
5000 Köln 41

Der Arbeiter-Samariter-Bund war einmal die erste Selbsthilfeorganisation in Deutschland. 1888 haben sich in Berlin Zimmerleute nach einem Arbeitsunfall zusammengetan, damit Arbeiter in Betrieben und Werkstätten in die Lage versetzt werden, sich gegenseitig bei Unglücksfällen zu helfen. War es früher eine sozialdemokratische Tugend, die Selbstorganisation für die Arbeiter voranzutreiben und für ausreichende soziale Sicherung zu kämpfen, ist der ASB heute allenfalls noch ein in weiten Teilen seines Verbandes SPD-verfilztes Unternehmen, das schmükkende Ehrenämter, aber auch gut dotierte Jobs zu vergeben hat. »Helfen kennt keine Grenzen« – so steht es in der ASB-Broschüre zur Selbstdarstellung. Die Grenzen werden von den Samaritern aber schnell gezogen, wenn es um einen Blick in die Bilanzen geht. Dazu haben sie auch allen Grund, denn der ASB ist heute zu einem reinen Dienstleistungsbetrieb verkommen, der immer dann in Aktion tritt, wenn der Staat oder die Krankenkasse zahlen. Ob Krankentransport- oder Rettungsdienst oder der Fahrdienst für Behinderte: Diese Hilfe ist längst nicht mehr selbstlos, sie wird finanziert aus unseren Steuern und Krankenkassenbeiträgen. Weil es um bare Pfründe geht, herrscht gerade zwischen den einzelnen Rettungsdienstorganisationen im Krankentransport eine harte Konkurrenz, die bis heute eine Verbesserung der Versorgung verhindert hat. Untragbar ist in diesem Zusammenhang, daß der ASB behauptet, auf Spenden aus der Bevölkerung angewiesen zu sein. Dauerspender organisieren die Samariter, indem sie kommerzielle Firmen für die Mitgliederwerbung einsetzen. Der ASB verhilft den Klinkenputzern zu stattlichen Provisionen, ohne daß die Menschen, die so geworben werden, über die wahren Hintergründe dieser fragwürdigen Methode informiert werden. Über 700 000 Menschen tragen den ASB-Mitgliedsausweis heute in der Tasche. Weil die Samariter ihre Buchhaltung und ihr Finanzgebaren im verborgenen halten und weil die Werbung des Vereins äußerst dubios ist, sind Mitgliedschaft und

Spenden nicht empfohlen

Bundesvereinigung
LEBENSHILFE
FÜR GEISTIG BEHINDERTE e. V.
Raiffeisenstraße 18
3550 Marburg 7

Die Bundesvereinigung ist heute der Dachverband für 400 rechtlich selbständige Vereine der Lebenshilfe für geistig Behinderte, die sich in elf Landesverbänden organisiert haben. Über 100 000 Mitglieder sind in den regionalen Vereinen zusammengeschlossen und sind damit Träger von Einrichtungen und Gruppen, die mehr als 130 000 behinderten Kindern, Jugendlichen und Erwachsenen helfen. Dem Zentralverband in Marburg geht es vor allem um die fachliche Koordinierung der Arbeit und um die konzeptionelle Weiterentwicklung, denn Behinderten-Hilfe heißt heute längst nicht mehr, nur Heime für die Unterbringung der Betroffenen zu bauen, sondern Maßnahmen zu ergreifen, die der Früherkennung und der rechtzeitigen Betreuung dienen. Beratung und psychologischer Beistand für die Familien, in denen Behinderte leben, wird ein zunehmend wichtiger werdendes Arbeitsgebiet für die Lebenshilfe. Selbstverständlich wird ein Großteil der Ausgaben durch staatliche Zuschüsse und über die Pflegesätze nach dem Bundessozialhilfegesetz finanziert. Diese aber allein würden sicher für eine allgemeine »Netto-Versorgung« der Behinderten nicht ausreichen. Neben den erheblichen Finanzbeiträgen, die etwa die Aktion Sorgenkind für die Lebenshilfe leistet, sind Mitgliedsbeiträge und Spenden allein schon für das wichtige Ziel notwendig, geistig Behinderten ein Stück mehr Lebensqualität zu garantieren. Die Lebenshilfe bemüht sich heute nicht mehr nur um perfekte Luxus-Abstellgleise für geistig Behinderte, indem sie immer mehr »schöne« Heime baut. Allzulange war dies eine umstrittene Tendenz, die noch immer nicht völlig aus den Köpfen der »Sozialplaner« verschwunden ist. Die Lebenshilfe versucht in jüngster Zeit beispielsweise die Eltern von geistig behinderten Kindern stärker in die Alltagsarbeit der Betreuung einzubeziehen. Viel zu lange nämlich hat die Konsummentalität vieler Eltern dem Verein und seinen Einrichtungen den Charakter und das Image eines Service-Unternehmens verliehen. Lebensqualität für geistig Behinderte durchzusetzen heißt mehr denn je für Verständnis und Toleranz gegenüber dieser benachteiligten Gruppe zu werben. Und diesem Anspruch wird die Lebenshilfe mit ihren umfangreichen und inhaltlich wohlkonzipierten Informationsprogrammen gerecht. Sehr positiv fällt auf, daß in den Zeitschriften und den Spendenaufrufen des Vereins die Würde des betroffenen Personenkreises geachtet wird, auch durch eine sorgfältige Bildauswahl. Ein erheblicher Teil der Spendeneinnahmen für die Bundesvereinigung wird für die breit gefächerte Öffentlichkeitsarbeit verwendet. Die Ausgaben für die Spenderneugewinnung durch Kauf von Adressen bleiben vor allem deshalb in einem gesunden Verhältnis, weil auch in den Bittbriefen eine sachliche Information im Vordergrund steht, die nicht auf »billiges« Mitleid spekuliert, das schnell in eine Spende umgesetzt werden soll. Jede Ortsvereinigung der Lebenshilfe darf selbst Spenden für ihre Einrichtungen sammeln. Wieviel Geld bei den 400 Gruppen jährlich zusammenkommt, ist nicht zu erfassen und wird auch von der Zentrale in Marburg nicht kontrolliert. Spenden für die Bundesvereinigung dienen vor allem deren Arbeit als »Lobby« für die geistig Behinderten, der Öffentlichkeitsarbeit und der inhaltlichen Weiterentwicklung von Konzeptionen. Die Finanzen werden offengelegt und detailliert aufgeschlüsselt. Die Bundesvereinigung hat 1984 *DM 6,1 Millionen* Spenden erhalten.

Spenden empfohlen

Deutsche Behindertenhilfe
AKTION SORGENKIND e. V.
Franz-Lohe-Straße 17
5300 Bonn 1

Die Aktion Sorgenkind ist weder eine »typische« Lotterie noch ein »klassischer« Verein. Verantwortlich für den großen Erfolg der Organisation ist sicher auch der spielerische Reiz des Gewinns, der von der Fernsehlotterie geboten wird. Und all die, die Lose kaufen, aber eine »Niete« ziehen, haben das Gefühl, etwas Gutes zu tun. Ungewöhnlich und nicht unumstritten ist die Tatsache, daß ausschließlich die großen Wohlfahrtsverbände sowie das ZDF als Mitglieder der Aktion Sorgenkind zugelassen sind. Bei der Vergabe der zur Verfügung stehenden Millionenbeträge haben allerdings auch andere Vereine, die in der Behindertenhilfe aktiv sind, ein Mitspracherecht. Dennoch blieb in der Vergangenheit die Praxis der Zuteilung im Kreuzfeuer der Kritik, auch intern gab es immer wieder Streit. Die Aktion Sorgenkind als Selbstbedienungsladen der Wohlfahrt, das bedeutete zum Beispiel, daß Organisationen wie das Deutsche Rote Kreuz sich gern einen Bus für Behindertentransporte finanzieren ließen, gleichzeitig aber ein stattliches Kilometergeld bei den Kostenträgern, etwa den zuständigen Kommunen, abrechneten und selbst aus »Spenden« am Ende nichts beizutragen brauchten. Obwohl die Richtlinien der Aktion Sorgenkind für die Vergabe von Zuschüssen an Einrichtungen sehr streng formuliert sind, ist für die Zukunft eine noch strengere Kontrolle der Anträge dringend notwendig. Die allerdings durchzusetzen erscheint problematisch, weil die Vereine, die Geld erhalten, gleichzeitig über die Vergabe mitentscheiden. Diese Teilkritik ändert nichts daran, daß in weitem Umfang mit dem Geld aus Lotterie und Spenden – es sind in den letzten 20 Jahren über eine Milliarde Mark gewesen – eine sehr vernünftige Arbeit geleistet wurde. Nicht zuletzt dem sanften Einfluß des ZDF ist es zu verdanken, daß jetzt verstärkt Anstrengungen unternommen werden, um auch kleinere, regionale und von der »großen Wohlfahrt« unabhängige Initiativen finanziell zu unterstützen. Seit 1985 werden im übrigen nicht nur behinderte Kinder und Jugendliche gefördert, sondern auch Einrichtungen, die sich um erwachsene Behinderte kümmern. Vorsorge- und Aufklärungsarbeit sollen intensiviert werden. Der nicht nach Umsatz zu bemessende Erfolg der Aktion Sorgenkind liegt in dem Verdienst, sehr viel für das Verständnis unserer Gesellschaft gegenüber behinderten Menschen getan zu haben. 1984 erhielt die Aktion Sorgenkind Spenden in Höhe von *DM 9 181 328.* Hinzu kam der Reinerlös aus der Lotterie in Höhe von *DM 93 812 383.* Die Verwendung der Mittel wird auf Anfrage detailliert offengelegt.

Auch über die Beteiligung an der Lotterie hinaus:

Spenden empfohlen

DEUTSCHE GESELLSCHAFT ZUR RETTUNG SCHIFFBRÜCHIGER e. V.
Werderstraße 2
2800 Bremen 1

Seit der Gründung des traditionsreichen Vereins im Jahr 1865 sind nach Angaben der Organisation 42 000 Menschen gerettet worden. Die Deutsche Gesellschaft zur Rettung Schiffbrüchiger verfügt heute über die modernste Seenot-Rettungsflotte auf der Welt. 37 Schiffe, vom einfachen Boot bis zum Seenot-Rettungskreuzer, sorgen für Sicherheit und Hilfe auf Nord- und Ostsee. Bis heute ist viel von der Faszination des Abenteuers zu spüren, wenn man sich die Selbstdarstellung und die Werbung des Vereins anschaut. Schwerpunkt aller Aktivitäten sind natürlich die Küstenländer, hier hat der Verein seinen festen Stamm von Mitgliedern und Spendern. Beeindruckend sind die jährlichen Berichte über die Einsätze der Gesellschaft mit ihren Mannschaften und Fahrzeugen auf hoher See, und ohne Zweifel leistet der Verein oft wertvolle Hilfe im Notfall. Erhebliche Zweifel allerdings müssen gegenüber der Deutschen Gesellschaft zur Rettung Schiffbrüchiger angemeldet werden, solange Bilanzen und Rechenschaftsberichte nicht umfangreich öffentlich gemacht werden. Solange nämlich ist nicht nachprüfbar und auch nicht glaubhaft, daß der Verein keine Subventionen aus der Staatskasse erhält, wie beharrlich behauptet wird. Offenzulegen wäre z. B. auch der Umfang der Beteiligung von kommerziellen Werbeunternehmen im Zusammenhang mit Spendenaktionen. Die hartnäckige Verweigerung jeglicher Auskünfte zu den Finanzen des Vereins lassen jedenfalls starke Bedenken aufkommen. Es kann mit Sicherheit davon ausgegangen werden, daß allein Mitgliedsbeiträge und Spenden ein Volumen von jährlich *DM 18 Millionen* sicherstellen. Solange die komplette Mittelverwendung nicht öffentlich einsehbar gemacht wird, sind

Spenden nicht empfohlen

DEUTSCHE HERZSTIFTUNG e. V.
Hans-Thoma-Straße 10
6000 Frankfurt am Main 70

»Hab' ein Auge auf Dein Herz«. Mit diesem Slogan wirbt der Verein um Mitglieder, die mindestens 30 DM pro Jahr zahlen. Angesprochen werden vor allem Menschen, die an Herzerkrankungen leiden und die zum Beispiel nach einem Herzinfarkt einer besonderen Betreuung und Beratung bedürfen. Damit ist ein großer Markt offen, denn jeder zweite Bundesbürger erkrankt an Herz oder Kreislauf. Gegründet wurde die Organisation von namhaften Medizinern und Herzspezialisten. Neben für die Zukunft geplanten weitgehenden Forschungsaktivitäten steht die Aufklärungs- und Informationsarbeit im Mittelpunkt, um einen Beitrag zur notwendigen Vorsorge zu leisten. Hervorzuheben ist die Leistung der Zeitschrift der Deutschen Herzstiftung (Auflage 70 000), in der äußerst sachlich, medizinisch kompetent und auch für Laien verständlich über Krankheiten, Möglichkeiten der Therapie und der Prävention berichtet wird. Auf jegliche Form von Angstmacherei wird dabei verzichtet. Anlaß zur Kritik bietet die enge Verbindung des Vereins zu Teilen der Pharmaindustrie, die besonders den Start der Organisation maßgeblich »gesponsert« hat. Es stellt sich die Frage, ob hier nicht die Unabhängigkeit des Vereins im Interesse der Patienten und Mitglieder gefährdet ist und ob nicht langfristig durch freiwillige Beiträge und Spenden die Etats der staatlichen und industriellen Forschungsförderung »entlastet« werden sollen. Auch die Krankenkassen, mit denen die Herzstiftung gemeinsam Patientenseminare veranstaltet, könnten sich mit wachsendem Erfolg des Vereins aus ihrer Verpflichtung zur Finanzierung von Vorsorgeprogrammen zurückziehen, wenn Spenden dafür zur Verfügung ständen. Aus Mitgliedsbeiträgen und Spenden hat die Deutsche Herzstiftung 1984 *DM 765 000* eingenommen. Vor allem wegen der hervorragenden Informationsarbeit des Vereins und der offenen Bilanzen:

Spenden empfohlen

DEUTSCHE MULTIPLE SKLEROSE GESELLSCHAFT e. V.

Rosental 5
8000 München 2

Über 30 Jahre bestand der Verein, ohne daß eine breitere Öffentlichkeit davon Notiz genommen hätte. Es sind »nur« 70 000 bis 100 000 Menschen, die an der entzündlichen chronischen Nervenerkrankung leiden, die als multiple Sklerose bezeichnet wird und noch nicht heilbar ist. Erst als Veronika Carstens die Schirmherrschaft über den Verein übernahm, wurde die DMSG bekannter, und es wurde offener und enttabuisiert über die Krankheit gesprochen.

Die Beratung und die Hilfestellung für die betroffenen Patienten und ihre Angehörigen stehen im Vordergrund der Vereinsarbeit. In zehn Landesverbänden sind heute Mitarbeiter im Einsatz, die recht häufig feststellen müssen, daß selbst Mediziner und Ärzte oft überfordert sind, wenn sie mit der Krankheit konfrontiert werden und Rat geben sollen. Rund 25 000 Mitglieder sind in der Deutschen Multiplen Sklerose Gesellschaft organisiert. Der Verein hilft bei der Gründung von Therapiegruppen für MS-Betroffene. Das sind alles keine spektakulären Projekte, aber Beispiele für eine funktionierende Selbsthilfe, die noch nicht durch einen aufgeblähten Apparat behindert wird. Wichtigste Grundlage für die Aufklärungsarbeit des Vereins sind die Mitteilungen und Broschüren, die sehr sachlich über die Krankheit, die Alltagssorgen von Patienten und über die Möglichkeiten von Linderung durch gezielte Therapien informieren. Es wird keine Angst geschürt, und es werden keine Illusionen geweckt. Kein Zweifel besteht an der finanziellen und wirtschaftlichen Seriosität des Vereins. Das gesamte Spendenaufkommen in der Bundesrepublik betrug 1984 *DM 2 Millionen.*

Spenden empfohlen

DEUTSCHER GUTTEMPLER-ORDEN e. V.
Adenauerallee 45
2000 Hamburg 1

Immer mehr junge Menschen sind abhängig von Suchtmitteln. Ob Alkohol- oder Medikamentenmißbrauch: Die gesellschaftlichen Folgen sind, nicht nur was die Kosten betrifft, verheerend. Die »Guttempler« sind eine internationale Organisation, deren Mitarbeiter in 50 Ländern aktiv sind. Alle Mitglieder des Vereins haben sich verpflichtet, alkoholfrei, ohne Suchtmittel zu leben. In der Bundesrepublik sind es über 8000 Menschen, die in 324 Gemeinschaften des Ordens organisiert sind und die ihre Hilfe für Betroffene anbieten, die durch Alkohol, Drogen und Medikamente gefährdet oder krank geworden sind. Die Guttempler führen ein eher zurückgezogenes Leben und sind sehr auf ihre jeweilige Gruppe fixiert. Das Ziel dabei ist, eine psychologische Stärkung der Menschen zu erzielen. Ein erheblicher Teil des Etats wird aus Zuschüssen der Bundesversicherungsanstalt für Angestellte und der Bundesregierung finanziert. Der Guttempler-Orden ist ein traditionsreicher Verein, der mit neuen Formen der Selbsthilfe, wie die der »Anonymen Alkoholiker« allerdings nicht Schritt halten kann. Es sind besonders die jungen suchtgefährdeten Betroffenen, die die strenge Ordens- und Vereinsphilosophie nicht mehr verstehen. Unklar bleiben die wirtschaftlichen Verhältnisse des Vereins. Warum die Guttempler an Firmen beteiligt sind, die unmittelbar mit dem Vereinsziel, nämlich der Hilfe für Suchtgefährdete, Geschäfte machen sollen, ist nicht nachvollziehbar. Die »Aida GmbH« ist eine Beratungsfirma für »Alkoholprobleme in der Arbeitswelt«, die »Neuland-Verlags GmbH« ist unter anderem für die Publikationen des Vereins zuständig. Solche Vermischungen von kommerziellen und gemeinnützigen Unternehmen lassen immer Zweifel an der Seriosität zu. Der Vereinshaushalt der Guttempler weist ein Volumen von etwa *DM 1,5 Millionen* auf. Knapp die Hälfte davon sind Beiträge und Spenden. Solange kommerzielle und gemeinnützige Aktivitäten des Vereins nicht eindeutig voneinander getrennt werden, sind

Spenden nicht empfohlen

DEUTSCHER KINDERSCHUTZBUND e. V.
Drostestraße 14–16
3000 Hannover 1

Es gibt kaum ein Problem, bei dem der Kinderschutzbund nicht um Rat gefragt oder zu einer öffentlichen Stellungnahme aufgefordert wird. Das reicht von den Themen Paragraph 218 und Sexualerziehung in Schule und Elternhaus über Kampagnen gegen Alkohol- und Tabakreklame bis hin zu Initiativen des Gesetzgebers, die Auswirkungen auf die Situation von Kindern in der heutigen Gesellschaft haben, wie zum Beispiel das neue Jugendwohlfahrtsgesetz. »Kinderschutz« ist leider immer noch aktuell, es sind zu viele Probleme, die sich für Kinder in der Gegenwart und in der Zukunft aufdrängen. Der Kinderschutzbund ist die »Lobby« der Kinder und ihrer Eltern, macht auch brisante Themen öffentlich und löst sie von Tabus. Alltagsarbeit aber vor allem ist in dem Engagement von 36 000 Mitgliedern in über 300 Ortsverbänden zu finden. Hier zeigt sich die Beweglichkeit eines demokratisch strukturierten Vereins, der mit seinen Aktivitäten der schwerfälligen »alten« Wohlfahrt und ihrer Organisationen stets zwei Schritte und mehr voraus ist. Beratung für Familien, in denen die Erzieher arbeitslos, oder in denen Kinder von Scheidungen betroffen sind, Einrichtung von »Sorgentelefonen« für Kinder und Jugendliche – die Liste der wenig spektakulären kleinen Sozialarbeit ließe sich endlos fortsetzen. Ein Glanzstück des Vereins ist die Zeitschrift »Kinderschutz aktuell«, kein reines Vereinsblatt, sondern für alle Familien mit Kindern ein lesenswertes Beispiel für die verantwortungsvolle, sachliche und kompetente Öffentlichkeitsarbeit einer Organisation, die ihre Interessen und die der Kinder offensiv vertritt. Vorbildlich sind auch die »gläsernen« Bilanzen des Bundesverbandes. Aus Spenden, Beiträgen und Bußgeldern standen dem Verein 1984 *DM 207 083* zur Verfügung. Hinzu kommen jährliche Zuschüsse vom Bundesfamilienministerium und Erlöse aus dem Verkauf von Zeitschrift und Büchern.

Spenden empfohlen

DEUTSCHES KINDERHILFSWERK e. V.
Langwieder Hauptstraße 4
8000 München 60

Der Verein will zur »Herstellung entwicklungsgünstiger Lebensverhältnisse und Umweltbedingungen für Kinder und Jugendliche beitragen« und auf eine »kinderfreundlichere Gesellschaft« hinwirken. Diese sehr unverbindlichen und allgemeinen Satzungsziele sagen nichts darüber aus, was die Organisation in der Praxis tut. Aufgefallen ist bisher lediglich die Spendenwerbung, die sich zum Teil sehr konventioneller Methoden bedient. Spendendosen auf den Ladentischen beim Bäcker und Metzger sind bis in die Provinz zu finden. »Zur Erreichung des Vereinszweckes werden Erfahrungen über die Situation der Kinder gesammelt...« heißt es wiederum unverbindlich in einer Selbstdarstellung. Das »Programm« des Vereins erschöpft sich in einem Sammelsurium von Schlagworten. Es reicht von »mehr und bessere Spielplätze« bis zum »Schutz vor Suchtgefahren« und »Jugendarbeitslosigkeit«. Das »Kuratorium« des Vereins ist prominent besetzt: Von Rainer Barzel bis Hans Rosenthal geben viele Prominente ihren Namen für die Werbung her. Nur auf die Frage, wofür Spenden eingesetzt werden, bekommt man schwer eine Antwort. Abseits aller Unverbindlichkeiten fällt auf, daß das Deutsche Kinderhilfswerk Beratungs- und Planungsaufgaben übernimmt, natürlich gegen Rechnung, bezahlt zum Beispiel von den Kommunen und weniger finanziert aus Spenden. Die Mittel werden aufgebracht aus »Lizenzverträgen« (was immer das auch ist), aus Gutachten und ähnlichen Aktivitäten, die sicher gut finanziert werden. Wofür also Spenden oder eine Förderung des Vereins durch Mitgliedschaft, wie es bereits 7000 Menschen tun? Die Auskünfte des Vereins über seine Finanzen sind äußerst mangelhaft und dürftig. Nach eigenen Angaben sammelte das Deutsche Kinderhilfswerk 1984 Spenden in Höhe von *DM 2 Millionen.* Wie hoch der Gesamtumsatz des Unternehmens ist, darüber wird geschwiegen.

Spenden nicht empfohlen

MILDRED SCHEEL STIFTUNG/ DEUTSCHE STIFTUNG FÜR KREBSFORSCHUNG

MILDRED-SCHEEL-KREIS e. V.

DEUTSCHE KREBSHILFE e. V.

Thomas-Mann-Straße 40
5300 Bonn

Eine fast unverantwortlich große Hoffnung hat der Verein mit seiner Gründerin und langjährigen Präsidentin Mildred Scheel erzeugt, Illusionen wurden genährt, daß der Krebs zu besiegen sei, wenn nur genügend Geld in die Forschung investiert würde. Mildred Scheel ließ keine Gelegenheit aus, Schecks entgegenzunehmen und die Werbetrommel für ihren Verein zu rühren.

Es wäre aber falsch und ungerecht, dem Verein nur eine geschickte Werbestrategie mit dem Angstwort »Krebs« zu unterstellen. Mindestens ebensogut sind Absicht und Konzeption, die sich allerdings erst allmählich entwickelt hat. War die Krebshilfe zu Anfang eine erschreckend technikgläubige Organisation, die sich weitgehend darauf beschränkte, von Westerland bis Passau die Krankenhäuser mit modernstem medizinischem Diagnosegerät auszustatten, zeichnet sich erst in letzter Zeit eine Änderung ab. Immer noch verhältnismäßig bescheiden sind die aus Spenden finanzierten Programme der medizinischen Nachsorge und psychosozialen Betreuung von Krebspatienten. Es waren nicht zuletzt die zahllosen Bitten und Hilferufe von Betroffenen, die bei Mildred Scheel um Rat fragten und die damit diesen »Kurswechsel« ermöglichten, weil der Verein so sein programmatisches Defizit feststellte. Absoluter Schwerpunkt aber bleibt die Finanzierung von Forschungsprojekten. Weil die Spenden schneller flossen, als sie ausgegeben wurden, drohten dem Verein handfeste Probleme mit dem Finanzamt. Die für die gemeinnützigen Vereine vorgeschriebene *unmittelbare* Verwendung der Gelder war nicht gegeben, denn die Millionen häuften sich auf den Konten, zeitweise war es nicht einmal möglich, die Zinserträge vollständig und sinnvoll in Hilfe umzusetzen. Nur aus diesem Grund wurde die »Dr. Mildred Scheel Stiftung/ Deutsche Stiftung für Krebsforschung« gegründet, die jährlich weit mehr als 50 Prozent der Spendeneinnahmen »übernimmt«. Diese Konstruktion der »reichen« Krebshilfe ist zwar häufig kritisiert worden, sachlich betrachtet ist sie allerdings vernünftig und gerechtfertigt. Denn Forschung dauert nun einmal viele Jahre und muß auch finanziell langfristig abgesichert sein. In diesem Fall spricht eine solche Finanzpolitik für einen vernünftigen Umgang mit dem Geld der Spender, denn selbstverständlich hätten die Mittel auch nach dem Gießkannenprinzip ziellos ausgeschüttet werden können. Ein anderer, ebenfalls wichtiger Aufgabenbereich der Krebshilfe hat sich ebenfalls erst allmählich entwickelt. Nach dem ersten großen Rummel um den Spendenverein der prominenten Ärztin Scheel hat sich die Organisation auch durch eine qualifizierte Informations- und Aufklärungsarbeit ausgewiesen. Plakate, Broschüren, Bücher, Faltblätter, Filme der Krebshilfe erfüllen heute eine nicht mehr zu ersetzende Ratgeberfunktion. Nicht auf die schlimme Angst vor Krebs wird spekuliert, die Spenden mobilisieren soll, sondern es sind die vielen »kleinen« Tips, die über Risiken und Gefahren informieren, und es sind die sachlichen und unaufgeregten Hinweise für Patienten, die an Krebs erkrankt sind, die diesen Arbeitsbereich so wichtig machen. Mit Recht wird dem Verein das Verdienst zugerechnet, das Thema »Krebs« enttabuisiert und versachlicht zu haben. Ebenso sachlich und nüchtern wird gesehen, daß Spendensammeln bedeutet, sich in einem Markt zu bewegen, der von Konkurrenz geprägt ist. Bei der Krebshilfe sind clevere Manager am Werk, die keine Nische auslassen, um den Spendenumsatz zu erhöhen. Dauerspender sind als »Förderer« beziehungsweise Mitglieder im Mildred-Scheel-Kreis e. V. organisiert. Annähernd 80 000 Menschen zahlen ihre Beiträge, die dem Etat der Krebshilfe zugeführt werden. Dem Thema naheliegend ist die Tatsache, daß die Krebshilfe zu den Vereinen gehört, die sehr viel Erbschaften (50 Prozent der Einnahmen) antreten. Der Gesamtertrag 1984 betrug *DM 30,217 Millionen.* Die Rechnungslegung ist offen, und für eine vereinsinterne Kontrolle wird gesorgt.

Spenden empfohlen

GESELLSCHAFT FÜR BEDROHTE VÖLKER e. V.
Postfach 2024
3400 Göttingen

Es gibt keine Anhaltspunkte dafür, daß diese Menschenrechtsorganisation für verfolgte Minderheiten ihre Arbeit mangels Aufgaben einstellen müßte. Eine »unerbittliche Neutralität und radikale Ablehnung aller politischen Verkleisterungen von Unrecht in Ost und West« verspricht der Verein, der 1970 als »Ergänzung« zur Arbeit von amnesty international gegründet wurde. Es geht um die Menschenrechte von unzähligen kleinen Völkern und Volksgruppen, die in ihrer Heimat verfolgt werden und teilweise von Ausrottung bedroht sind. Die Unabhängigkeit der Gesellschaft ist nicht zu bestreiten. Mit allen zur Verfügung stehenden publizistischen Möglichkeiten wird auf die Nöte der Indianer in Amerika (Nord-, Mittel- und Süd-) ebenso aufmerksam gemacht wie auf die unerträgliche Behandlung der Roma und Sinti in der Bundesrepublik Deutschland. Die Kurden in der Türkei, die unter Rechtsunsicherheit und Folter zu leiden haben, sind ebenso ein Thema wie die Situation der Juden in der DDR und in der Sowjetunion. Obwohl die Arbeit der Gesellschaft wesentlich auf Mobilisierung der Öffentlichkeit ausgerichtet ist, bleibt die Resonanz der Medien auf die von dem Verein äußerst gründlich zusammengestellten Dokumentationen eher dürftig. Finanzierbar ist diese aufwendige publizistische Arbeit nur durch Zuschüsse von Einrichtungen der evangelischen Kirche. Das »humanitäre Sonderkonto« der Gesellschaft dient der Unterstützung der von Minderheiten selbst initiierten Projekte in vielen Ländern, von Eritrea bis Osttimor. Die 2500 Mitglieder und die Förderer des Vereins haben 1984 an Beiträgen und Spenden *DM 850 000* gezahlt. Die Mittelverwendung liegt offen.

Spenden empfohlen

HELP
HILFE ZUR SELBSTHILFE e. V.
Kaiserplatz 3
5300 Bonn 1

14 Mitglieder hat der gemeinnützige Verein, in dessen Vorstand Politiker aus SPD, FDP, CDU und CSU die Verantwortung tragen. Ausschließliches Arbeitsgebiet der Hilfsorganisation ist die Unterstützung von Flüchtlingen aus Afghanistan in Pakistan. Anders als die Partnerorgansiation von HELP, der »Verein für afghanische Flüchtlingshilfe e. V.«, beschränkt sich dieser Verein ausschließlich auf die humanitären Aspekte von Hilfsmaßnahmen für Flüchtlinge aus Afghanistan. Die Aktivitäten und Projekte des Vereins konzentrieren sich auf die medizinische Basisversorgung in neun Flüchtlingslagern, die Ausbildung von jungen Afghanen zu Schustern, Schneidern und Mechanikern in Lehrwerkstätten. Die Spendenwerbung ist wenig aufwendig und recht einfach. Sie baut auf die gefühlsmäßige Ansprache von Menschen, denen bewußt gemacht werden soll, daß insbesondere Kinder und Jugendliche als Opfer kriegerischer Konflikte leiden. HELP stellt sich offensichtlich bewußt als unpolitische, rein humanitäre Hilfsorganisation dar, während der Partnerverein für afghanische Flüchtlingshilfe den stramm dogmatischen, antikommunistischen Kurs auch in der Öffentlichkeitsarbeit steuert. Anders als diese legt HELP seine finanziellen Verhältnisse offen. 1984 verfügte die Organisation über Spendeneinnahmen in Höhe von *DM 1,066 Millionen.* Erhebliche Zuschüsse vom Bundesministerium für wirtschaftliche Zusammenarbeit, derzeit über 250 000 DM pro Jahr, bessern den Etat auf. Weil die finanzielle Transparenz des Vereins in zufriedenstellendem Umfang gewährleistet ist, werden trotz erheblicher Bedenken gegen die Verquickung der Organisation mit dem Verein für afghanische Flüchtlingshilfe und trotz der Einwände gegen eine allzu simple Werbung

Spenden empfohlen

KINDERHILFESTIFTUNG e. V.
Eschersheimer Landstraße 115
6000 Frankfurt am Main 1

Wie in vielen anderen Fällen auch, ist die Kinderhilfestiftung e. V. gegründet worden, nachdem Privatpersonen eine Lücke im sozialen Netz entdeckt haben und Abhilfe schaffen wollten. Der junge Verein, der erst 1984 mit seiner Arbeit begann, hat es sich zum Ziel gesetzt, chronisch kranken Kindern, insbesondere den von Leukämie und Tumoren betroffenen, zu helfen. Es sind jährlich rund 1500 Kinder, die an Blutkrebs erkranken. Für eine umfangreiche notwendige Forschung ist dies eine offenbar zu geringe Zahl, die nur wenig Interesse weckt. Aber es gibt Mediziner und Therapeuten, die auf diesem Gebiet bereits hervorragende Arbeit leisten. Doch die wird gefährdet, weil es an einer Lobby fehlt, die öffentlichen Druck ausübt, um die Voraussetzungen für eine bessere Behandlung der kranken Kinder durchzusetzen. Weil es mit einer reinen medizinischen Therapie in diesen Fällen krebskranker Kinder nicht getan ist, sondern sowohl die jungen Patienten als auch ihre Familien der psychologischen Betreuung bedürfen, unterstützt die Kinderhilfestiftung nicht nur Projekte, die den Aufenthalt der Eltern bei ihren Kindern in der Klinik möglich machen sollen, sondern auch eine Selbsthilfegruppe betroffener Familien. Daß es die Kinderhilfestiftung geben muß, ist ein Beleg dafür, daß in unserem fortschrittlichen Gesundheitssystem immer wieder »Randgruppen« von denen keine Beachtung und keine Hilfe finden, die eigentlich dafür zuständig sind. Die finanziellen Verhältnisse werden offengelegt, die Werbung ist eher zurückhaltend und sachlich. 1984 hat der Verein *DM 400 000* Spenden eingenommen. Insbesondere dem Kreis der Betroffenen, aber auch darüber hinaus werden

Spenden empfohlen

Rettungsdienst Stiftung
BJÖRN STEIGER e. V.
Petristraße 12
7057 Winnenden

Die Geschichte ist heute fast wieder vergessen: Am 3. Mai 1969 stirbt an den Folgen eines Verkehrsunfalls der achtjährige Björn, nachdem es über eine Stunde dauerte, bis der Krankenwagen am Unglücksort eintraf. Jede Hilfe kam zu spät. Für die Eltern des toten Jungen war Enttäuschung und Wut über den katastrophalen Zustand des Rettungswesens der Anlaß, einen Verein mit dem Namen ihres Sohnes zu gründen, der als Ziel ausschließlich die Verbesserung des Rettungsdienstes verfolgte. Während die klassischen Sanitätsdienste ihrer Arbeit oft zähflüssig nachkamen, wurde die Familie Steiger zum engagierten Verfechter der Interessen von Menschen, die mehr als bisher für den Ausbau der Lebensrettung auf den Straßen tun wollten. Aus der kleinen Initiative, die von persönlicher Betroffenheit getragen war, ist heute ein riesiges Unternehmen geworden, ein Dienstleistungsbetrieb und ein Spendenverein. Mehr als 23 Millionen Mark wurden bis jetzt für die Einrichtung von Notruftelefonen an den Bundesstraßen ausgegeben, aus Spenden wurde bezahlt, was viele eigentlich für die Aufgabe des Staates halten. Wer weiß denn heute noch, daß die bundeseinheitliche Schaltung der Notrufnummern 110 und 112 ein Verdienst der beharrlichen Arbeit der Familie Steiger ist? Sehr viel Geld wurde gesammelt, der Verein wuchs kräftig und der Ehrgeiz auch. Die Deutsche Rettungsflugwacht ist eine eigenständige Tochtergesellschaft der Björn-Steiger-Stiftung, die den Erwerb von neun Hubschraubern finanzierte und dem Flugrettungsverein in Stuttgart einen erheblichen Vorsprung vor konkurrierenden Mitbewerbern auf diesem lukrativen Markt verschaffte. Die Verknüpfung beider Vereine und die vermischte Finanzierung gelten als nicht unumstritten, vor allem, weil die Flugrettung in weitem Umfang ein kommerzielles und weniger ein gemeinnütziges Unternehmen ist. So bleibt die Bilanz der Björn-Steiger-Stiftung weitgehend undurchsichtig, und auf detaillierte Anfragen werden keine befriedigenden Antworten gegeben. Insbesondere das Vermögen des Vereins, das im wesentlichen aus den Rettungshubschraubern für die Flugwacht besteht sowie aus Zinserträgen, Erbschaften und zugunsten der Stiftung gezahlten Bußgeldern, wird nicht detailliert offengelegt. Die reinen Spendeneinnahmen betrugen 1984 etwa *DM 4,5 Millionen.* Berechnungen auf der Grundlage einzelner Daten der letzten Jahre lassen aber den Schluß zu, daß das gesamte Haushaltsvolumen des Vereins mindestens DM 7 Millionen Mark erreicht. Auch die Struktur des Vereins, der über nur neun aktive Mitglieder verfügt, läßt Zweifel an demokratischen Kontrollmöglichkeiten zu.

Spenden nicht empfohlen

WEISSER RING e. V.
Weberstraße 16
6500 Mainz 1

Der Fernseh-Fahnder Eduard Zimmermann ist der Gründer des Vereins, der durch direkte Zuwendungen den Opfern von Kriminalität helfen will, aber auch mit einer intensiven Öffentlichkeitsarbeit für die Interessen der Geschädigten eintritt. Es sind sehr viele Polizeibeamte über ihren Dienst hinaus für den Weißen Ring aktiv. In zahlreichen regionalen Außenstellen wird von über 800 ehrenamtlichen Helfern Beratung angeboten, Rechtshilfe gewährt, bei Kontakten mit Versorgungs- und Sozialbehörden geholfen. Beschränkt sind die Möglichkeiten des Vereins, was das Ziel der »Verbrechensvorbeugung« betrifft. Aufklärungskampagnen mit Warnungen vor Rauschgift bis hin zu Hinweisen und Tips zur Sicherung von Wohnung und Eigentum sind bisher eher diffus gestaltet und darauf reduziert, Aufmerksamkeit auch auf den Verein zu lenken. Die aber ist schließlich notwendig, um das Problem der von den Gesetzen (und von den Politikern) weitgehend vergessenen unschuldigen Opfer von Kriminalität bekannt zu machen und um wirksam zu werden als Lobby dieses Personenkreises.

Die Mitgliederwerbung des Vereins ist seriös und bedient sich keiner kommerziellen Subunternehmen. 23 000 Bürger sind dem Weißen Ring beigetreten. Die Finanzen werden öffentlich gemacht. Kritisch anzumerken ist, daß zu viele Kosten, die offensichtlich für die Eigenwerbung ausgegeben werden, auf das Konto der sogenannten »Vorbeugung« gebucht werden. Zur grundsätzlichen Einschätzung kann allerdings gesagt werden, daß der Verein ansonsten nicht versucht, den Spendern mit den vorgelegten Abrechnungen ein X für ein Y vorzumachen. 1984 waren aus Spenden, Beiträgen, Bußgeldern und Erbschaften Einnahmen in Höhe von *DM 7,2 Millionen* zu verzeichnen.

Spenden empfohlen

VEREIN FÜR AFGHANISCHE FLÜCHTLINGSHILFE e. V.
Kaiserplatz 3
5300 Bonn

Flüchtlinge aus Afghanistan, die in der Bundesrepublik Deutschland Asylanträge gestellt haben, gründeten den Verein, um zum Beispiel mit einem afghanischen Kulturzentrum in Bonn Landsleute zu betreuen. Über diese Arbeit hinaus wird seit Jahren versucht, in den Lagern in Pakistan und im Iran, in denen sich afghanische Flüchtlinge aufhalten, materielle Hilfe zu leisten. Die Einrichtung von Sanitätsstationen wird ebenso unterstützt wie die Verteilung von Milch und Nahrungsmitteln in den Lagern, in denen auch heute noch mehrere hunderttausend Menschen leben, die nach der Besetzung ihres Landes durch die Sowjetunion geflohen sind. Mit dieser Zielsetzung jedenfalls wirbt der Verein in der Bundesrepublik um Spenden. Wichtigstes Medium für die Aufrufe an die Öffentlichkeit wurde das ZDF-Magazin mit seinem Moderator Gerhard Löwenthal, der in regelmäßigen Abständen die Kontonummern des Vereins veröffentlichte. Hinter allem humanitären Anspruch der Organisation steht allerdings in erster Linie der politische Wille, den Widerstand der afghanischen Befreiungskämpfer gegen die sowjetische Invasion zu unterstützen. Obwohl sicher ist, daß Spendengeld direkt an die Vereinigung für afghanische Flüchtlinge in Pakistan weitergereicht wird und daß auch Sachlieferungen in die Flüchtlingslager erfolgen, ist ein deutlicher Einblick in die finanziellen Verhältnisse des Vereins nicht möglich. Das in der Bundesrepublik verbreitete Informationsmaterial beschränkt sich weitestgehend auf deutsche Übersetzungen amerikanischer Propagandaschriften des US-Außenministeriums. Der Verein für afghanische Flüchtlingshilfe e. V. macht um seine Finanzen ein großes Geheimnis, detaillierte Bilanzen werden nicht vorgelegt, Auskünfte verweigert. Im Zusammenhang mit der Verwendung von Spendengeldern schafft die enge Zusammenarbeit mit der Organisation »HELP« weitere Verwirrung. Beide Vereine haben dieselbe Anschrift und arbeiten quasi Tür an Tür, und sie sind auch in den Projektgebieten, das heißt in den Flüchtlingslagern, gemeinsam aktiv. Es kann nicht ausgeschlossen werden, daß Spendengelder zunächst einmal von Verein zu Verein fließen. Auf der Grundlage von Schätzungen kann davon ausgegangen werden, daß der Verein für afghanische Flüchtlingshilfe e. V. 1984 über ein Spendenvolumen in Höhe von *DM 3,5 bis 4 Millionen* verfügte. Die mangelhafte Transparenz der Finanzen sowie Einwände gegen die Vereinsstruktur lassen Zweifel zu.

Spenden nicht empfohlen

Alphabetisches Verzeichnis der Spendenorganisationen